NCS
한전KPS
직업기초능력평가

NCS 한전KPS

직업기초능력평가

초판 발행   2020년 9월 30일
3쇄 발행   2021년 10월 8일

편 저 자	|	취업적성연구소
발 행 처	|	㈜서원각
등록번호	|	1999-1A-107호
주　　소	|	경기도 고양시 일산서구 덕산로 88-45(가좌동)
교재주문	|	031-923-2051
팩　　스	|	031-923-3815
교재문의	|	카카오톡 플러스 친구[서원각]
영상문의	|	070-4233-2505
홈페이지	|	www.goseowon.com
책임편집	|	정상민
디 자 인	|	이규희

PREFACE

우리나라 기업들은 1960년대 이후 현재까지 비약적인 발전을 이루었다. 이렇게 급속한 성장을 이룰 수 있었던 배경에는 우리나라 국민들의 근면성 및 도전정신이 있었다. 그러나 빠르게 변화하는 세계 경제의 환경에 적응하기 위해서는 근면성과 도전정신 이외에 또 다른 싱장 요인이 필요하다.

최근 많은 공사 · 공단에서는 기존의 직무 관련성에 대한 고려 없이 인 · 적성, 지식 중심으로 치러지던 필기전형을 탈피하고, 산업현장에서 직무를 수행하기 위해 요구되는 능력을 산업부문별 · 수준별로 체계화 및 표준화한 NCS를 기반으로 하여 채용공고 단계에서 제시되는 '직무 설명자료'상의 직업기초능력과 직무수행능력을 측정하기 위한 직업기초능력평가, 직무수행능력평가 등을 도입하고 있다.

한전KPS에서도 업무에 필요한 역량 및 책임감과 적응력 등을 구비한 인재를 선발하기 위하여 NCS 기반 직무능력평가(응시분야별 적성 및 전공)를 치르고 있다. 본서는 한전KPS 채용대비를 위한 필독서로 한전KPS 직업기초능력평가(적성)의 출제경향을 철저히 분석하여 응시자들이 보다 쉽게 시험유형을 파악하고 효율적으로 대비할 수 있도록 구성하였다.

신념을 가지고 도전하는 사람은 반드시 그 꿈을 이룰 수 있습니다. 처음에 품은 신념과 열정이 취업 성공의 그 날까지 빛바래지 않도록 서원각이 수험생 여러분을 응원합니다.

STRUCTURE

01 수리능력

1 직장생활과 수리능력

(1) 기초직업능력으로서의 수리능력

① 개념 : 직장생활에서 요구되는 사칙연산과 기초적인 통계를 이해하고 도표의 의미를 파악하거나 도표를 이용해서 결과를 효과적으로 제시하는 능력을 말한다.

② 수리능력은 크게 기초연산능력, 기초통계능력, 도표분석능력, 도표작성능력으로 구성된다.
- ③ 기초연산능력 : 직장생활에 필요한 기초적인 사칙연산과 계산방법을 이해하고 활용할 수 있는 능력
- ④ 기초통계능력 : 평균, 합계, 빈도 등 직장생활에서 자주 사용되는 기초적인 통계기법을 활용하여 자료의 특성과 경향성을 파악하는 능력
- ⑤ 도표분석능력 : 그래프, 그림 등 도표의 의미를 파악하고 필요한 정보를 해석하는 능력
- ⑥ 도표작성능력 : 도표를 이용하여 결과를 효과적으로 제시하는 능력

(2) 업무수행에서 수리능력이 활용되는 경우

① 업무상 계산을 수행하고 결과를 정리하는 경우

② 업무비용을 측정하는 경우

③ 고객과 소비자의 정보를 조사하고 결과를 종합하는 경우

④ 조직의 예산안을 작성하는 경우

⑤ 업무수행 경비를 제시해야 하는 경우

다른 상품과 가격비교를 하는

20 ▶ PART II. 직업기초능력검사

(2) 업무수행에서 수리능력이

① 업무상 계산을 수행하고 결과를

② 업무비용을 측정하는 경우

③ 고객과 소비자의 정보를 조사하고

④ 조직의 예산안을 작성하는 경우

⑤ 업무수행 경비를 제시해야 하는

다른 상품과 가격비교를 하는

01 인성검사의 개요

1 인성(성격)검사의 개념과 목적

인성(성격)이란 개인을 특징짓는 평범하고 일상적인 사회적 이미지, 즉 지속적이고 일관된 공적 성격(Public - personality)이며, 환경에 대응함으로써 선천적 · 후천적 요소의 상호작용으로 결정화된 심리적 · 사회적 특성 및 경향을 의미한다.

인성검사는 직무적성검사를 실시하는 대부분의 기업체에서 병행하여 실시하고 있으며, 인성검사만 독자적으로 실시하는 기업도 있다.

기업체에서는 인성검사를 통하여 각 개인이 어떠한 성격 특성이 발달되어 있고, 어떤 특성이 얼마나 부족한지, 그것이 해당 직무의 특성 및 조직문화와 얼마나 맞는지를 알아보고 이에 적합한 인재를 선발하고자 한다. 또한 개인에게 적합한 직무 배분과 부족한 부분을 교육을 통해 보완하도록 할 수 있다.

인성검사의 측정요소는 검사방법에 따라 차이가 있다. 또한 각 기업체들이 사용하고 있는 인성검사는 기존에 개발된 인성검사방법에 각 기업체의 인재상을 적용하여 자신들에게 적합하게 재개발하여 사용하는 경우가 많다. 그러므로 기업체에서 요구하는 인재상을 파악하여 그에 따른 대비책을 준비하는 것이 바람직하다. 본서에 제시된 인성검사는 크게 '특성과' 유형의 측면에서 측정하게 된다.

1 인성(성격)검사의 개념과 목적

인성(성격)이란 개인을 특징짓는 평범하고 일상된 공적 성격(Public - personality)이며, 환경에 대작용으로 결정화된 심리적 · 사회적 특성을

인성검사는 직무적성검사를 실시하는 대부분의성검사만 독자적으로 실시하는 기업도 있다.

기업체에서는 인성검사를 통하여 각 개인이 어기 얼마나 부족한지, 그것이 해당 직무의 적합한 인재를 선발하고자 한다. 또한완화하도록 할 수 있다.

216 ▶ PART II. 인성검사

핵심이론 정리

NCS 직업기초능력평가 영역별 핵심이론을 정리하였습니다.

출제예상문제

다양한 유형의 출제예상문제를 다수 수록하여 실전에 완벽하게 대비할 수 있습니다.

인성검사 및 면접

인성검사의 개요와 인성검사 예시를 수록하였습니다. 또한 성공취업을 위한 면접의 기본 및 최신 면접 기출을 수록하여 취업의 마무리까지 깔끔하게 책임집니다.

CONTENTS

PART

I

한전KPS 소개

기업소개 및 채용안내

01

1 한전KPS 개요

(1) 소개

한전KPS는 발전플랜트 설비 진단 및 성능개선, 국내외 발전설비 O&M, 신재생 및 산업설비, 송변전설비 등에 대한 Total 솔루션을 제공하는 공기업이다. 국가경제 발전의 핵심인 전력설비의 효율적 유지관리를 목적으로 설립된 한전KPS는 지난 37년 동안 끊임없는 기술개발과 인재육성을 통해 국내 발전설비 정비산업분야의 리딩기업으로 성장하였으며, 해외 시장에서도 그 기술력을 인정받고 있다.

(2) 슬로건 및 4대 경영방침

① 슬로건

Perfect & Pride, 새롭게 도약하는 KPS	
고객존중과 고객가치 창출을 통한 회사 기업가치 제고	세계 정상급의 완벽한 역량(기술, 사업관리) 확보로 고객신뢰 확보
자긍심을 가질 수 있는 청렴하고 공정한 기업문화 구축	변화주도 및 혁신성장을 통한 발전정비산업 리더십 유지

② 4대 경영방침

1. Perfect 서비스를 통한 고객가치 창출	고객은 우리 회사의 존립기반이면서 수익의 원천임을 인식하고 무결점 정비 등 기본업무 충실, 차별화된 전문역량(Perfect)을 바탕으로 고객신뢰 유지 및 고객가치 창출
2. 혁신을 선도하는 최고 기술회사 구현	기존 사업 성장한계 극복을 위해 미래기술 개발 투자, 핵심 인력 확보, 도전과 혁신적인 마인드로 속도감 있는 신성장사업(해외사업, 성능개선사업, 신재생사업, 원전해체 등) 확대
3. 청렴하고 자긍심이 높은 일터 조성	공공부문 최고의 청렴하고 투명한 조직운영 선도, 역량과 성과중심의 조직문화 구축, 일-삶 균형 근로문화 정착 등 직원들이 자긍심(Pride)을 가질 수 있는 일터 조성
4. 국민과 함께 사회적 가치 실현	양질의 일자리 창출, 중소기업과 동반성장, 사회공헌 활동 강화, 안전관리 최우선 경영 등 사회적 가치 실현 경영 강화를 통한 공공이익 및 공동체 발전에 기여

2 VISION 2030

설립목적	전력설비의 성능과 신뢰도를 제고하여 전력의 안정적 공급 및 전력산업 발전에 이바지			
비전	세계 NO.1 전력설비 정비산업 Grand 플랫폼 기업			
핵심가치	고객신뢰	기술중시	혁신성장	사회책임
경영목표	안정적 전력공급 기여액 18.6조 원	R&D 투자액 885억 원	그린 사업 매출액 2,630억 원	ESG 가치 구현 7,422억 원
전략방향	정비산업 생태계 Mega Ground 구축	디지털 기반 사업 모델 전환	그린 에너지 선도적 역할 강화	HR혁신 및 ESG 경영 고도화
전략과제	① 고객 가치창출 강화 및 사업 다변화 ② 발전정비 산업 Standard 구축 및 확산	③ 정비기술 Digital Transform 기반 마련 ④ Digital Maintenance 비즈니스 모델로의 전환	⑤ 성능개선 및 안전한 원전해체 산업 리딩 ⑥ 신재생 사업 확대 및 비즈니스 모델 다각화	⑦ 플랫폼 기업 전환을 위한 경영관리 체계 혁신 ⑧ 선제적 안전 및 윤리 경영 체계 구현 ⑨ KPS형 사회적 가치 창출 확산

3 주요사업

(1) 발전설비정비(수화력, 원자력)

한전KPS는 국가경제의 대동맥과 같은 전력의 안정적인 공급과 국가 기간산업의 핵심인 전력설비의 유지·관리를 위해 본사 및 전국 수화력·원자력·송변전·특수 사업소에서 국내 발전설비 및 산업설비에 대한 고품질 책임정비를 수행하고 있다.

① **경상정비** … 정상 운전 중인 설비의 이상 유무를 매일 점검해 이상이 발견될 경우 운전 상태에서 즉시 해결함으로써 설비의 운전 신뢰도를 확보하고 있다.

② **계획예방정비** … 발전소 중·장기 정비계획과 관련법 및 기술규격에 따라 발전설비의 가동을 정지한 상태에서 각종기기 및 설비의 분해·점검과 시험을 수행하고 있다. 축적된 정비기술, 분야별 전문인력·공기구·장비 등을 바탕으로 체계적인 사전 준비계획을 수립하여 고품질 정비서비스 제공에 만전을 기하고 있다. 한전KPS는 계획예방정비를 통해 운전 중 설비의 고장정지를 감소시켜 설비이용률 향상에 기여함은 물론, 고객의 요구에 부응하여 공기의 최적화를 실현함으로써 발전소 운용비용 절감에도 크게 기여하고 있다.

③ **시운전정비** ··· 발전소 건설의 최종 단계인 시운전 기간 중 시운전정비 업무에 참여하여 상업운전 이후 설비의 건전성 확보에 기여한다. 설치가 완료된 기기를 상업운전 시점까지 효율적으로 유지·관리하기 위하여 예방점검 활동을 수행하고, 각종 계통 및 기기에 대한 시험을 지원하며, 시운전 기간 중 발생하는 기계, 전기 및 계측제어 설비에 대한 긴급 복구 작업을 실시하고 있다. 또한, 정비절차서를 개발하고 진동측정 등 기기의 시운전 초기 자료를 체계적으로 관리함으로써 상업운전에 대비하고 있다.

④ **계측제어설비정비** ··· 수화력의 터빈, 보일러, 배연탈황 제어설비 및 원자력의 1·2차 제어설비 등 현장 제어설비에 대한 정비업무를 수행하고 있으며, 아울러 1990년대 이후 발전소에 도입된 분산제어시스템(DCS) INFI-90, WDPF-II Ovation, ICMS 등 디지털 제어설비에 대한 정비업무도 수행하고 있다. 이와 관련하여 전자제어카드 정밀점검장비(Polar-780 & FT-100S, QT-200)를 다수 확보하여 카드진단 업무도 함께 수행함으로써 발전설비의 안정적 운전에 기여하고 있다.

⑤ **민간산업 발전설비 정비** ··· 한전KPS는 발전설비 정비에서 취득한 노하우 및 선진 제작사로부터 도입 개량한 기술과 독자적으로 연구·개발하여 현장에 적용하고 있는 수준 높은 정비기술을 바탕으로 고객에게 양질의 서비스를 제공하고 있다. 민자발전소를 비롯한 산업체 자가발전설비, 지역난방 및 집단에너지 공급업체를 대상으로 경상정비, 계획예방정비, 개보수 공사를 수행하고 있으며, 전력 전자, 진동진단, 성능시험, 수명 평가, 전기설비 절연진단 등 특화된 기술을 활용한 전문 정비 서비스를 제공하고 있다. 또한 국내 신규 민자발전소의 시운전 및 정비사업을 수행하고 있으며, 설비교체, 성능개선공사 등 전문 건설분야에도 적극 참여하고 있다.

⑥ **개보수공사** ··· 설비의 성능을 향상시키고 고장을 최소화하기 위한 설비개선 및 교체 공사, 휴지 설비나 운전불능 설비를 상업운전 가능 상태로 회복시키기 위한 설비복구 공사 그리고 설비 신증설 및 이설 공사 등에 참여하고 있다.

⑦ **인수성능사업 등** ··· 한전KPS는 발전소 현장 특성을 반영한 보일러, 터빈 및 주요설비에 대한 성능평가를 통해 기기가 최적의 성능을 유지할 수 있도록 관리한다. 또한 발전설비 인수성능시험, 정밀 성능진단과 ESCO사업을 포함한 에너지효율 진단에서 고효율시스템 설계, 시공 및 사후관리에 이르기까지 에너지 절감을 위한 총체적인 One-Stop 서비스를 제공한다.

(2) 송변전설비정비

한전KPS는 국가전력망인 가공송전설비의 고장예방 및 신속한 복구를 위해 전국에 정비 네트워크를 구축, 운영함으로써 안정적인 전력공급에 전력을 다하고 있으며, 송전선로 유지정비, 활선정비, HVDC 변환설비 유지정비, 송전선로 건설·감리·엔지니어링·안전진단 등 송변전관련 토털 정비서비스를 제공하고 있다.

① 가공송전선로정비 ··· 발전소 중·장기 과학화된 선진 장비와 우수한 정비인력을 보유한 한전KPS는 우리나라 전역의 송전선로(66kV, 154kV, 345kV, 765kV)에 대한 정기점검, 예방정비, 돌발 고장 복구업무를 수행함으로써 기상변화 및 외부환경에 취약한 가공송전 선로를 최적의 상태로 관리하고 있다.

② 초고압 송전선로 활선정비 ··· 활선정비 공법은 송전선로를 휴전하지 않고 전기가 흐르는 상태에서 정비를 시행하는 기술이다. 한전KPS는 활선정비 및 애자의 절연성능을 점검하는 불량애자검출 및 헬기 활선애자 세정 기술을 보유하고 있다.

③ 신성장 동력사업 ··· 전력계통 안정화 및 고품질 전력공급을 위해 송전선로 건설사업과 전력시설물 감리용역은 물론 전력설비 최적화를 위한 안전도진단 용역 및 송전선로 건설, 유지정비시 최상의 시공품질 확보를 위해 전력신기술 개발 등을 수행하고 있다.

④ HVDC 변환설비 유지정비 ··· 제주~육지(해남) 간 전력계통 연계를 위하여 직류송전 방식으로 운영되는 HVDC 변환설비의 유지관리 및 정비를 통해 제주지역 전력 공급능력 확보 및 신뢰도 향상에 기여하고 있으며, HVDC 정비 분야에서 선도적 역할을 수행하고 있다.

(3) 해외사업

다년간의 정비 노하우와 축적된 기술력을 바탕으로 국내외 다양한 발전설비를 운전 및 책임정비해 온 한전KPS는 해외 25여 개국에 진출해 기술한국의 위상을 드높이고 있다.

① 해외 발전설비 운전 및 정비 ··· 한전KPS는 인도, 파키스탄, 방글라데시, 요르단, 마다가스카르, 필리핀, 남아공 등 세계 각국에서 활발하게 해외사업을 수행 중 이며, 해외시장 진출이후 약 25여 개국에서 기술한국의 위상을 드높여 왔다. 1982년 해외사업 발족이래, 2007년 최초 1억불 수주 달성 및 2012년 요르단 IPP3 발전소 1조원 수주를 달성하였으며 최근에는 파키스탄 LEPCL 화력 운전 및 정비사업 계약을 체결하며 해외사업을 확대하고 있다. 우수한 기술력과 경험을 기반으로 세계 시장에서 독보적인 입지를 구축하고 있는 우리 한전KPS는 ▲발전설비 운전 및 정비, ▲발전설비 복구공사, ▲발전설비 계획 정비, ▲터빈부품 재생정비, ▲송전설비 정비, ▲기술 교육훈련 등의 서비스를 제공하고 있다. 이와

더불어, 노후설비 복구에 대한 수요가 높아짐에 따라 급변하는해외 발전시장에 대응하기 위하여 Retrofit 등 복구사업을 통해사업 다각화를 추진하고 있다.

② 해외 원전사업 … 한전KPS는 미국 웨스팅하우스 등 해외 여러 회사에 기술인력을 파견하여 미국 및 유럽 등 해외원전 정비에 참여하고 있으며, 2014년에는 브라질 앙그라원전 연료장 전용역을 직접수주, 해외 가동원전 정비사업에서 전문정비회사로서 새로운 발판을 마련하였다. 2009년 UAE 원전 수주를 위해 한전 컨소시엄의 일원으로 참가한 한전KPS는 2013년 UAE원전 4개호기의 시운전 정비사업을 수주하여 수행중이며, 2019년 Team Korea(한전KPS – 한국수력원자력) 구성으로 UAE원전 정비사업을 수주하였다. 이를 통해 기계/전기/계측설비 전 분야 정비서비스 제공으로 해외원전정비시장 내 한 단계 도약을 준비 중이다. 이를 기반으로 한전KPS는 정비기술 미자립국가를 대상으로 원전운영환경을 고려한 맞춤형 사업을 개발하는 등 사업모델을 다각화하여 신규사업 수주 기반을 마련하고 있다.

(4) 전문기술서비스

① 종합기술원

전략기술&발전기술연구실	종합기술원 TSP 센터	종합기술원 P&R 센터
• 최신 정비기법 및 자동화 기술 연구개발 • 기계설비 진단 및 평가기술 개발 • 기계용접 정비기술 개발 및 엔지니어링 서비스 • ICT 융합기술 • 신재생에너지 기술 개발 • 로보틱스 기술 • 원전 해체 기술 • 비파괴검사 기술 개발 • 발전부품 3D프린팅 상용화 기술개발	• 회전설비 • 유압기술 • 진동분석 • 보일러 진단 및 설계/수명평가 • 전기설비 엔지니어링 • 제어 · 회로기술 • 송변전설비 안전도 진단 • 절연진단	• 증기터빈 성능개선 • 성능 개선 및 시험평가 • 보일러 성능개선 • 전기설비 성능개선

② 플랜트 서비스센터 … 플랜트서비스센터는 가스터빈과 스팀터빈 등의 부품 수리를 위한 종합적인 서비스 시스템을 구축하고, 가스터빈과 스팀터빈의 고온 부품 재생정비 및 제작, 대형 산업설비 부품 재생 정비, 대형 회전체 기계가공 및 밸런싱 등 각종 최신 기술을 활용한 완벽 정비서비스를 수행하고 있다.

③ 원자력정비기술센터 ··· 원자력정비기술센터는 우리나라 원자력발전소의 핵심 설비에 대한 정비 및 엔지니어링을 담당하기 위해 1997년 4월 설립되었다. 이후 특화기술 및 장비의 도입과 국산화를 통하여 그동안 외국기술에 의존해 왔던 원자로 및 원전연료 설비계통, 증기발생기, 가동전/중 검사, 원자로냉각재 펌프 및 모터, 주요계통 밸브 등에 대한 검사/진단/정비 자립을 이룩하였다. 이를 바탕으로 현재 국내 유일의 원전 종합 전문정비체계를 갖추어 국내 원전의 안정운영에 크게 기여하고 있으며, 나아가 원전 정비기술의 해외 진출을 위한 발판을 마련하였다. 또한 원자력 발전소 운전연수 증가에 따른 설비개선 및 교체, 원자로내장품 검사 및 정비, 전기제어설비 진단, 원전부품 품질검증, 향후 도래할 원전 해체에 따른 제반 기술을 능동적으로 확보하여 국내 원전산업의 안정적 운영에 최선을 다하고 있다.

④ 신재생에너지사업 ··· 새 정부의 2030년 국내 신재생에너지 발전 비중 20% 확대 정책을 실현하기 위해 신재생에너지 분야에 대한 에너지 공기업들의 투자가 확대되고 있다. 이에 한전KPS는 미래 신성장동력으로써 신재생에너지에 주목하고 관련 사업개발 및 역량확보에 박차를 가하고 있다.

　㉠ 신재생에너지사업 활동 : 태양광, 풍력, 바이오, IGCC 등 신재생에너지 설비 EPC(설계, 조달, 시공)사업, O&M 사업 등을 추진하고 있으며, 기술확보를 위한 인력양성 및 연구개발도 병행하여 수행하고 있다.

　㉡ 보유기술 및 장비 : 2012년 "지반 침하를 고려한 태양광 추적장치 및 그 제작방법" 특허를 취득하였으며, 시스템설계프로그램, 계통보호 시험장비 등 사업추진에 필요한 전용장비를 확보하고 있다.

　㉢ 태양광 EPC 프로젝트 : 태양광 발전소의 설계, 조달, 시공 및 사후관리 등을 수행하고 있으며, 정부의 RPS(Renewable Portfolio Standards)제도 도입에 따라 시장의 확대에 대비하여 사업타당성 조사를 비롯한 태양광 사업의 Total Solution 시스템을 구축하고 있다.

　㉣ 신재생발전설비 정비사업 : 신재생에너지설비는 사후관리에 따라 효율 및 기기수명이 크게 차이가 날 수 있다. 이에 발전설비 정비 전문기업인 한전KPS에서는 신재생설비의 효율을 최대화하고자 적재적소에 투입가능한 기술인력을 확보하여 해당설비에 필요한 전문인력을 지원하고 있다. 현재 태양광발전설비, 연료전지설비, 소수력설비 등을 정비하고 있으며 향후 신재생에너지 전분야에 독보적인 정비능력을 발휘할 예정이다.

　㉤ 기타 신재생사업 EPS, O&M 주요수행 실적

4 인재상

한전KPS는 고객지향, 전문, 글로벌, 창조라는 주제를 중심으로 인재상을 정의한다.

기업이념(MISSION)	최상의 고객가치 창출로 인류사회에 공헌한다.
핵심가치(CORE VALUE)	고객만족 · 혁신추구 · 기술중시 · 인재육성 · 세계지향
인재상 PEOPLE REQUIREMENT	Global ACE(Globally Advanced Customer-centered Expert) • 고객지향 • 전문 • 글로벌 • 창조
인재상의 요소	한전KPS의 새로운 인재상에 따른 행동원칙은 다음과 같으며, 향후 채용, 교육, 평가시 다음의 행동원칙을 반영하는 노력이 필요함

GLOBALLY ADVANCED CUSTOMER-CENTERED EXPERT
• 지속적인 혁신으로 세계무대에서도 뒤지지 않고 앞서 나가는 경쟁력을 확보한다.
• 고객의 관점에서 미리 생각하고 고객의 니즈를 충족시킨다.
• 끊임없는 학습과 기술연마로 플랜트서비스 분야 최고의 전문성을 확보한다.

∨

행동지침(BEHAVIOR PRINCIPLES)
• 국제화 시대에 대응하여 변화를 두려워하지 않는 도전적인 태도로 업무에 임한다.
• 복잡 다양해지는 글로벌 경영환경에 맞추어 고정관념에서 벗어나 새로운 관점과 방향을 제시한다.
• 고객의 관점에서 생각하고, 고객으로부터 신뢰를 얻을 수 있도록 최선을 다한다.
• 고객의 다양하고, 복잡한 요구에도 최선을 다해 해결하려고 노력한다.
• 맡은 일에 항상 책임과 열정을 다하는 모습을 보인다.
• 자기분야의 리더로서 본인의 능력을 최대한 발휘하고, 끊임없이 개인능력 배양을 위해 노력한다.
• 개인의 전문지식을 적극적으로 전파, 확산하여 조직의 전문성 발전에 기여한다.

5 채용절차

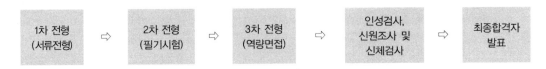

(1) 신입사원+신입사원(보훈)(G4등급)

전형	평가내용
1차 전형	• 영어성적, 자격증, 가점사항, 직무능력기반지원서(적부판정)
2차 전형	• 필기시험(응시분야별 직업기초능력(NCS) 및 전공) • 필기시험 결과 배점(150점)대비 40%미만(가점 제외) 득점자는 합격배수에 상관없이 불합격
3차 전형	• 개별면접 및 토론면접(단, 해외사업분야는 영어토론면접 시행) • 인성검사 · 신체검사(적부판정)

(2) 신입사원+신입사원(보훈)(G3, G2등급)

전형	평가내용
1차 전형	• 자격증, 직무능력기반지원서(적부판정)
2차 전형	• 필기시험(응시분야별 직업기초능력(NCS) 및 전공) • 필기시험 결과 배점(150점)대비 40%미만(가점 제외) 득점자는 합격배수에 상관없이 불합격
3차 전형	• 개별면접 • 인성검사 · 신체검사(적부판정)

(3) 별정직(5직급(갑, 을), 6직급)

전형	평가내용
1차 전형	• 지원자격 및 직무능력기반지원서(적부판정)
2차 전형	• 필기시험[응시분야별 직업기초능력평가(NCS)] • 필기시험 결과 배점대비 40%미만(필기시험 적용가점 제외한 점수) 득점자는 합격배수에 상관없이 불합격
3차 전형	• 개별면접 • 체력검정(송전분야에 한해 시행) – 체력검정 부적격자는 합격배수에 상관없이 불합격 • 인성검사 · 신체검사(적부판정)

(3) 필기전형 시험과목

① 신입사원

㉠ 직업기초능력

직무	직업기초능력
경영 · 회계 · 사무(법정, 상경)	의사소통능력, 수리능력, 문제해결능력, 자원관리능력, 정보능력
경영 · 회계 · 사무(전산)	의사소통능력, 문제해결능력, 정보능력, 수리능력, 조직이해능력
발전설비운영(기계)	의사소통능력, 문제해결능력, 자원관리능력, 기술능력, 수리능력
발전설비운영(전기)	
발전설비운영(비파괴)	

㉡ 전공과목

채용수준	채용분야		전공
신입사원 (G4등급)	경영 회계 사무 (일반, 보훈)	법정	법학, 행정학
		상경	경영학, 회계학
		전산	전산학
신입사원 (G4등급)	발전설비운영	기계	기계공학
		전기	전기공학, 전자공학
신입사원 (G3등급)	발전설비운영	기계	기계일반
		전기	전기일반
신입사원 (G2등급)	발전설비운영 (일반, 보훈)	기계	기계일반
		전기	전기일반
		비파괴	비파괴일반

② 별정직

직무	직업기초능력
5직급(갑)(송전)	의사소통능력, 문제해결능력, 수리능력, 기술능력, 조직이해능력
5직급(을) (기계 · 전기 · 계측)	의사소통능력, 문제해결능력, 조직이해능력, 기술능력, 수리능력
6직급(일반행정)	의사소통능력, 문제해결능력, 수리능력, 정보능력, 조직이해능력

02 관련기사

한전KPS, 디지털 업무를 위한 변화 시행

디지털로 변화하고 확장시키기 위해 RPA도입

발·송전설비 정비 전문회사인 한전KPS가 RPA(Robotic Process Automation)*를 도입하였다. RPA는 로봇 프로세스 자동화 시스템으로 일정 규칙에 의거해 반복·단순 작업을 하는 소프트웨어 로봇을 활용하며 예로 디지털워커(Digital Worker)가 있다. 이는 구매, 제조 등 다양한 분야에서 널리 사용되어 지며, 향후 인공지능(AI)과 융합해 점점 더 고도화될 것이라 예상되고 있다.

2020년부터 한전KPS는 코로나 19로 인해 업무가 자동화로 변하며 비대면 업무가 증가하고 4차 산업혁명으로 인한 디지털 변화에 있어 정보화 패러다임으로 전환하는데 있어 이에 호응하고자 RPA도입을 적극적으로 추진하였다.

이는 국내·외 70여개의 사업소에서 입사자와 퇴사자에 관해 4대보험 상실신고와 취득과 같이 통합으로 이루어지는 3가지의 업무를 시범으로 선택하고 4개월 이상 안정화를 통해 구축 하였다.

2021년부턴 반복·단순 업무 자동화에 있어 획기적인 디지털 혁신을 위해 업무를 효율적으로 고쳐나갈 수 있도록 7개 아이템을 선택하여 추진중이다. 올 8월에는 드래그 & 드롭(Drag& Drop) 방식의 RPA 솔루션을 도입하여 번거로운 코딩작업 없이 구동과 개발을 편이하게 하여 사용자 환경에 있어 최적화 될 수 있도록 구축할 수 있게 했다.

한전KPS는 "RPA는 업무의 신속·연속성 강화로 효율적인 업무를 고도화하는데 기반이 될 뿐만 아니라 데이터의 정확성까지 증가"한다며, "앞으로도 정부의 디지털 뉴딜 정책에 걸맞게 디지털 혁신을 가속화할뿐만 아니라 이를 통해 인적자원 활용 및 업무의 효율성을 제고"한다고 밝혔다.

– 2021. 9. 6.

| 면접질문 | • RPA를 통해 앞으로의 디지털 업무의 전망에 대해 설명해 보시오.
• RPA를 도입함으로 생길 문제점이나 이를 개선할 수 있는 방향에 대해 설명해 보시오. |

PART

II

NCS 직업기초능력

01 의사소통능력

※ (신입) 경영 · 회계 · 사무(법정/상경/전산)
※ (신입) 발전설비운영(기계/전기/비파괴)
※ (별정직) 5직급(갑)(송전) · 5직급(을)(기계/전기/
계측) · 6직급(일반행정)

1 의사소통과 의사소통능력

(1) 의사소통

① 개념 … 사람들 간에 생각이나 감정, 정보, 의견 등을 교환하는 총체적인 행위로, 직장생활에서의 의사소통은 조직과 팀의 효율성과 효과성을 성취할 목적으로 이루어지는 구성원 간의 정보와 지식 전달 과정이라고 할 수 있다.

② 기능 … 공동의 목표를 추구해 나가는 집단 내의 기본적 존재 기반이며 성과를 결정하는 핵심 기능이다.

③ 의사소통의 종류
  ㉠ 언어적인 것 : 대화, 전화통화, 토론 등
  ㉡ 문서적인 것 : 메모, 편지, 기획안 등
  ㉢ 비언어적인 것 : 몸짓, 표정 등

④ 의사소통을 저해하는 요인 … 정보의 과다, 메시지의 복잡성 및 메시지 간의 경쟁, 상이한 직위와 과업지향형, 신뢰의 부족, 의사소통을 위한 구조상의 권한, 잘못된 매체의 선택, 폐쇄적인 의사소통 분위기 등

(2) 의사소통능력

① 개념 … 의사소통능력은 직장생활에서 문서나 상대방이 하는 말의 의미를 파악하는 능력, 자신의 의사를 정확하게 표현하는 능력, 간단한 외국어 자료를 읽거나 외국인의 의사표시를 이해하는 능력을 포함한다.

② 의사소통능력 개발을 위한 방법
  ㉠ 사후검토와 피드백을 활용한다.
  ㉡ 명확한 의미를 가진 이해하기 쉬운 단어를 선택하여 이해도를 높인다.
  ㉢ 적극적으로 경청한다.
  ㉣ 메시지를 감정적으로 곡해하지 않는다.

2 의사소통능력을 구성하는 하위능력

(1) 문서이해능력

① 문서와 문서이해능력
  ㉠ 문서 : 제안서, 보고서, 기획서, 이메일, 팩스 등 문자로 구성된 것으로 상대방에게 의사를 전달하여 설득하는 것을 목적으로 한다.
  ㉡ 문서이해능력 : 직업현장에서 자신의 업무와 관련된 문서를 읽고, 내용을 이해하고 요점을 파악할 수 있는 능력을 말한다.

예제 1

다음은 신용카드 약관의 주요내용이다. 규정 약관을 제대로 이해하지 못한 사람은?

> [부가서비스]
> 카드사는 법령에서 정한 경우를 제외하고 상품을 새로 출시한 후 1년 이내에 부가서비스를 줄이거나 없앨 수가 없다. 또한 부가서비스를 줄이거나 없앨 경우에는 그 세부내용을 변경일 6개월 이전에 회원에게 알려주어야 한다.
> [중도 해지 시 연회비 반환]
> 연회비 부과기간이 끝나기 이전에 카드를 중도해지하는 경우 남은 기간에 해당하는 연회비를 계산하여 10 영업일 이내에 돌려줘야 한다. 다만, 카드 발급 및 부가서비스 제공에 이미 지출된 비용은 제외된다.
> [카드 이용한도]
> 카드 이용한도는 카드 발급을 신청할 때에 회원이 신청한 금액과 카드사의 심사 기준을 종합적으로 반영하여 회원이 신청한 금액 범위 이내에서 책정되며 회원의 신용도가 변동되었을 때에는 카드사는 회원의 이용한도를 조정할 수 있다.
> [부정사용 책임]
> 카드 위조 및 변조로 인하여 발생된 부정사용 금액에 대해서는 카드사가 책임을 진다. 다만, 회원이 비밀번호를 다른 사람에게 알려주거나 카드를 다른 사람에게 빌려주는 등의 중대한 과실로 인해 부정사용이 발생하는 경우에는 회원이 그 책임의 전부 또는 일부를 부담할 수 있다.

① 혜수 : 카드사는 법령에서 정한 경우를 제외하고는 1년 이내에 부가서비스를 줄일 수 없어.
② 진성 : 카드 위조 및 변조로 인하여 발생된 부정사용 금액은 일괄 카드사가 책임을 지게 돼.
③ 영훈 : 회원의 신용도가 변경되었을 때 카드사가 이용한도를 조정할 수 있어.
④ 영호 : 연회비 부과기간이 끝나기 이전에 카드를 중도 해지하는 경우에는 남은 기간에 해당하는 연회비를 카드사는 돌려줘야 해.

[출제의도]
주어진 약관의 내용을 읽고 그에 대한 상세 내용의 정보를 이해하는 능력을 측정하는 문항이다.
[해설]
② 부정사용에 대해 고객의 과실이 있으면 회원이 그 책임의 전부 또는 일부를 부담할 수 있다.

답 ②

---

② 문서의 종류

   ⊙ 공문서 : 정부기관에서 공무를 집행하기 위해 작성하는 문서로, 단체 또는 일반회사에서 정부기관을 상대로 사업을 진행할 때 작성하는 문서도 포함된다. 엄격한 규격과 양식이 특징이다.

   ⓒ 기획서 : 아이디어를 바탕으로 기획한 프로젝트에 대해 상대방에게 전달하여 시행하도록 설득하는 문서이다.

   ⓒ 기안서 : 업무에 대한 협조를 구하거나 의견을 전달할 때 작성하는 사내 공문서이다.

   ⓔ 보고서 : 특정한 업무에 관한 현황이나 진행 상황, 연구 · 검토 결과 등을 보고하고자 할 때 작성하는 문서이다.

   ⓜ 설명서 : 상품의 특성이나 작동 방법 등을 소비자에게 설명하기 위해 작성하는 문서이다.

   ⓗ 보도자료 : 정부기관이나 기업체 등이 언론을 상대로 자신들의 정보를 기사화 되도록 하기 위해 보내는 자료이다.

   ⓧ 자기소개서 : 개인이 자신의 성장과정이나, 입사 동기, 포부 등에 대해 구체적으로 기술하여 자신을 소개하는 문서이다.

   ⓞ 비즈니스 레터(E-mail) : 사업상의 이유로 고객에게 보내는 편지다.

   ⓩ 비즈니스 메모 : 업무상 확인해야 할 일을 메모형식으로 작성하여 전달하는 글이다.

③ 문서이해의 절차 … 문서의 목적 이해→문서 작성 배경 · 주제 파악→정보 확인 및 현안문제 파악→문서 작성자의 의도 파악 및 자신에게 요구되는 행동 분석→목적 달성을 위해 취해야 할 행동 고려→문서 작성자의 의도를 도표나 그림 등으로 요약 · 정리

(2) 문서작성능력

① 작성되는 문서에는 대상과 목적, 시기, 기대효과 등이 포함되어야 한다.

② 문서작성의 구성요소

   ⊙ 짜임새 있는 골격, 이해하기 쉬운 구조

   ⓒ 객관적이고 논리적인 내용

   ⓒ 명료하고 설득력 있는 문장

   ⓔ 세련되고 인상적인 레이아웃

예제 2

다음은 들은 내용을 구조적으로 정리하는 방법이다. 순서에 맞게 배열하면?

> ㉠ 관련 있는 내용끼리 묶는다.
> ㉡ 묶은 내용에 적절한 이름을 붙인다.
> ㉢ 전체 내용을 이해하기 쉽게 구조화한다.
> ㉣ 중복된 내용이나 덜 중요한 내용을 삭제한다.

① ㉠㉡㉢㉣

② ㉠㉡㉣㉢

③ ㉡㉠㉢㉣

④ ㉡㉠㉣㉢

[출제의도]

음성정보는 문자정보와는 달리 쉽게 잊혀 지기 때문에 음성정보를 구조화 시키는 방법을 묻는 문항이다.

[해설]

내용을 구조적으로 정리하는 방법은 '㉠ 관련 있는 내용끼리 묶는다. → ㉡ 묶은 내용에 적절한 이름을 붙인다. → ㉣ 중복된 내용이나 덜 중요한 내용을 삭제한다. → ㉢ 전체 내용을 이해하기 쉽게 구조화한다.'가 적절하다.

답 ②

③ 문서의 종류에 따른 작성방법

　㉠ 공문서

　　• 육하원칙이 드러나도록 써야 한다.

　　• 날짜는 반드시 연도와 월, 일을 함께 언급하며, 날짜 다음에 괄호를 사용할 때는 마침표를 찍지 않는다.

　　• 대외문서이며, 장기간 보관되기 때문에 정확하게 기술해야 한다.

　　• 내용이 복잡할 경우 '-다음-', '-아래-'와 같은 항목을 만들어 구분한다.

　　• 한 장에 담아내는 것을 원칙으로 하며, 마지막엔 반드시 '끝'자로 마무리 한다.

　㉡ 설명서

　　• 정확하고 간결하게 작성한다.

　　• 이해하기 어려운 전문용어의 사용은 삼가고, 복잡한 내용은 도표화 한다.

　　• 명령문보다는 평서문을 사용하고, 동어 반복보다는 다양한 표현을 구사하는 것이 바람직하다.

　㉢ 기획서

　　• 상대를 설득하여 기획서가 채택되는 것이 목적이므로 상대가 요구하는 것이 무엇인지 고려하여 작성하며, 기획의 핵심을 잘 전달하였는지 확인한다.

　　• 분량이 많을 경우 전체 내용을 한눈에 파악할 수 있도록 목차구성을 신중히 한다.

　　• 효과적인 내용 전달을 위한 표나 그래프를 적절히 활용하고 산뜻한 느낌을 줄 수 있도록 한다.

　　• 인용한 자료의 출처 및 내용이 정확해야 하며 제출 전 충분히 검토한다.

ⓔ 보고서
- 도출하고자 한 핵심내용을 구체적이고 간결하게 작성한다.
- 내용이 복잡할 경우 도표나 그림을 활용하고, 참고자료는 정확하게 제시한다.
- 제출하기 전에 최종점검을 하며 질의를 받을 것에 대비한다.

예제 3

다음 중 공문서 작성에 대한 설명으로 가장 적절하지 못한 것은?

① 공문서나 유가증권 등에 금액을 표시할 때에는 한글로 기재하고 그 옆에 괄호를 넣어 숫자로 표기한다.
② 날짜는 숫자로 표기하되 년, 월, 일의 글자는 생략하고 그 자리에 온점(.)을 찍어 표시한다.
③ 첨부물이 있는 경우에는 붙임 표시문 끝에 1자 띄우고 "끝."이라고 표시한다.
④ 공문서의 본문이 끝났을 경우에는 1자를 띄우고 "끝."이라고 표시한다.

[출제의도]
업무를 할 때 필요한 공문서 작성법을 잘 알고 있는지를 측정하는 문항이다.
[해설]
공문서 금액 표시
아라비아 숫자로 쓰고, 숫자 다음에 괄호를 하여 한글로 기재한다.
예) 금 123,456원(금 일십이만삼천사백오십육원)

답 ①

④ 문서작성의 원칙
- ㉠ 문장은 짧고 간결하게 작성한다(간결체 사용).
- ㉡ 상대방이 이해하기 쉽게 쓴다.
- ㉢ 불필요한 한자의 사용을 자제한다.
- ㉣ 문장은 긍정문의 형식을 사용한다.
- ㉤ 간단한 표제를 붙인다.
- ㉥ 문서의 핵심내용을 먼저 쓰도록 한다(두괄식 구성).

⑤ 문서작성 시 주의사항
- ㉠ 육하원칙에 의해 작성한다.
- ㉡ 문서 작성시기가 중요하다.
- ㉢ 한 사안은 한 장의 용지에 작성한다.
- ㉣ 반드시 필요한 자료만 첨부한다.
- ㉤ 금액, 수량, 일자 등은 기재에 정확성을 기한다.
- ㉥ 경어나 단어사용 등 표현에 신경 쓴다.
- ㉦ 문서작성 후 반드시 최종적으로 검토한다.

⑥ 효과적인 문서작성 요령

　㉠ 내용이해 : 전달하고자 하는 내용과 핵심을 정확하게 이해해야 한다.

　㉡ 목표설정 : 전달하고자 하는 목표를 분명하게 설정한다.

　㉢ 구성 : 내용 전달 및 설득에 효과적인 구성과 형식을 고려한다.

　㉣ 자료수집 : 목표를 뒷받침할 자료를 수집한다.

　㉤ 핵심전달 : 단락별 핵심을 하위목차로 요약한다.

　㉥ 대상파악 : 대상에 대한 이해와 분석을 통해 철저히 파악한다.

　㉦ 보충설명 : 예상되는 질문을 정리하여 구체적인 답변을 준비한다.

　㉧ 문서표현의 시각화 : 그래프, 그림, 사진 등을 적절히 사용하여 이해를 돕는다.

(3) 경청능력

① 경청의 중요성 … 경청은 다른 사람의 말을 주의 깊게 들으며 공감하는 능력으로 경청을 통해 상대방을 한 개인으로 존중하고 성실한 마음으로 대하게 되며, 상대방의 입장에 공감하고 이해하게 된다.

② 경청을 방해하는 습관 … 짐작하기, 대답할 말 준비하기, 걸러내기, 판단하기, 다른 생각하기, 조언하기, 언쟁하기, 옳아야만 하기, 슬쩍 넘어가기, 비위 맞추기 등

③ 효과적인 경청방법

　㉠ 준비하기 : 강연이나 프레젠테이션 이전에 나누어주는 자료를 읽어 미리 주제를 파악하고 등장하는 용어를 익혀둔다.

　㉡ 주의 집중 : 말하는 사람의 모든 것에 집중해서 적극적으로 듣는다.

　㉢ 예측하기 : 다음에 무엇을 말할 것인가를 추측하려고 노력한다.

　㉣ 나와 관련짓기 : 상대방이 전달하고자 하는 메시지를 나의 경험과 관련지어 생각해 본다.

　㉤ 질문하기 : 질문은 듣는 행위를 적극적으로 하게 만들고 집중력을 높인다.

　㉥ 요약하기 : 주기적으로 상대방이 전달하려는 내용을 요약한다.

　㉦ 반응하기 : 피드백을 통해 의사소통을 점검한다.

다음은 면접스터디 중 일어난 대화이다. 민아의 고민을 해소하기 위한 조언으로 가장 적절한 것은?

> 지섭 : 민아씨, 어디 아파요? 표정이 안 좋아 보여요.
>
> 민아 : 제가 원서 넣은 공단이 내일 면접이어서요. 그동안 스터디를 통해서 면접 연습을 많이 했는데도 벌써부터 긴장이 되네요.
>
> 지섭 : 민아씨는 자기 의견도 명확히 피력할 줄 알고 조리 있게 설명을 잘하시니 걱정 안하셔도 될 것 같아요. 아, 손에 꽉 쥐고 계신 건 뭔가요?
>
> 민아 : 아, 제가 예상 답변을 정리해서 모아둔거에요. 내용은 거의 외웠는데 이렇게 쥐고 있지 않으면 불안해서
>
> 지섭 : 그 정도로 준비를 철저히 하셨으면 걱정할 이유 없을 것 같아요.
>
> 민아 : 그래도 압박면접이거나 예상치 못한 질문이 들어오면 어떻게 하죠?
>
> 지섭 : _____

① 시선을 적절히 처리하면서 부드러운 어투로 말하는 연습을 해보는 건 어때요?
② 공식적인 자리인 만큼 옷차림을 신경 쓰는 게 좋을 것 같아요.
③ 당황하지 말고 질문자의 의도를 잘 파악해서 침착하게 대답하면 되지 않을까요?
④ 예상 질문에 대한 답변을 좀 더 정확하게 외워보는 건 어떨까요?

[출제의도]
상대방이 하는 말을 듣고 질문 의도에 따라 올바르게 답하는 능력을 측정하는 문항이다.
[해설]
민아는 압박질문이나 예상치 못한 질문에 대해 걱정을 하고 있으므로 침착하게 대응하라고 조언을 해주는 것이 좋다.

답 ③

(4) 의사표현능력

① 의사표현의 개념과 종류

  ㉠ 개념 : 화자가 자신의 생각과 감정을 청자에게 음성언어나 신체언어로 표현하는 행위이다.

  ㉡ 종류

- 공식적 말하기 : 사전에 준비된 내용을 대중을 대상으로 말하는 것으로 연설, 토의, 토론 등이 있다.
- 의례적 말하기 : 사회·문화적 행사에서와 같이 절차에 따라 하는 말하기로 식사, 주례, 회의 등이 있다.
- 친교적 말하기 : 친근한 사람들 사이에서 자연스럽게 주고받는 대화 등을 말한다.

② 의사표현의 방해요인

  ㉠ **연단공포증** : 연단에 섰을 때 가슴이 두근거리거나 땀이 나고 얼굴이 달아오르는 등의 현상으로 충분한 분석과 준비, 더 많은 말하기 기회 등을 통해 극복할 수 있다.

㉡ 말 : 말의 장단, 고저, 발음, 속도, 쉼 등을 포함한다.
㉢ 음성 : 목소리와 관련된 것으로 음색, 고저, 명료도, 완급 등을 의미한다.
㉣ 몸짓 : 비언어적 요소로 화자의 외모, 표정, 동작 등이다.
㉤ 유머 : 말하기 상황에 따른 적절한 유머를 구사할 수 있어야 한다.

③ 상황과 대상에 따른 의사표현법

㉠ 잘못을 지적할 때 : 모호한 표현을 삼가고 확실하게 지적하며, 당장 꾸짖고 있는 내용에 만 한정한다.
㉡ 칭찬할 때 : 자칫 아부로 여겨질 수 있으므로 센스 있는 칭찬이 필요하다.
㉢ 부탁할 때 : 먼저 상대방의 사정을 듣고 응하기 쉽게 구체적으로 부탁하며 거절을 당해도 싫은 내색을 하지 않는다.
㉣ 요구를 거절할 때 : 먼저 사과하고 응해줄 수 없는 이유를 설명한다.
㉤ 명령할 때 : 강압적인 말투보다는 'ㅇㅇ을 이렇게 해주는 것이 어떻겠습니까?'와 같은 식으로 부드럽게 표현하는 것이 효과적이다.
㉥ 설득할 때 : 일방적으로 강요하기보다는 먼저 양보해서 이익을 공유하겠다는 의지를 보여주는 것이 좋다.
㉦ 충고할 때 : 충고는 가장 최후의 방법이다. 반드시 충고가 필요한 상황이라면 예화를 들어 비유적으로 깨우쳐주는 것이 바람직하다.
㉧ 질책할 때 : 샌드위치 화법(칭찬의 말 + 질책의 말 + 격려의 말)을 사용하여 청자의 반발을 최소화 한다.

예제 5

당신은 팀장님께 업무 지시내용을 수행하고 결과물을 보고 드렸다. 하지만 팀장님께서는 "최대리 업무를 이렇게 처리하면 어떡하나? 누락된 부분이 있지 않은가."라고 말하였다. 이에 대해 당신이 행할 수 있는 가장 부적절한 대처 자세는?

① "죄송합니다. 제가 잘 모르는 부분이라 이수혁 과장님께 부탁을 했는데 과장님께서 실수를 하신 것 같습니다."
② "주의를 기울이지 못해 죄송합니다. 어느 부분을 수정보완하면 될까요?"
③ "지시하신 내용을 제가 충분히 이해하지 못하였습니다. 내용을 다시 한 번 여쭤보아도 되겠습니까?"
④ "부족한 내용을 보완하는 자료를 취합하기 위해서 하루정도가 더 소요될 것 같습니다. 언제까지 재작성하여 드리면 될까요?"

[출제의도]
상사가 잘못을 지적하는 상황에서 어떻게 대처해야 하는지를 묻는 문항이다.
[해설]
상사가 부탁한 지시사항을 다른 사람에게 부탁하는 것은 옳지 못하며 설사 그렇다고 해도 그 일의 과오에 대해 책임을 전가하는 것은 지양해야 할 자세이다.

답 ①

④ 원활한 의사표현을 위한 지침
- ㉠ 올바른 화법을 위해 독서를 하라.
- ㉡ 좋은 청중이 되라.
- ㉢ 칭찬을 아끼지 마라.
- ㉣ 공감하고, 긍정적으로 보이게 하라.
- ㉤ 겸손은 최고의 미덕임을 잊지 마라.
- ㉥ 과감하게 공개하라.
- ㉦ 뒷말을 숨기지 마라.
- ㉧ 첫마디 말을 준비하라.
- ㉨ 이성과 감성의 조화를 꾀하라.
- ㉩ 대화의 룰을 지켜라.
- ㉪ 문장을 완전하게 말하라.

⑤ 설득력 있는 의사표현을 위한 지침
- ㉠ 'Yes'를 유도하여 미리 설득 분위기를 조성하라.
- ㉡ 대비 효과로 분발심을 불러 일으켜라.
- ㉢ 침묵을 지키는 사람의 참여도를 높여라.
- ㉣ 여운을 남기는 말로 상대방의 감정을 누그러뜨려라.
- ㉤ 하던 말을 갑자기 멈춤으로써 상대방의 주의를 끌어라.
- ㉥ 호칭을 바꿔서 심리적 간격을 좁혀라.
- ㉦ 끄집어 말하여 자존심을 건드려라.
- ㉧ 정보전달 공식을 이용하여 설득하라.
- ㉨ 상대방의 불평이 가져올 결과를 강조하라.
- ㉩ 권위 있는 사람의 말이나 작품을 인용하라.
- ㉪ 약점을 보여 주어 심리적 거리를 좁혀라.
- ㉫ 이상과 현실의 구체적 차이를 확인시켜라.
- ㉬ 자신의 잘못도 솔직하게 인정하라.
- ㉭ 집단의 요구를 거절하려면 개개인의 의견을 물어라.
- ⓐ 동조 심리를 이용하여 설득하라.
- ⓑ 지금까지의 노고를 치하한 뒤 새로운 요구를 하라.
- ⓒ 담당자가 대변자 역할을 하도록 하여 윗사람을 설득하게 하라.
- ⓓ 겉치레 양보로 기선을 제압하라.
- ⓔ 변명의 여지를 만들어 주고 설득하라.
- ⓕ 혼자 말하는 척하면서 상대의 잘못을 지적하라.

(5) 기초외국어능력

① 기초외국어능력의 개념과 필요성

  ㉠ 개념 : 기초외국어능력은 외국어로 된 간단한 자료를 이해하거나, 외국인과의 전화응대와 간단한 대화 등 외국인의 의사표현을 이해하고, 자신의 의사를 기초외국어로 표현할 수 있는 능력이다.

  ㉡ 필요성 : 국제화·세계화 시대에 다른 나라와의 무역을 위해 우리의 언어가 아닌 국제적인 통용어를 사용하거나 그들의 언어로 의사소통을 해야 하는 경우가 생길 수 있다.

② 외국인과의 의사소통에서 피해야 할 행동

  ㉠ 상대를 볼 때 흘겨보거나, 노려보거나, 아예 보지 않는 행동

  ㉡ 팔이나 다리를 꼬는 행동

  ㉢ 표정이 없는 것

  ㉣ 다리를 흔들거나 펜을 돌리는 행동

  ㉤ 맞장구를 치지 않거나 고개를 끄덕이지 않는 행동

  ㉥ 생각 없이 메모하는 행동

  ㉦ 자료만 들여다보는 행동

  ㉧ 바르지 못한 자세로 앉는 행동

  ㉨ 한숨, 하품, 신음소리를 내는 행동

  ㉩ 다른 일을 하며 듣는 행동

  ㉪ 상대방에게 이름이나 호칭을 어떻게 부를지 묻지 않고 마음대로 부르는 행동

③ 기초외국어능력 향상을 위한 공부법

  ㉠ 외국어공부의 목적부터 정하라.

  ㉡ 매일 30분씩 눈과 손과 입에 밸 정도로 반복하라.

  ㉢ 실수를 두려워하지 말고 기회가 있을 때마다 외국어로 말하라.

  ㉣ 외국어 잡지나 원서와 친해져라.

  ㉤ 소홀해지지 않도록 라이벌을 정하고 공부하라.

  ㉥ 업무와 관련된 주요 용어의 외국어는 꼭 알아두자.

  ㉦ 출퇴근 시간에 외국어 방송을 보거나, 듣는 것만으로도 귀가 트인다.

  ㉧ 어린이가 단어를 배우듯 외국어 단어를 암기할 때 그림카드를 사용해 보라.

  ㉨ 가능하면 외국인 친구를 사귀고 대화를 자주 나눠 보라.

01 출제예상문제

※ (신입) 경영 · 회계 · 사무(법정/상경/전산)
※ (신입) 발전설비운영(기계/전기/비파괴)
※ (별정직) 5직급(갑)(송전) · 5직급(을)(기계/전기/
계측) · 6직급(일반행정)

1 고객과의 접촉이 잦은 민원실에서 업무를 시작하게 된 신입사원 K씨는 선배사원으로부터 불만이 심한 고객을 응대하는 방법을 배우고 있다. 다음 중 선배사원이 K씨에게 알려 준 응대법으로 적절하지 않은 것은 어느 것인가?

① "불만이 심한 고객을 맞은 경우엔 응대자를 바꾸어 보는 것도 좋은 방법입니다."
② "나보다 더 책임 있는 윗사람이 고객을 응대한다면 좀 더 효과적인 대응이 될 수도 있습니다."
③ "불만이 심한 고객은 대부분 큰 소리를 내게 될 테니, 오히려 좀 시끄러운 곳에서 응대하는 것이 덜 민망한 방법일 수도 있습니다."
④ "일단 별실로 모셔서 커피나 차를 한 잔 권해 보는 것도 좋은 방법입니다."
⑤ "우선 고객의 화가 누그러질 수 있도록 시간을 버는 게 중요합니다. 급하게 응대하는 것보다 감정이 가라앉을 수 있는 기회를 찾는 것이지요."

> **Tip** 불만이 심한 고객은 합리적인 대화가 매우 어려운 상황이 대부분이다. 따라서 민원 담당자의 힘으로 해결될 기미가 보이지 않을 때에는 응대자를 바꾸어 보는 것이 좋은 방법이 된다. 또한, 더 책임 있고 권한을 가진 윗사람을 내세워 다시금 처음부터 들어보고 정중하게 사과하도록 한다면 의외로 불만 고객의 마음을 가라앉힐 수 있다.
> 한편, 고객이 큰 소리로 불만을 늘어놓게 되면 다른 고객에게도 영향을 미치게 되므로 별도 공간으로 안내하여 편안하게 이야기를 주고받는 것이 좋으며, 시끄러운 곳으로 이동하는 것은 오히려 고객의 불만을 자극하여 상황을 더 악화시킬 우려가 있다. 또한, 차를 대접하여 시간적 여유를 갖게 되면, 감정을 이성적으로 바꿀 수 있는 기회가 되어 시간도 벌고 고객의 불만을 가라앉혀 해결책을 강구할 수 있는 여유도 가질 수 있게 된다.

2 다음 대화 중 비즈니스 현장에서의 바람직한 의사소통 자세를 보여주지 못하는 것은 어느 것인가?

① "내가 말을 어떻게 하느냐 하는 것도 중요하겠지만, 상대방의 말을 얼마나 잘 경청하느냐 하는 것이 올바른 의사소통을 위해 매우 중요하다고 봅니다."

② "서로를 잘 알고 호흡도 척척 맞는 사이에서는 말하지 않아도 미리 알아서 행동하고 생각하는 자세가 필요해요."

③ "나의 표현방법도 중요하지만, 상대방이 어떻게 받아들일지에 대한 고려가 바탕이 되어야 하죠."

④ "충분하고 우호적인 대화가 되었어도 사후에 확인하는 과정과 적절한 피드백이 있어야 완전한 의사소통이 되었다고 볼 수 있어요."

⑤ "문서로 하는 의사소통은 때로는 꼭 필요하기도 하지만, 때로는 불필요한 혼란과 곡해를 일으키기도 하는 거 같아요."

(Tip) 말하지 않아도 마음이 통하는 관계는 '최고의 관계'이지만, 비즈니스 현장에서 필요한 것은 정확한 확인과 그에 따른 업무처리이다.

Answer ↪ 1.③ 2.②

3 다음 글을 읽고 알 수 있는 매체와 매체 언어의 특성으로 가장 적절한 것은?

> 텔레비전 드라마는 텔레비전과 드라마에 대한 각각의 이해를 전제로 하고 보아야 한다. 즉 텔레비전이라는 매체에 대한 이해와 드라마라는 장르적 이해가 필요하다.
>
> 텔레비전은 다양한 장르, 양식 등이 교차하고 공존한다. 텔레비전에는 다루고 있는 내용이 매우 무거운 시사토론 프로그램부터 매우 가벼운 오락 프로그램까지 섞여서 나열되어 있다. 또한 시청률에 대한 생산자들의 강박관념까지 텔레비전 프로그램 안에 들어있다. 텔레비전 드라마의 경우도 마찬가지로 이러한 강박이 존재한다. 드라마는 광고와 여러 문화 산업에 부가가치를 창출하며 드라마의 장소는 관광지가 되어서 지방의 부가가치를 만들어 내기도 한다. 이 때문에 시청률을 걱정해야 하는 불안정한 텔레비전 드라마 시장의 구조 속에서 상업적 성공을 거두기 위해 텔레비전 드라마는 이미 높은 시청률을 기록한 드라마를 복제하게 되는 것이다. 이것은 드라마 제작자의 수익성과 시장의 불확실성을 통제하기 위한 것으로 구체적으로는 속편이나 아류작의 제작이나 유사한 장르 복제 등으로 나타난다. 이러한 복제는 텔레비전 내부에서만 일어나는 것이 아니라 문화 자본과 관련되는 모든 매체, 즉 인터넷, 영화, 인쇄 매체에서 동시적으로 나타나는 현상이기도 하다.
>
> 이들은 서로 역동적으로 자리바꿈을 하면서 환유적 관계를 형성한다. 이 환유에는 수용자들, 즉 시청자나 매체 소비자들의 욕망이 투사되어 있다. 수용자의 욕망이 매체나 텍스트의 환유적 고리와 만나게 되면 각각의 텍스트는 다른 텍스트나 매체와의 관련 속에서 의미화 작용을 거치게 된다.
>
> 이렇듯 텔레비전 드라마는 시청자의 욕망과 텔레비전 안팎의 다른 프로그램이나 텍스트와 교차하는 지점에서 생산된다. 상업성이 검증된 것의 반복적 생산으로 말미암아 텔레비전 드라마는 거의 모든 내용이 비슷해지는 동일화의 길을 걷게 된다고 볼 수 있다.

① 텔레비전과 같은 매체는 문자 언어를 읽고 쓰는 능력을 반드시 필요로 한다.
② 디지털 매체 시대에 독자는 정보의 수용자이면서 동시에 생산자가 되기도 한다.
③ 텔레비전 드라마 시청자들의 욕구는 매체의 특성을 변화시키는 경우가 많다.
④ 영상 매체에 있는 자료들이 인터넷, 영화 등과 결합하는 것은 사실상 불가능하다.
⑤ 텔레비전 드라마는 독자들의 니즈를 충족시키기 위해 내용의 차별성에 역점을 두고 있다.

인간은 매체를 사용하여 타인과 소통하는데 그 매체는 음성 언어에서 문자로 발전했으며 책이나 신문, 라디오나 텔레비전, 영화, 인터넷 등으로 발전해 왔다. 매체의 변화는 사람들 간의 소통양식은 물론 문화 양식에까지 영향을 미친다. 현대에는 음성, 문자, 이미지, 영상, 음악 등이 결합된 매체 환경이 생기고 있다. 이 글에서는 텔레비전 드라마가 인터넷, 영화, 인쇄매체 등과 연결되어 복제되는 형상을 낳기도 하고 수용자의 욕망이 매체에 드러난다고 언급한다. 즉 디지털 매체 시대의 독자는 정보를 수용하기도 하지만 생산자가 될 수도 있음을 언급하고 있다고 볼 수 있다.

4 다음 중 언어적 의사표현능력을 향상시키기 위한 노력을 올바르게 설명하지 못한 것은 어느 것인가?

① 각자의 목소리에는 그 사람만의 색깔과 온도가 있음을 명심하고, 내용과 상황에 따라 음성의 톤이나 억양이 동일하지 않게 들리는 일이 없도록 주의해야 한다.

② 내가 아닌 상대방이 들어서 편안함을 느낄 수 있는 성량으로 말해야 한다.

③ 목소리가 듣기 좋다거나 그렇지 못하다는 것보다 얼마나 분명하고 명확한 음성으로 의사를 전달하느냐가 훨씬 중요하다.

④ 때로는 목소리가 그 사람의 내면을 알려주기도 하므로 개인의 여건과 상황에 맞는 진솔한 음성을 낼 수 있도록 노력해야 한다.

⑤ 녹음기 등으로 자신이 말하는 것을 녹음하여 들어보는 것은 음성의 결함이나 개선점 등을 찾아내는 데 효과적인 방법이다.

 음성에는 온도와 색깔이 있으므로 내용에 따라 음성을 변화시키는 요령을 습득한다. 즉, 단어의 의미를 확산시키고 주의를 집중시키기 위하여 음성을 변화시켜야 한다. 최근의 스피치 연구가들은 일정한 음도를 유지하다가 (높은 목소리보다는) 낮은 목소리로 갑자기 전환함으로써 말하고자 하는 바를 효과적으로 강조할 수 있다고 주장한다.

Answer╻→ 3.② 4.①

5   다음 대화 중 적극적인 경청자의 자세를 보여주는 사례가 아닌 것은 어느 것인가?

① "설명을 듣고 있자니 저들의 얘기가 거래 중단을 의미하려는 걸로 예상되는군."

② "교수님 말씀을 귀담아 들으면 될 일이지 뭘 그리 예습을 열심히 하고 있니? 정작 강의 시간엔 한눈을 팔려고 그래?"

③ "질문거리를 좀 많이 만들어 가야겠어. 뭐라고 답을 하는지 잘 들어볼 수 있도록 말이지."

④ "일단 지금까지 나온 얘기를 좀 요약해 보자. 내용을 일단락 시켜두고 다음 얘기를 들어보면 정리가 좀 될 거야"

⑤ "그 사람 강연을 들으면 늘 내가 주인공이 된 듯 느껴진단 말이야. 마치 내 얘기를 하기라도 하는 것처럼 말이지."

 미리 준비하는 것도 적극적인 경청을 위한 좋은 방법이다. 수업시간이나 강연에 참석하여 올바른 경청을 하려면 강의의 주제나 강의에 등장하는 용어에 친숙하도록 하기 위해 미리 읽어 두어야 한다.
① 예측하기 : 대화를 하는 동안 시간 간격이 있으면, 다음에 무엇을 말할 것인가를 추측하려고 노력한다. 이러한 추측은 주의를 집중하여 듣는 데 도움이 된다.
③ 질문하기 : 질문에 대한 답이 즉각적으로 이루어질 수 없다고 하더라도 질문을 하려고 하면 경청하는데 적극적이 되고 집중력이 높아진다.
④ 요약하기 : 대화 도중에 주기적으로 대화의 내용을 요약하면 상대방이 전달하려는 메시지를 이해하고, 사상과 정보를 예측하는 데 도움이 된다.
⑤ 나와 관련짓기 : 상대방이 전달하려는 메시지가 무엇인가를 생각해보고 자신의 삶, 목적, 경험과 관련시켜 본다. 자신의 관심이라는 측면에서 메시지를 이해하면 주의를 집중하는 데 도움이 될 것이다.

6 다음 중 밑줄 친 단어의 의미로 옳지 않은 것은?

> 1. 상품특징
>   주택을 <u>담보</u>로 거래기여도 등에 따른 우대<u>금리</u>를 적용받고자 하는 고객 및 다양한 <u>상환</u>방식을 원하는 고객을 위한 담보대출상품
>
> 2. 대출대상
>   주택을 담보로 자금이 필요한 개인 고객
>
> 3. 대출기간
>   • 일시상환 : 10년 이내
>   • 원(리)금균등할부상환 : 33년 이내 (대출기간의 1/3 이내에서 최고 10년 이내 <u>거치</u>가능)
>   • 일시 · 할부(적용비율 50 : 50) 동시적용 상환 : 33년 이내 (대출기간의 1/3 이내에서 최고 10년 이내 거치가능)

① 담보 : 민법에서, 채무 불이행 때 채무의 변제를 확보하는 수단으로 채권자에게 제공하는 것

② 금리 : 빌려준 돈이나 예금 따위에 붙는 이자. 또는 그 비율

③ 상환 : 갚거나 돌려줌

④ 대출 : 물건을 밖으로 많이 냄

⑤ 거치 : 공채, 사채 따위의 상환 또는 지급을 일정 기간 하지 않는 일

 • 대출(貸出) : 돈이나 물건 따위를 빌려주거나 빌림.
   • 대출(大出) : 물건을 밖으로 많이 냄.

Answer ♪→ 5.② 6.④

7 다음 중 의사소통의 두 가지 수단인 문서적인 의사소통과 언어적인 의사소통에 대하여 올바르게 설명하지 못한 것은 어느 것인가?

① 문서적인 의사소통은 언어적인 의사소통에 비해 권위감이 있다.

② 의사소통 시에는 일반적으로 언어적인 방법보다 문서적인 방법이 훨씬 많이 사용된다.

③ 문서적인 방법은 때로는 혼란과 곡해를 일으키는 경우가 있을 수 있다.

④ 언어적인 의사소통은 정확성을 기하기 힘든 경우가 있다.

⑤ 상대방의 주장에 대한 의사를 표현하는 능력은 언어적인 방법에서 더 중요한 요소이다.

 문서적인 의사소통과 언어적인 의사소통의 특징은 다음과 같다.

• 문서적인 의사소통 : 언어적인 의사소통에 비해 권위감이 있고, 정확성을 기하기 쉬우며, 전달성이 높고, 보존성도 크다. 문서적 의사소통은 언어적인 의사소통의 한계를 극복하기 위해 문자를 수단으로 하는 방법이지만 이 또한 그리 쉬운 것은 아니다. 문서적인 방법은 때로는 필수불가결한 것이기는 하지만 때로는 혼란과 곡해를 일으키는 경우도 얼마든지 있기 때문이다.

• 언어적인 의사소통 : 여타의 의사소통보다는 정확을 기하기 힘든 경우가 있는 결점이 있기는 하지만 대화를 통해 상대방의 반응이나 감정을 살필 수 있고, 그때그때 상대방을 설득할 수 있으므로 유동성이 있다. 또한 의사소통 중에서도 모든 계층에서 관리자들이 많은 시간을 바치는 '듣고 말하는 시간이 비교할 수 없을 만큼 상대적으로 많다는 점에서 경청 능력과 의사표현력은 매우 중요하다.

8 다음 설명의 빈 칸 ㉠~㉣에 들어갈 문서의 종류를 알맞게 나열한 것은 어느 것인가?

㉠	• 외부로 전달하는 문서로 '누가, 언제, 어디서, 무엇을, 어떻게'가 정확하게 드러나도록 작성한다. • 이후 내용이 없을 때 반드시 '끝' 자로 마무리한다.
㉡	• 명령문보다 평서문으로 작성하며 소비자가 이해하기 쉽도록 전문용어는 삼가는 것이 좋다. • 복잡한 내용은 도표를 통해 시각화한다.
㉢	• 상대가 요구하는 것이 무엇인지 고려하여 작성한다. • 효과적인 내용 전달을 위해 목차를 체계적으로 구성하며 도표나 그래프를 활용한다. • 업무 진행과정은 구체적으로 제시하며, 핵심사항만 간결하게 작성하며 인용자료일 경우 출처를 밝힌다.
㉣	• 도출하고자 한 핵심 내용을 구체적이고도 간결하게 작성한다.

	㉠	㉡	㉢	㉣
①	설명서	공문서	기획서	보고서
②	공문서	설명서	기획서	보고서
③	공문서	설명서	보고서	기획서
④	보고서	설명서	기획서	공문서
⑤	설명서	기획서	보고서	공문서

 • 공문서 : 정부 행정기관에서 대내적, 혹은 대외적 공무를 집행하기 위해 작성하는 문서를 의미하며, 정부기관이 일반회사·단체로부터 접수하는 문서 및 일반회사에서 정부기관을 상대로 사업을 진행하려고 할 때 작성하는 문서도 포함된다. 엄격한 규격과 양식에 따라 정당한 권리를 가지는 사람이 작성해야 하며 최종 결재권자의 결재가 있어야 문서로서의 기능이 성립된다.
• 설명서 : 대개 상품의 특성이나 사물의 성질과 가치, 작동 방법이나 과정을 소비자에게 설명하는 것을 목적으로 작성한 문서이다. 상품소개서, 제품설명서 등이 이에 해당한다.
• 기획서 : 적극적으로 아이디어를 내고 기획해 하나의 프로젝트를 문서형태로 만들어, 상대방에게 기획의 내용을 전달하여 기획을 시행하도록 설득하는 문서이다.
• 보고서 : 특정한 일에 관한 현황이나 그 진행 상황 또는 연구검토 결과 등을 보고하고자 할 때 작성하는 문서이다. 영업보고서, 결산보고서, 업무보고서, 출장보고서, 회의보고서 등이 이에 해당된다.

9 다음 보도자료 작성 요령을 참고할 때, 적절한 보도자료 문구를 〈보기〉에서 모두 고른 것은 어느 것인가?

1. 인명과 호칭

〈우리나라 사람의 경우〉
- 우리나라 사람의 인명은 한글만 쓴다. 동명이인 등 부득이한 경우에만 괄호 안에 한자를 써준다.
- 직함은 소속기관과 함께 이름 뒤에 붙여 쓴다.
- 두 명 이상의 이름을 나열할 경우에는 맨 마지막 이름 뒤에 호칭을 붙인다.

〈외국인의 경우〉
- 중국 및 일본사람의 이름은 현지음을 한글로 외래어 표기법에 맞게 쓰고 괄호 안에 한자를 쓴다. 한자가 확인이 안 될 경우에는 현지음만 쓴다.
- 기타 외국인의 이름은 현지발음을 외래어 표기법에 맞게 한글로 적고 성과 이름 사이를 띄어 쓴다.

2. 지명
- 장소를 나타내는 국내 지명은 광역시·도→시·군·구→동·읍·면·리 순으로 표기한다.
- 시·도명은 줄여서 쓴다.
- 자치단체명은 '서울시', '대구시', '경기도', '전남도' 등으로 적는다.
- 중국과 일본 지명은 현지음을 한글로 외래어 표기법에 맞게 쓰고 괄호 안에 한자를 쓴다(확인이 안 될 경우엔 현지음과 한자 중 택일).
- 외국 지명의 번역명이 통용되는 경우 관용에 따른다.

3. 기관·단체명
- 기관이나 단체 이름은 처음 나올 때는 정식 명칭을 적고 약칭이 있으면 괄호 안에 넣어주되 행정부처 등 관행화된 것은 넣지 않는다. 두 번째 표기부터는 약칭을 적는다.
- 기관이나 단체명에 대표 이름을 써야할 필요가 있을 때는 괄호 안에 표기한다.
- 외국의 행정부처는 '부', 부처의 장은 '장관'으로 표기한다. 단 한자권 지역은 그 나라에서 쓰는 정식명칭을 따른다.
- 국제기구나 외국 단체의 경우 처음에는 한글 명칭과 괄호 안에 영문 약어 표기를 쓴 다음 두 번째부터는 영문 약어만 표기한다.
- 언론기관 명칭은 AP, UPI, CNN 등 잘 알려진 경우는 영문을 그대로 사용하되 잘 알려지지 않은 기관은 그 앞에 설명을 붙여 준다.
- 약어 영문 이니셜이 우리말로 굳어진 것은 우리말 발음대로 표기한다.

<보기>
㉠ 최한국 사장, 조대한 사장, 강민국 사장을 등 재계 주요 인사들은 모두 내일 개최되는 행사에 참석할 것으로 보인다.
㉡ 버락오바마 미국 대통령은 지난 2017년을 끝으로 대통령 임기를 마쳤다.
㉢ 절강성 온주에서 열리는 박람회에는 다양한 종류의 이벤트가 열릴 것으로 기대된다.
㉣ 국제노동기구(ILO) 창설 기념일과 때를 같이하여 ILO 회원국들은 국제 노동규범을 확립하는 일에 더욱 힘쓰기로 결의하였다.

① ㉡

② ㉣

③ ㉠, ㉡

④ ㉠, ㉢, ㉣

⑤ ㉡, ㉢, ㉣

 ㉠ [×] 두 명 이상의 이름을 나열할 경우에는 맨 마지막 이름 뒤에 호칭을 붙인다는 원칙에 따라 '최한국, 조대한, 강민국 사장을 등 재계 주요 인사들은 모두~'로 수정해야 한다.

㉡ [×] 외국인의 이름은 현지발음을 외래어 표기법에 맞게 한글로 적고 성과 이름 사이를 띄어 쓴다는 원칙에 따라 '버락∨오바마 미국 대통령의 임기는~'으로 수정해야 한다.

㉢ [×] 중국 지명이므로 현지음을 한글로 외래어 표기법에 맞게 쓰고 괄호 안에 한자를 써야한다는 원칙에 따라, '절강성(浙江)성 온주(溫州)'로 수정해야 한다.

㉣ [O] 국제기구나 외국 단체의 경우 처음에는 한글 명칭과 괄호 안에 영문 약어 표기를 쓴 다음 두 번째부터는 영문 약어만 표기한다는 원칙에 따른 올바른 표기이다.

Answer↦ 9.②

10 다음 글의 주제로 가장 적절한 것은 어느 것인가?

> 조직개발 컨설턴트들은 아무리 좋은 기술, 전략, 조직구조, 생산 프로세스를 도입해도 기업문화가 같이 바뀌지 않으면 실패할 가능성이 매우 높다고 말한다. 기업문화는 곧 기업의 체질을 의미하고, 기업에서 가장 변화시키기 어려운 것이다. 권위주의 문화도 마찬가지다. 요즘 기업의 사회적 책임이 화두로 등장하면서 윤리경영에 대한 관심도 높아지고 있다. 많은 기업이 너나할 것 없이 윤리경영을 천명하고 있다. 부조리신고 포상제도, 자율 재산 등록제도, 청렴 평가제도, 윤리교육 의무화제도, 협력업체의 부당거래 신고제도, 전자입찰 확대 등 다양한 절차와 제도를 마련하고 있다. 하지만 이런 제도적, 절차적 변화가 진정한 윤리경영으로 정착되기 위해서는 권위주의 문화도 함께 변화해야 한다.
>
> 바람직한 윤리경영 문화를 정립하기 위해서는 권위주의가 아닌 권위를 존중하는 문화가 정립되어야 한다. 업무 지시는 대부분의 사람들이 동의할 수 있는 객관적 사실에 기초해야 하고, 주어진 역할 범위 안에서 이루어져야 한다. 그렇지 않을 경우 반대할 수 있는 권리나 그 이유를 설명하도록 요구할 수 있는 권리가 동시에 주어져야 한다. 근거의 타당성과 함께 자기가 한 말이나 행동에 대해 책임을 지는 것도 중요하다. 물론 최고위 경영자의 솔선수범이 우선되어야 한다. 책임지는 상급자는 권위를 갖는다. 권위가 바로 선 기업은 투명하고, 공정하며, 합리적인 윤리경영을 할 수 있다.
>
> 소니 픽처스는 권위주의 문화를 변화시키기 위해 '코드의례'라는 것을 실시했다. 상급자가 동의할 수 없는 일방적 지시나 명령을 내릴 때, 하급자는 "코드"라는 말을 외칠 수 있다. 이것은 "근거를 알려 주십시오. 내가 동의할 수 있는 설명을 해 주십시오."라는 말을 대신하는 그들만의 '은어'이다. 권위주의 문화에서 부하직원이 상사에게 객관적 근거를 대달라고, 혹은 동의하지 못하겠다고 면전에서 직접 말하기는 쉽지 않으니, 같은 의미의 은어를 사용하는 것이다. 코드의례는 상사와 부하직원의 합리적 의사소통을 가능케 한다. 물론 오랜 역사를 통해 형성된 권위주의 문화가 하나의 제도만으로 쉽게 사라지지는 않는다. 하지만 이런 작은 문화적 의례들이 실천되고 확산될 때, 권위주의 문화가 서서히 사라지면서 투명하고, 공정하며, 합리적인 윤리경영의 토대가 마련될 수 있다.

① 윤리경영을 실천하기 위해 기업은 권위주의 문화를 극복해야 한다.
② 기업은 상사와 부하직원 간의 원활한 소통을 위해 그들만의 용어를 찾아내야 한다.
③ 윤리경영 실천의 핵심은 해외의 사례를 벤치마킹하는 일이 되어야 한다.
④ 건전한 조직문화를 유지하기 위해서는 권위주의 문화를 타파해야 한다.
⑤ 상사는 부하 직원에게 객관적이고 합리적인 업무 지시만을 해야 한다.

윤리경영의 올바른 실천은 조직문화의 개선이 동반되어야 하며 조직문화의 개선을 위해서는 권위주의 문화의 극복이 매우 중요하다는 것이 강조된 글로서, '권위주의 문화 극복→윤리경영 실천'의 관계를 설명한 것이 전체 글의 주제로 가장 적절하다.
②③ '은어'를 활용한다는 것은 소니 픽처스의 사례를 든 내용의 일부이며, 글이 지향하는 궁극적인 내용은 아니며, 해외 사례의 벤치마킹이 필요하다는 주장 역시 제시되어 있지 않다.

④ 권위주의 문화를 타파하는 것의 목적은 윤리경영의 실천이지, 건전한 조직문화 유지에 있지 않다.

⑤ 객관적이고 합리적인 상사의 지시 자체를 지향하는 것은 글 전체의 주제로 보기 어렵다.

11 다음 두 글에서 공통적으로 말하고자 하는 것은 무엇인가?

> (가) 많은 사람들이 기대했던 우주왕복선 챌린저는 발사 후 1분 13초만에 폭발하고 말았다. 사건조사단에 의하면, 사고원인은 챌린저 주엔진에 있던 O-링에 있었다. O-링은 디오콜사가 NASA로부터 계약을 따내기 위해 저렴한 가격으로 생산될 수 있도록 설계되었다. 하지만 첫 번째 시험에 들어가면서부터 설계상의 문제가 드러나기 시작하였다. NASA의 엔지니어들은 그 문제점들을 꾸준히 제기했으나, 비행시험에 실패할 정도의 고장이 아니라는 것이 디오콜사의 입장이었다. 하지만 O-링을 설계했던 과학자도 문제점을 인식하고 문제가 해결될 때까지 챌린저 발사를 연기하도록 회사 매니저들에게 주지시키려 했지만 거부되었다. 한 마디로 그들의 노력이 미흡했기 때문이다.
>
> (나) 과학의 연구 결과는 사회에서 여러 가지로 활용될 수 있지만, 그 과정에서 과학자의 의견이 반영되는 일은 드물다. 과학자들은 자신이 책임질 수 없는 결과를 이 세상에 내놓는 것과 같다. 과학자는 자신이 개발한 물질을 활용하는 과정에서 나타날 수 있는 위험성을 충분히 알리고 그런 물질의 사용에 대해 사회적 합의를 도출하는 데 적극 협조해야 한다.

① 과학적 결과의 장단점

② 과학자와 기업의 관계

③ 과학자의 윤리적 책무

④ 과학자의 학문적 한계

⑤ 과학자의 사회적 영향

 (가): 과학자가 설계의 문제점을 인식하고도 노력하지 않았기 때문에 결국 우주왕복선이 폭발하고 마는 결과를 가져왔다고 말하고 있다.

(나): 과학자는 자신이 개발한 물질의 위험성을 알리고 사회적 합의를 도출하는 데 협조해야 한다고 말하고 있다.

두 글을 종합해 보았을 때 공통적으로 말하고자 하는 바는 '과학자로서의 윤리적 책무를 다해야 한다.'라는 것을 알 수 있다.

Answer↪ 10.① 11.③

12 다음 글의 내용과 일치하지 않는 것은 어느 것인가?

인문학이 기업 경영에 도움을 주는 사례는 대단히 많다. 휴렛패커드의 칼리 피오리나는 중세에서 르네상스로 전환하는 시기에 대한 관심이 디지털시대로 전환하는 시대를 이해하는 데 큰 도움을 주고 있다는 말을 하곤 한다. 또 마이클 아이스너 디즈니 CEO는 자신의 인문학적 소양이 국제 관계를 다루는 데 큰 도움이 되었다고 한다.

역사나 문학은 인간과 사회에 대한 다양한 사례를 제공함으로써 인간과 사회를 깊이 이해하게 한다. 철학이 인간과 사회에 대한 본질적인 문제를 다루고 우리가 무엇을 지향해야 할 것인가 하는 가치의 문제를 다루게 하는 것과 함께 고려하면 문학, 역사, 철학은 인간과 사회에 대한 다양한 경험과 깊은 통찰을 알려주고 연마하는 중요한 학문임을 알게 된다. 그 핵심은 소통하고 공감하는 능력이다.

사회 환경 변화에 민감할 수밖에 없는 기업이 이를 가장 예민하게 받아들이고 있다. 현재는 경영 환경이 이전과 달리 복합적이고 복잡하다. 소비 자체가 하나의 문화적 현상이 되면서 기업도 물건을 파는 것이 아니라 문화를 함께 제공하여야 한다. 당연한 말이지만 이를 해결하기 위해서는 단편적인 지식이 아니라 인간을 이해하고 사회 문화를 파악할 수 있는 통찰력과 복합적 사고력이 요구된다.

게다가 요즈음은 새로운 기술이 개발되었다고 해도 복제나 다른 방법을 통해 곧 평준화된다. 신기술의 생명이 점점 짧아지는 것이 바로 이러한 추세를 반영한다. 그렇다면 후발 기업이나 선진 기업의 기술 격차가 난다고 해도 그것이 못 따라갈 정도는 아니라는 말이다. 지금의 차이도 시간의 문제일 뿐 곧 평준화된다고 보아야 한다. 이제 기술을 통해서 차별을 할 수 있는 시기는 지난 것이다.

이런 때 요구되는 것은 인간에 대한 깊은 이해로부터 만들어진 차별이다. 문화를 통한 기술이라는 것이 바로 이런 점이다. 어느 기업이든 인간을 어떻게 보느냐에 따라서 생산물에 그 철학이 담기게 되고 이것은 독특한 색채가 된다.

① 인문학적 소양은 인간과 사회를 깊이 이해하게 한다.

② 문학, 역사, 철학이 인간 사회에 주는 영향의 핵심은 소통과 공감 능력이다.

③ 소비자의 소비 행위는 단순히 물건을 구매하는 것을 넘어 하나의 문화적 현상이 되었다.

④ 기술 개발력의 향상으로 기업 간 격차와 차별화는 날로 심해진다.

⑤ 인간에 대한 깊은 이해가 바로 '문화를 통한 기술'의 핵심이다.

 필자는 주어진 글을 통해 복제나 다른 방법으로 신기술의 생명이 점점 짧아지고 있으며, 기업 간 기술 격차의 해소는 시간의 문제일 뿐 곧 평준화될 것이라는 점을 강조하며, 그러한 현상에 대한 대안적인 차별화 전략으로 인문학의 중요성을 이야기하고 있다.

13 다음 글의 내용과 일치하지 않는 것은?

> 국민연금법이 정한 급여의 종류에는 노령연금, 장애연금, 유족연금, 반환일시금이 있다. 그 중 노령연금은 국민연금에 10년 이상 가입하였던 자 또는 10년 이상 가입 중인 자에게 만 60세가 된 때부터 그가 생존하는 동안 지급하는 급여를 말한다. 노령연금을 받을 권리자(노령연금 수급권자)와 이혼한 사람도 일정한 요건을 충족하면 노령연금을 분할한 일정 금액의 연금을 받을 수 있는데, 이를 분할연금이라 한다. 분할연금은 혼인기간 동안 보험료를 내는 데 부부가힘을 합쳤으니 이혼 후에도 연금을 나누는 것이 공평하다는 취지가 반영된 것이다. 분할연금을 받기 위해서는 혼인기간(배우자의 국민연금 가입기간 중의 혼인기간만 해당)이 5년 이상인자로서, 배우자와 이혼하였고, 배우자였던 사람이 노령연금 수급권자이며, 만 60세 이상이 되어야 한다. 이러한 요건을 모두 갖추게 된 때부터 3년 이내에 분할연금을 청구하면, 분할연금 수급권자는 생존하는 동안 분할연금을 수령할 수 있다. 한편 공무원연금, 군인연금, 사학연금 등에서는 연금가입자와 이혼한 사람에게 분할연금을 인정하고 있지 않다.

① 요건을 모두 갖추었더라도 3년 내에 청구하지 않으면 분할연금을 받을 수 없다.

② 국민연금 가입기간이 10년째인 남자와 결혼한 여자가 4년 만에 이혼한 경우 여자는 남자가 받는 노령연금의 분할연금을 받을 수 있다.

③ 이혼자가 분할연금을 받을 수 있는 이유는 혼인기간동안 보험료를 내는데 부부가 힘을 합쳤기 때문이다.

④ 모든 연금법에서 이혼자에 대한 분할연금을 인정하고 있지는 않다.

⑤ 국민연금법이 정한 급여의 종류에는 노령연금 외에도 장애연금과 유족연금, 반환일시금이 있다.

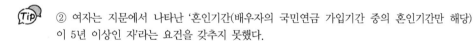 ② 여자는 지문에서 나타난 '혼인기간(배우자의 국민연금 가입기간 중의 혼인기간만 해당) 이 5년 이상인 자'라는 요건을 갖추지 못했다.

❚14~15❚ 다음은 우리나라의 공적연금제도와 관련된 설명이다. 물음에 답하시오.

　사람들은 은퇴 이후 소득이 급격하게 줄어드는 위험에 처할 수 있다. 이러한 위험이 발생할 경우 일정 수준의 생활(소득)을 보장해 주기 위한 제도가 공적연금제도이다. 우리나라의 공적연금제도에는 대표적으로 국민의 노후 생계를 보장해 주는 국민연금이 있다. 공적연금제도는 강제가입을 원칙으로 한다. 연금은 가입자가 비용은 현재 지불하지만 그 편익은 나중에 얻게 된다. 그러나 사람들은 현재의 욕구를 더 긴박하고 절실하게 느끼기 때문에 불확실한 미래의 편익을 위해서 당장은 비용을 지불하지 않으려는 경향이 있다. 또한 국가는 사회보장제도를 통하여 젊은 시절에 노후를 대비하지 않은 사람들에게도 최저생계를 보장해준다. 이 경우 젊었을 때 연금에 가입하여 성실하게 납부한 사람들이 방만하게 생활한 사람들의 노후생계를 위해 세금을 추가로 부담해야 하는 문제가 생긴다. 그러므로 국가가 나서서 강제로 연금에 가입하도록 하는 것이다.

　공적연금제도의 재원을 충당하는 방식은 연금 관리자의 입장과 연금 가입자의 입장에서 각기 다르게 나누어 볼 수 있다. 연금 관리자의 입장에서는 '적립방식'과 '부과방식'의 두 가지가 있다. '적립방식'은 가입자가 낸 보험료를 적립해 기금을 만들고 이 기금에서 나오는 수익으로 가입자가 납부한 금액에 비례하여 연금을 지급하지만, 연금액은 확정되지 않는다. '적립방식'은 인구 구조가 변하더라도 국가는 재정을 투입할 필요가 없고, 받을 연금과 내는 보험료의 비율이 누구나 일정하므로 보험료 부담이 공평하다. 하지만 일정한 기금이 형성되기 전까지는 연금을 지급할 재원이 부족하므로, 제도 도입 초기에는 연금 지급이 어렵다. '부과방식'은 현재 일하고 있는 사람들에게서 거둔 보험료로 은퇴자에게 사전에 정해진 금액만큼 연금을 지급하는 것이다. 이는 '적립방식'과 달리 세대 간 소득재분배 효과가 있으며, 제도 도입과 동시에 연금 지급을 개시할 수 있다는 장점이 있다. 다만 인구 변동에 따른 불확실성이 있다. 노인 인구가 늘어나 역삼각형의 인구구조가 만들어질 때는 젊은 세대의 부담이 증가되어 연금 제도를 유지하기가 어려워질 수 있다.

　연금 가입자의 입장에서는 납부하는 금액과 지급 받을 연금액의 관계에 따라 확정기여방식과 확정급여방식으로 나눌 수 있다. 확정기여방식은 가입자가 일정한 액수나 비율로 보험료를 낼 것만 정하고 나중에 받을 연금의 액수는 정하지 않는 방식이다. 이는 연금 관리자의 입장에서 보면 '적립방식'으로 연금 재정을 운용하는 것이다. 그래서 이 방식은 이자율이 낮아지거나 연금 관리자가 효율적으로 기금을 관리하지 못하는 경우에 개인이 손실 위험을 떠안게 된다. 또한 물가가 인상되는 경우 확정기여에 따른 적립금의 화폐가치가 감소되는 위험도 가입자가 감수해야 한다. 확정급여방식은 가입자가 얼마의 연금을 받을 지를 미리 정해 놓고, 그에 따라 개인이 납부할 보험료를 정하는 방식이다. 이는 연금 관리자의 입장에서는 '부과방식'으로 연금 재정을 운용하는 것이다. 나중에 받을 연금을 미리정하면 기금 운용 과정에서 발생하는 투자의 실패는 연금 관리자가 부담하게 된다. 그러나 이 경우에도 물가상승에 따른 손해는 가입자가 부담해야 하는 단점이 있다.

14 공적연금의 재원 충당 방식 중 '적립방식'과 '부과방식'을 비교한 내용으로 적절하지 않은 것은?

	항목	적립방식	부과방식
①	연금 지급 재원	가입자가 적립한 기금	현재 일하는 세대의 보험료
②	연금 지급 가능 시기	일정한 기금이 형성된 이후	제도 시작 즉시
③	세대 간 부담의 공평성	세대 간 공평성 미흡	세대 간 공평성 확보
④	소득 재분배 효과	소득 재분배 어려움	소득 재분배 가능
⑤	인구 변동 영향	받지 않음	받음

 ③ 받을 연금과 내는 보험료의 비율이 누구나 일정하여 보험료 부담이 공평한 것은 적립방식이다. 부과방식은 현재 일하고 있는 사람들에게서 거둔 보험료를 은퇴자에게 사전에 정해진 금액만큼 연금을 지급하는 것으로, 노인 인구가 늘어날 경우 젊은 세대의 부담이 증가할 수 있다고 언급하고 있다.

15 위 내용을 바탕으로 다음 상황에 대해 분석할 때 적절하지 않은 결론을 도출한 사람은?

> A회사는 이번에 공적연금 방식을 준용하여 퇴직연금 제도를 새로 도입하기로 하였다. 이에 회사는 직원들이 퇴직연금 방식을 확정기여방식과 확정급여방식 중에서 선택할 수 있도록 하였다.

① 확정기여방식은 부담금이 공평하게 나눠지는 측면에서 장점이 있어.
② 확정기여방식은 기금을 운용할 회사의 능력에 따라 나중에 받을 연금액이 달라질 수 있어.
③ 확정기여방식은 기금의 이자 수익률이 물가상승률보다 높으면 연금액의 실질적 가치가 상승할 수 있어.
④ 확정급여방식은 물가가 많이 상승하면 연금액의 실질적 가치가 하락할 수 있어.
⑤ 확정급여방식은 투자 수익이 부실할 경우 가입자가 보험료를 추가로 납부해야 하는 문제가 있어.

 ⑤ 확정급여방식의 경우 나중에 얼마의 연금을 받을 지 미리 정해놓고 보험료를 납부하는 것으로 기금 운용 과정에서 발생하는 투자의 실패를 연금 관리자가 부담하게 된다. 따라서 투자 수익이 부실한 경우에도 가입자가 보험료를 추가로 납부해야 하는 문제는 발생하지 않는다.

Answer 14.③ 15.⑤

다음 글의 내용과 부합하는 것을 〈보기〉에서 모두 고르면?

가. "회원이 카드를 분실하거나 도난당한 경우에는 즉시 서면으로 신고하여야 하고 분실 또는 도난당한 카드가 타인에 의하여 부정사용되었을 경우에는 신고접수일 이후의 부정사용액에 대하여는 전액을 보상하나, 신고접수한 날의 전날부터 15일 전까지의 부정사용액에 대하여는 금 2백만 원의 범위 내에서만 보상하고, 16일 이전의 부정사용액에 대하여는 전액지급할 책임이 회원에게 있다."고 신용카드 발행회사 회원규약에 규정하고 있는 경우, 위와 같은 회원규약을 신의성실의 원칙에 반하는 무효의 규약이라고 볼 수 없다.

나. 카드의 월간 사용한도액이 회원 본인의 책임한도액이 되는 것은 아니므로 부정사용액 중 월간 사용한도액의 범위 내에서만 회원의 책임이 있는 것은 아니다.

다. 신용카드업법에 의하면 "신용카드가맹점은 신용카드에 의한 거래를 할 때마다 신용카드 상의 서명과 매출전표 상의 서명이 일치하는지를 확인하는 등 당해 신용카드가 본인에 의하여 정당하게 사용되고 있는지 여부를 확인하여야 한다."라고 규정하고 있다. 따라서 가맹점이 위와 같은 주의의무를 게을리하여 손해를 자초하거나 확대하였다면, 그 과실의 정도에 따라 회원의 책임을 감면해 주는 것이 거래의 안전을 위한 신의성실의 원칙상 정당하다.

〈보기〉

㉠ 신용카드사는 회원에 대하여 카드의 분실 및 도난 시 서면신고 의무를 부과하고, 부정사용액에 대한 보상액을 그 분실 또는 도난된 카드의 사용시기에 따라 상이하게 정할 수 있다.

㉡ 회원이 분실 또는 도난당한 카드가 타인에 의하여 부정사용되었을 경우, 신용카드사는 서면으로 신고 접수한 날 이후의 부정사용액에 대한 보상액을 제한할 수 있다.

㉢ 카드의 분실 또는 도난 사실을 서면으로 신고 접수한 날의 전날까지의 부정사용액에 대해서는 자신의 월간 카드사용한도액의 범위를 초과하여 회원이 책임을 질 수 있다.

㉣ 신용카드가맹점이 신용카드의 부정사용 여부를 확인하지 않은 경우에는 가맹점 과실의 경중을 묻지 않고 회원의 모든 책임이 면제된다.

① ㉠, ㉡   ② ㉠, ㉢

③ ㉡, ㉢   ④ ㉡, ㉣

⑤ ㉢, ㉣

 ㉡ 회원이 분실 또는 도난당한 카드가 타인에 의하여 부정사용되었을 경우, 신용카드사는 서면으로 신고 접수한 날 이후의 부정사용액에 대해서는 전액 보상한다. 다만, 신고접수한 날의 전날부터 15일 전까지의 부정사용액에 대하여는 금 2백만 원의 범위로 제한할 수 있으며 16일 이전의 부정사용액에 대해서는 전액 지급할 책임이 회원에게 있다.

㉣ 신용카드가맹점이 신용카드의 부정사용 여부를 확인하지 않은 경우에는 그 과실의 정도에 따라 회원의 책임을 감면해 주는 것이지, 회원의 모든 책임이 면제되는 것은 아니다.

17 다음은 해외이주자의 외화송금에 대한 설명이다. 옳지 않은 것은?

> 1. 필요서류
>   - 여권 또는 여권 사본
>   - 비자 사본 또는 영주권 사본
>   - 해외이주신고확인서(환전용) – 국내로부터 이주하는 경우
>   - 현지이주확인서(이주비환전용) – 현지이주의 경우
>   - 세무서장이 발급한 자금출처 확인서 – 해외이주비 총액이 10만 불 초과 시
>
> 2. 송금한도 등
>   한도 제한 없음
>
> 3. 송금방법
>   A은행 영업점을 거래외국환은행으로 지정한 후 송금 가능
>
> 4. 알아야 할 사항
>   - 관련법규에 의해 해외이주자로 인정받은 날로부터 3년 이내에 지정거래외국환은행을 통해 해외이주비를 지급받아야 함
>   - 해외이주자에게는 해외여행경비를 지급할 수 없음

① 송금 한도에는 제한이 없다.
② 국내로부터 이주하는 경우 해외이주신고확인서(환전용)가 필요하다.
③ 관련법규에 의해 해외이주자로 인정받은 날로부터 3년 이내에 지정거래외국환은행을 통해 해외이주비를 지급받아야 한다.
④ A은행 영업점을 거래외국환은행으로 지정한 후 송금이 가능하다.
⑤ 해외이주자의 외화송금에서 반드시 필요한 서류 중 하나는 세무서장이 발급한 자금출처 확인서다.

 ⑤ 세무서장이 발급한 자금출처 확인서는 해외이주비 총액이 10만 불을 초과할 때 필요한 서류다.

18 다음을 근거로 판단할 때 금융기관 등이 의무적으로 해야 할 일이 아닌 것을 〈보기〉에서 모두 고르면?

〈혐의거래보고 기본체계〉

1) 혐의거래보고의 대상

금융기관 등은 ①원화 2천만 원 또는 외화 1만 달러 상당 이상의 거래로서 금융재산이 불법재산이거나 금융거래 상대방이 자금세탁행위를 하고 있다고 의심할 만한 합당한 근거가 있는 경우, ②범죄수익 또는 자금세탁행위를 알게 되어 수사기관에 신고한 경우에는 의무적으로 금융정보분석원에 혐의거래보고를 하여야 한다.

의무보고대상거래를 보고하지 않을 경우에는 관련 임직원에 대한 징계 및 기관에 대한 과태료 부과 등 적절한 제재조치를 할 수 있다. 또한, 혐의거래 중 거래액이 보고대상 기준금액 미만인 경우에 금융기관은 이를 자율적으로 보고할 수 있다.

2) 혐의거래보고의 방법 및 절차

영업점직원은 업무지식과 전문성, 경험을 바탕으로 고객의 평소 거래상황, 직업, 사업내용 등을 고려하여 취급한 금융거래가 혐의거래로 의심되면 그 내용을 보고책임자에게 보고한다.

보고책임자는 특정금융거래정보보고 및 감독규정의 별지서식에 의한 혐의거래보고서에 보고기관, 거래상대방, 의심스러운 거래내용, 의심스러운 합당한 근거, 보존하는 자료의 종류 등을 기재하여 온라인으로 보고하거나 문서로 제출하되, 긴급한 경우에는 우선 전화나 팩스로 보고하고 추후 보완할 수 있다.

〈보기〉

㉠ A은행은 창구에서 3천만 원을 현금으로 인출하려는 고객의 금융재산이 불법재산이라고 의심할 만한 합당한 근거가 있어 혐의거래보고를 한다.

㉡ B은행이 자금세탁행위로 신고하여 검찰수사를 받고 있는 거래에 대하여 B은행은 혐의거래보고서를 금융정보분석원에 제출한다.

㉢ C은행은 10억 원을 해외송금하는 거래자에 대해 뚜렷이 의심할 만한 근거는 없으나 거액의 거래이므로 혐의거래보고를 한다.

㉣ D은행은 의심할 만한 합당한 근거가 있는 거래에 대해 혐의거래보고서를 완벽하게 작성하지 못했지만 신속한 조사를 위해 팩스로 검찰청에 제출한다.

㉤ E은행은 5백만 원을 현금으로 인출하는 거래에 대해 의심할 만한 합당한 근거를 찾고 혐의거래보고서를 금융정보분석원에 제출한다.

① ㉠, ㉡   ② ㉢, ㉣

③ ㉡, ㉣, ㉤   ④ ㉡, ㉢, ㉤

⑤ ㉢, ㉣, ㉤

㉠ 혐의거래보고의 대상 ①에 해당하는 사례로 의무적으로 금융정보분석원에 혐의거래보고
를 하여야 한다.
㉡ 혐의거래보고의 대상 ②에 해당하는 사례로 의무적으로 금융정보분석원에 혐의거래보고
를 하여야 한다.
㉢ 의심할 만한 합당한 근거가 없으므로 의무적으로 혐의거래보고를 해야 하는 것은 아니다.
㉣ 의무적으로 혐의거래보고를 하여야 하는 것은 금융정보분석원에 해당한다. 검찰청에 제
출하는 것은 의무적으로 해야 하는 일은 아니다.
㉤ 거래액이 보고대상 기준금액인 원화 2천만 원 미만이므로 금융기관은 이를 자율적으로
보고할 수 있다.

19 다음 글의 빈칸에 들어갈 내용으로 가장 적절한 것은?

> 동양화의 특징인 여백의 표현도 산점 투시(散點透視)와 관련된 것이다. 동양화에서는
> 산점 투시를 택하여 구도를 융통성 있게 짜기 때문에 유모취신(遺貌取神)적 관찰 내용을
> 화면에 그대로 표현할 수 있다. 즉 대상 가운데 주제와 사상을 가장 잘 나타낼 수 있는
> 본질적인 부분만을 취하고, _____ 그 결과 여백이 생기게 된
> 것이다. 이 여백은 하늘일 수도 있고 땅일 수도 있으며, 혹은 화면에서 제거된 기타 여
> 러 가지일 수도 있다. 그런데 여백은 단순히 비어 있는 공간은 아니다. 그것은 주제를
> 돋보이게 할 뿐 아니라 동시에 화면의 의경(意境)을 확대시킨다. 당나라 시대 백거이는 '
> 비파행(琵琶行)'이라는 유명한 시에서 악곡이 쉬는 부분을 묘사할 때, "이 때에는 소리를
> 내지 않는 것이 소리를 내는 것보다 더 낫다."라고 하였다. 여기서 '일시적으로 소리를
> 쉬는 것'은 악곡 선율의 연속인데, 이는 '뜻은 다달았으되 붓이 닿지 않은 것'과 같은 뜻
> 이다. 이로 인해 보는 이는 상상력을 발휘할 수 있는 여지를 더 많이 가질 수 있고, 동
> 시에 작품은 예술적 공감대를 확대하게 된다.

① 풍경을 최대한 자세하게 표현한다.
② 주변 인물들의 표정을 과장되게 묘사한다.
③ 주제와 관련 없는 부분을 화면에서 제거한다.
④ 나머지는 추상적으로 표현하여 궁금증을 유발시킨다.
⑤ 화면을 여러 가지 화려한 색으로 채색한다.

 주어진 글은 미술, 음악 등 작품에서 본질적인 부분만을 취하고 '주제와 관련 없는 부분을
화면에서 제거'하는 '여백의 미'에 대한 내용이다.

Answer 18.⑤ 19.③

20 다음 글을 바탕으로 하여 빈칸을 쓰되 예시를 사용하여 구체적으로 진술하고자 할 때, 가장 적절한 것은?

> 사람들은 경쟁을 통해서 서로의 기술이나 재능을 최대한 발휘할 수 있는 기회를 갖게 된다. 즉, 개인이나 집단이 남보다 먼저 목표를 성취하려면 가장 효과적으로 목표에 접근하여야 하며 그러한 경로를 통해 경제적으로나 시간적으로 가장 효율적으로 목표를 성취한다면 사회 전체로 볼 때 이익이 된다. 그러나 이러한 경쟁에 전제되어야 할 것은 많은 사람들의 합의로 정해진 경쟁의 규칙을 반드시 지켜야 한다는 것이다. 즉, _____

① 농구나 축구, 마라톤과 같은 운동 경기에서 규칙과 스포츠맨십이 지켜져야 하는 것처럼 경쟁도 합법적이고 도덕적인 방법으로 이루어져야 하는 것이다.

② 21세기의 무한 경쟁 시대에 우리가 살아남기 위해서는 기초 과학 분야에 대한 육성 노력이 더욱 필요한 것이다.

③ 지구, 금성, 목성 등의 행성들이 태양을 중심으로 공전하는 것처럼 경쟁도 하나의 목표를 향하여 질서 있는 정진(精進)이 필요한 것이다.

④ 가수는 가창력이 있어야 하고, 배우는 연기에 대한 재능이 있어야 하듯이 경쟁은 자신의 적성과 소질을 항상 염두에 두고 이루어져야 한다.

⑤ 모로 가도 서울만 가면 된다고 어떤 수단과 방법을 쓰든 경쟁에서 이기기만 하면 되는 것이다.

 경쟁은 둘 이상의 사람이 하나의 목표를 향해서 다른 사람보다 노력하는 것이며, 이 때 경쟁의 전제가 되는 것은 합의에 의한 경쟁 규칙을 반드시 지켜야 한다는 점이므로 빈칸에는 '경쟁은 정해진 규칙을 꼭 지키는 가운데서 이루어져야 한다.'는 내용이 올 수 있을 것이다. 농구나 축구, 그리고 마라톤 등의 운동 경기는 자신의 소속 팀을 위해서 또는 자기 자신을 위해서 다른 팀이나 타인과 경쟁하는 것이며, 스포츠맨십은 규칙의 준수와 관련이 있으므로 글에서 말하는 경쟁의 한 예로 적합하다.

21 다음은 어느 공문서의 내용이다. 잘못된 부분을 수정하려고 할 때 옳지 않은 것은?

대한기술평가원

수신자 : 대한기업, 민국기업, 만세기업, 사랑기업, 서준기업 등
(경유)
제목 : 2019년 하반기 기술신용보증 및 기술평가 설명회 안내

〈중략〉
－아래－

1. 일시 : 2019년 8월 6일~8월 9일
2. 장소 : 대한기술평가원 대강당(서울 강남구 삼성동 소재)
3. 접수방법 : 대한기술평가원 홈페이지(fdjlkkl@dh.co.kr)에서 신청서 작성 후 방문 접수
   및 온라인 접수
붙임 : 2019년 하반기 기술신용보증 및 기술평가 설명회 신청서 1부

대한기술평가원장

과장 홍길동　　　　　　　　부장 임꺽정　　　　　　　대결 홍경래
협조자
시행 : 기술신용보증평가부-150229(2019.06.13)
접수 : 서울 강남구 삼성동 113 대한기술평가원 기술신용보증평가부/http://www.dh.co.kr
전화 : 02-2959-2225 팩스 : 02-7022-1262/fdjlkkl@dh.co.kr/공개

---

① 시행 항목의 시행일자 뒤에 수신기관의 문서보존기간을 삽입해야 한다.
② 붙임 항목 맨 뒤에 "."을 찍고 1자 띄우고 '끝.'을 기입해야 한다.
③ 일시의 연월일을 온점(.)으로 고쳐야 한다.
④ 수신자 목록을 발신명의 아래에 수신처 참조 목록으로 내려 기입해야 한다.
⑤ 보존기간의 표시로 영구, 준영구, 10년, 5년 등을 사용할 수 있다.

(Tip) 공문서는 시행일자 뒤에 수신처에서 문서를 보존할 기간을 기입해야 하지만 행정기관이 아닌 경우에는 기재를 하지 않아도 된다.

Answer 20.① 21.①

22 다음 글의 내용과 부합하는 것은?

여러 가지 호흡기 질환을 일으키는 비염은 미세먼지 속의 여러 유해 물질들이 코 점막을 자극하여 맑은 콧물이나 코막힘, 재채기 등의 증상을 유발하는 것을 말한다. 왜 코 점막의 문제인데, 비염 증상으로 재채기가 나타날까? 비염 환자들의 코 점막을 비내시경을 통해 관찰하게 되면 알레르기성 비염 환자에겐 코 점막 내의 돌기가 관찰된다. 이 돌기들이 외부에서 콧속으로 유입되는 먼지, 꽃가루, 유해물질 등에 민감하게 반응하면서 재채기 증상이 나타나는 것이다.

알레르기성 비염은 집먼지, 진드기 등이 매개가 되는 통연성 비염과 계절성 원인이 문제가 되는 계절성 비염으로 나뉜다. 최근 들어 미세먼지, 황사 등 대기 질을 떨어뜨리는 이슈가 자주 발생하면서 계절성 비염의 발생 빈도는 점차 늘어나고 있는 추세다.

아직도 비염을 단순히 코 점막 질환이라 생각한다면 큰 오산이다. 비염은 면역력의 문제, 체열 불균형의 문제, 장부의 문제, 독소의 문제가 복합적으로 얽혀서 코 점막의 비염 증상으로 표출되는 복합질환이다. 비염의 원인이 다양하고 복합적인만큼 환자마다 나타나는 비염 유형도 가지각색이다. 비염 유형에 따른 비염 증상에는 어떤 것이 있을까? 비염은 크게 열성 비염, 냉성 비염, 알레르기성 비염으로 나눌 수 있다.

가장 먼저, 열성 비염은 뇌 과열과 소화기의 열이 주된 원인으로 발생한다. 코 점막을 건조하게 만드는 열은 주로 뇌 과열과 소화기의 열 상승으로 발생하기 때문에 비염 증상으로는 코 점막의 건조, 출혈 및 부종 외에도 두통, 두중감, 학습장애, 얼굴열감, 급박한 변의 등이 동반되어 나타날 수 있다. 냉성 비염은 호흡기의 혈액순환 저하로 코 점막이 창백해지고 저온에 노출됐을 때 맑은 콧물 및 시큰한 자극감을 주 증상으로 하는 비염을 말한다. 또한, 호흡기 점막의 냉각은 소화기능의 저하와 신진대사 저하를 동반하기도 한다. 냉성 비염 증상은 맑은 콧물, 시큰거림 외에도 수족냉증, 체열 저하, 활력 감소, 만성 더부룩함, 변비가 동반되어 나타난다. 알레르기성 비염은 먼저, 꽃가루, 온도 등에 대한 면역 반응성이 과도하여 콧물, 코막힘, 재채기, 가려움증 등을 유발하는 비염 유형이다. 알레르기성 비염은 임상적으로 열성과 냉성으로 또 나눌 수 있는데, 열성 비염의 동반증상으로는 코막힘, 건조함, 충혈, 부종 및 콧물이 있고, 냉성 비염의 동반증상은 맑은 콧물과 시큰한 자극감이 나타날 수 있다.

겨울철 환절기인 9~11월, 알레르기성 비염과 코감기 때문에 고생하는 이들이 많다. 코감기는 알레르기성 비염과 증상이 비슷해 많은 이들이 헷갈려 하지만, 치료법이 다르기 때문에 정확하게 구분하는 것이 중요하다. 알레르기성 비염은 여러 자극에 대해 코 점막이 과잉반응을 일으키는 염증성 질환으로 맑은 콧물, 코막힘, 재채기라는 3대 비염 증상과 함께 코 가려움증, 후비루 등이 나타날 수 있다. 또한 발열이나 오한 없이 오직 코의 증상이 나타나는데, 원인은 일교차, 꽃가루, 스트레스 등으로 다양하다. 반면 코감기는 몸 전체가 아픈 바이러스질환으로 누런 코, 심한 코막힘에 오한, 발열을 동반한 코 증상이 있으며, 코 점막이 새빨갛게 부어 오른 경우는 코감기로 볼 수 있다. 코감기는 충분한 휴식만으로도 치료가 가능할 수 있지만 알레르기성 비염은 꼭 약물치료가 필요하다.

① 비염은 단순히 코 점막의 질환이다.

② 냉성 비염은 뇌 과열과 소화기의 열이 주된 원인으로 발생한다.

③ 열성 비염은 두통, 두중감, 학습장애, 얼굴열감, 급박한 변의 등이 동반되어 나타날 수 있다.

④ 코감기는 오한이나 발열없이 맑은 콧물, 코막힘, 재채기의 증상이 나타난다.

⑤ 3대 비염증상은 진한 콧물, 빨간 코점막, 재채기이다.

① 비염은 면역력의 문제, 체열 불균형의 문제, 장부의 문제, 독소의 문제가 복합적으로 얽혀서 코 점막의 비염 증상으로 표출되는 복합질환이다.

② 열성 비염은 뇌 과열과 소화기의 열이 주된 원인으로 발생하고 냉성 비염은 호흡기의 혈액순환 저하로 발생한다.

④ 코감기는 몸 전체가 아픈 바이러스질환으로 누런 코, 심한 코막힘에 오한, 발열을 동반한 코 증상이 있다.

⑤ 알레르기성 비염은 맑은 콧물, 코막힘, 재채기라는 3대 비염증상을 동반한다.

Answer 22.③

23 다음은 출산율 저하와 인구정책에 관한 글을 쓰기 위해 정리한 글감과 생각이다. 〈보기〉와 같은 방식으로 내용을 전개하려고 할 때 바르게 연결된 것은?

> ○ 가임 여성 1인당 출산율이 1.3명으로 떨어졌다.
> ○ 여성의 사회 활동 참여율이 크게 증가하고 있다.
> ○ 현재 시행되고 있는 출산장려 정책은 큰 효과가 없다.
> ② 새롭고 실제 가정에 도움이 되는 출산장려 정책이 추진되어야 한다.
> ○ 가치관의 변화로 자녀의 필요성을 느끼지 않는다.
> ○ 인구 감소로 인해 노동력 부족 현상이 심화된다.
> ○ 노동 인구의 수가 국가 산업 경쟁력을 좌우한다.
> ○ 인구 문제에 대한 정부 차원의 대책을 수립한다.

〈보기〉
문제 상황 → 상황의 원인 → 예상 문제점 → 주장 → 주장의 근거 → 종합 의견

	문제 상황	상황의 원인	예상 문제점	주장	주장의 근거	종합 의견
①	㉠, ㉡	㉤	㉢	㉣	㉥, ㉦	㉧
②	㉠	㉡, ㉤	㉥, ㉦	㉣	㉢	㉧
③	㉡, ㉤	㉥	㉠	㉢, ㉣	㉧	㉦
④	㉢	㉠, ㉡, ㉤	㉦	㉧	㉥	㉣
⑤	㉣	㉠, ㉡, ㉧	㉢	㉤	㉥	㉦

- 문제 상황 : 출산율 저하(㉠)
- 출산율 저하의 원인 : 여성의 사회 활동 참여율(㉡), 가치관의 변화(㉤)
- 출산율 저하의 문제점 : 노동 인구의 수가 국가 산업 경쟁력을 좌우(㉦)하는데 인구 감소로 인해 노동력 부족 현상이 심화된다(㉥).
- 주장 : 새롭고 실제 가정에 도움이 되는 출산장려 정책이 추진되어야 한다(㉣).
- 주장의 근거 : 현재 시행되고 있는 출산장려 정책은 큰 효과가 없다(㉢).
- 종합 의견 : 인구 문제에 대한 정부 차원의 대책을 수립한다(㉧).

24 다음은 '전교생을 대상으로 무료급식을 시행해야 하는가?'라는 주제로 철수와 영수가 토론을 하고 있다. 보기 중 옳지 않은 것은?

> 철수 : 무료급식은 급식비를 낼 형편이 없는 학생들을 위해서 마련되어야 하는데 지금 대부분의 학교에서는 이 아이들뿐만 아니라 형편이 넉넉한 아이들까지도 모두 대상으로 삼고 있으니 이는 문제가 있다고 봐.
>
> 영수 : 하지만 누구는 무료로 급식을 먹고 누구는 돈을 내고 급식을 먹는다면 이는 형평성에 어긋난다고 생각해. 그래서 난 이왕 무료급식을 할 거라면 전교생에게 동등하게 그 혜택이 돌아가야 한다고 봐.
>
> 철수 : 음… 돈이 없는 사람은 무료로 급식을 먹고 돈이 있는 사람은 돈을 내고 급식을 먹는 것이 과연 형평성에 어긋난다고 할 수 있을까? 형평성이란 국어사전을 찾아보면 형평을 이루는 성질을 말하잖아. 여기서 형평이란 균형이 맞음. 또는 그런 상태를 말하는 것이고. 그러니까 형평이란 다시 말하면…
>
> 영수 : 아, 그래 네가 무슨 말을 하려고 하는지 알겠어. 그런데 나는 어차피 무료급식을 할 거라면 전교생이 다 같이 무료급식을 했으면 좋겠다는 거야. 그래야 서로 불화도 생기지 않으니까. 그리고 누구는 무료로 먹고 누구는 돈을 내고 먹을 거라면 난 차라리 무료급식을 안 하는 것이 낫다고 생각해.

① 위 토론에서 철수는 주제에서 벗어난 말을 하고 있다.
② 영수는 상대방의 말을 자르고 자기주장만을 말하고 있다.
③ 영수는 자신의 주장이 뚜렷하지 않다.
④ 위 토론의 주제는 애매모호하므로 주제를 수정해야 한다.
⑤ 철수는 '형평성'이라는 단어의 정의를 들고 있다.

 토론의 주제는 찬성과 반대로 뚜렷하게 나뉘어질 수 있는 주제가 좋다. 위 토론의 주제는 찬성(전교생을 대상으로 무료급식을 시행해야 한다.)과 반대(전교생을 대상으로 무료급식을 시행해서는 안 된다.)로 뚜렷하게 나뉘어지므로 옳은 주제라 할 수 있다.

Answer 23.② 24.④

▌25~26▐ 다음은 환전 안내문이다. 이를 보고 물음에 답하시오.

일반 해외여행자(해외체재자 및 해외유학생이 아닌 분)의 해외여행경비
• 관광, 출장, 방문 등의 목적으로 해외여행시 아래와 같이 외화를 환전할 수 있다.

환전 한도	제출 서류
• 금액 제한 없음(다만, 외국인 거주자는 1만 불 이내) ※ 동일인 기준 미화 1만 불 초과 환전 시 국세청 및 관세청에 통보된다. ※ 미화 1만 불 초과하여 휴대 출국시, 출국 전에 관할 세관의장에게 신고하여야 한다.	• 실명확인증표 • 여권(외국인 거주자의 경우)

해외체재자(해외유학생 포함)의 해외여행경비
• 상용, 문화, 공무, 기술훈련, 6개월 미만의 국외연수 등으로 외국에 체재하는 기간이 30일을 초과하는자(해외체재자) 및 외국의 교육기관 등에서 6개월 이상 수학, 연구, 연수목적 등으로 외국에 체재하는 자(해외유학생)에 대해 아래와 같이 외화를 환전할 수 있다.

환전 한도	제출 서류
• 금액 제한 없음 ※ 건당 미화 1만 불 초과 환전시, 지정거래은행으로부터 "외국환신고(확인)필증"을 발급 받으시기 바랍니다. ※ 연간 미화 10만 불 초과 환전 및 송금시, 국세청에 통보된다.	• 여권 • 입학허가서 등 유학사실 입증서류(해외유학생) • 소속 단체장 또는 국외연수기관장의 출장, 파견증명서(해외체재자)

소지 목적의 외화환전
• 국민인 거주자는 소지를 목적으로 외국환은행으로부터 금액 제한 없이 외국통화 및 여행자수표를 매입할 수 있다.

환전 한도	제출 서류
• 금액 제한 없음 ※ 동일인 기준 미화 1만 불 초과 환전 시 국세청 및 관세청에 통보된다.	• 실명확인증표

북한지역 관광객 및 남북한 이산가족 방문여행자

환전 한도	제출 서류
• 미화 2천 불	• 여권 • 북한지역관광경비 지급영수증

25 관광 목적으로 미국을 여행하려는 자가 미화 1만 5천 불을 휴대하여 출국하려는 경우에는 누구에게 신고하여야 하는가?

① 한국은행 총재

② 국세청장

③ 관세청장

④ 관할 세관의장

⑤ 지정 거래은행장

 ④ 미화 1만 불 초과하여 휴대 출국시, 출국 전에 관할 세관의장에게 신고하여야 한다.

26 해외유학생이 미화 1만 5천 불을 환전하는 경우에는 지정거래은행으로부터 어떤 서류를 발급 받아야 하는가?

① 소요 경비확인서

② 외국환신고(확인)필증

③ 취득경위 입증서류

④ 수수료 지급영수증

⑤ 실명확인증표

 ② 건당 미화 1만 불 초과 환전시, 지정거래은행으로부터 "외국환신고(확인)필증"을 발급 받아야 한다.

Answer 25.④ 26.②

27 다음 문서의 내용을 참고할 때, 문서의 제목으로 가장 적절한 것은 어느 것인가?

□ 워크숍 개요
- (일시/장소) 2020.3.9.(월), 17:00~19:00 / CS룸(1217호)
- (참석자) 인사기획실, 대변인실, 의정관실, 관리부서 과장 및 직원 약 25명
- (주요내용) 혁신 방안 및 자긍심 제고 방안 발표 및 토론

□ 주요 내용
〈발표 내용〉
- 인사혁신 방안(역량과 성과중심, 예측 가능한 열린 인사)
- 조직혁신 방안(일하는 방식 개선 및 조직구조 재설계)
- 내부 소통 활성화 방안(학습동아리, 설문조사, 사장님께 바란다 등)
- 활력 및 자긍심 제고 방안(상징물품 개선, 휴게실 확충 등)
〈토론 내용〉
- (의미) 신설된 부처라는 관점에서 새로운 업무방식에 대한 고민 필요
- (일하는 방식) 가족 사랑의 날 준수, 휴가비 공제제도 재검토, 불필요한 회의체 감축 등
- (내부소통) 임원들의 더 많은 관심 필요, 학습동아리 지원
- (조직문화) 혁신을 성공케 하는 밑거름으로서 조직문화 개선, 출근하고 싶은 조직 만들기, 직원 사기 진작 방안 모색
- (기타) 정책연구 용역 활성화, 태블릿 pc 제공 등

---

① 조직 혁신 워크숍 개최 계획서
② 임직원 간담회 일정 보고서
③ 정책 구상회의 개최 계획서
④ 가정의 날 행사 계획 보고서
⑤ 조직 혁신 워크숍 개최 결과보고서

 문서의 내용에는 워크숍 개최 및 발표, 토론 내용이 요약되어 포함되어 있다. 따라서 담긴 내용이 이미 진행된 후에 작성된 문서이므로 '~계획(보고)서'가 아닌 '결과보고서'가 되어야 할 것이다.
② 특정 행사의 일정만을 보고하는 문서가 아니며, 행사 전체의 내용을 모두 포함하고 있다.

28 다음 두 대화에서 공통적으로 엿볼 수 있는 의사소통의 태도로 알맞은 것은 어느 것인가?

(가)

김 대리 : "죄송합니다, 부장님. 오늘까지 마무리하려고 했는데 도저히 시간 내에 완성할 수가 없었습니다. 회의 참석하시는 데 문제가 없으신지요?"

강 부장 : "아니야, 괜찮네. 지난 번 점심시간에 김 대리 얘길 듣다 보니, 자네 사정이 요즘 좀 힘든 것 같더군. 요 며칠 어머님이 편찮으셔서 그런지 영 마음이 잡히질 않았지? 자료는 내가 미리 훑어보았으니 큰 걱정은 안 해도 되네."

(나)

팀장 : "업무도 업무지만 이번 출장은 비용이 너무 많이 들어갈 것 같군. 상반기 팀 손익도 안 좋은데 비용만 자꾸 발생해서 영 마음이 개운치가 않아."

신 대리 : "팀장님께서 요즘 경비 지출에 좀 예민하신 것 같아서요, 바이어와 일정 조율을 진행하고 있습니다. 제가 바이어 사무실로 이동하는 것도 좋겠지만, 이번엔 바이어에게 저희 지사 사무실로 한 번 방문해 달라고 요청해 두었습니다. 로컬 항공료가 많이 절약될 수 있을 겁니다."

---

① 고정관념과 선입견을 배제하고 듣기
② 끝까지 들어보기
③ 상대방에게 격려와 동의하기
④ 상대방의 입장에서 대화하기
⑤ 있는 그대로 들어주기

 주어진 두 대화에서는, 평소 상대방과의 대화 시 상대방의 입장을 잘 파악하고 상대방의 입장에서 상황을 판단해 보았던 강 부장과 신 대리의 사례가 소개되어 있다. 이것은 의사소통의 한 방법인 '경청'에 있어 매우 중요한 요소의 하나로, '상대방과의 입장에서 대화하기'를 실천한 사례로 볼 수 있다.

Answer ↱ 27.⑤ 28.④

29 다음 중 '여요론트' 부족에 대해 이해한 내용으로 적절한 것은?

> 19세기 일부 인류학자들은 결혼이나 가족 등 문화의 일부에 주목하여 문화 현상을 이해하고자 하였다. 그들은 모든 문화가 '야만→미개→문명'이라는 단계적 순서로 발전한다고 설명하였다. 그러나 이 입장은 20세기에 들어서면서 어떤 문화도 부분만으로는 총체를 파악할 수 없다는 비판을 받았다. 문화를 이루는 인간 생활의 거의 모든 측면은 서로 관련을 맺고 있기 때문이다. 20세기 인류학자들은 이러한 사실에 주목하여 문화 현상을 바라보았다. 어떤 민족이나 인간 집단을 연구할 때에는 그들의 역사와 지리, 자연환경은 물론, 사람들의 체질적 특성과 가족제도, 경제체제, 인간 심성 등 모든 측면을 서로 관련지어서 고찰해야 한다는 것이다. 이를 총체적 관점이라고 한다.
>
> 오스트레일리아의 여요론트 부족의 이야기는 총체적 관점에서 인간과 문화를 이해해야 하는 이유를 잘 보여준다. 20세기 초까지 수렵과 채집 생활을 하던 여요론트 부족사회에서 돌도끼는 성인 남성만이 소유할 수 있는 가장 중요한 도구였다. 돌도끼의 제작과 소유는 남녀의 역할 구분, 사회의 위계질서 유지, 부족 경제의 활성화에 큰 영향을 미쳤다.
>
> 그런데 백인 신부들이 여성과 아이에게 선교를 위해 선물한 쇠도끼는 성(性) 역할, 연령에 따른 위계와 권위, 부족 간의 교역에 혼란을 초래하였다. 이로 인해 여요론트 부족사회는 엄청난 문화 해체를 겪게 되었다.
>
> 쇠도끼로 인한 여요론트 부족사회의 문화 해체 현상은 인간 생활의 모든 측면이 서로 밀접한 관계가 있음을 잘 보여준다. 만약 문화의 발전이 단계적으로 이루어진다는 관점에서 본다면 쇠도끼의 유입은 미개사회에 도입된 문명사회의 도구이며, 문화 해체는 사회 발전을 위해 필요한 과도기로 이해할 것이다. 하지만 이러한 관점으로는 쇠도끼의 유입이 여요론트 부족에게 가지는 의미와 그들이 겪은 문화 해체를 제대로 이해하고 그에 대한 올바른 해결책을 제시하기가 매우 어렵다.
>
> 총체적 관점은 인간 사회의 다양한 문화 현상을 이해하는 데 매우 중요한 공헌을 했다. 여요론트 부족사회의 이야기에서 알 수 있듯이, 총체적 관점은 사회나 문화에 대해 객관적이고 깊이 있는 통찰을 가능하게 한다. 이러한 관점을 가지고 인간이 처한 여러 가지 문제를 바라볼 때, 우리는 보다 바람직한 해결 방향을 모색할 수 있을 것이다.

① 문명사회로 나아가기 위해 쇠도끼를 수용하였다.

② 돌도끼는 성인 남자의 권위를 상징하는 도구였다.

③ 쇠도끼의 유입은 타 부족과의 교역을 활성화시켰다.

④ 자기 문화를 지키기 위해 외부와의 교류를 거부하였다.

⑤ 총체적관심은 사회에 대해 주관적인 통찰을 가능하게 했다.

 ② 여요론트 부족 사회에서 돌도끼는 성인 남성만이 소유할 수 있는 가장 중요한 도구였으며, 이는 성(性) 역할, 연령에 따른 위계와 권위 등에 큰 영향을 미쳤다. 이러한 2문단의 내용을 통해 돌도끼가 여요론트 부족 사회에서 성인 남자의 권위를 상징하는 도구였다는 것을 알 수 있다.

30 다음 밑줄 친 말 중, ⊙과 가장 유사한 의미로 쓰인 것은?

> 과학이 주장하는 모든 지식은 장차 언제나 기각될 수 있는 운명을 가진 불완전한 지식에 불과하다는 것을 말해 준다. 천동설은 지동설로, 케플러는 뉴턴으로, 뉴턴은 아인슈타인으로, 상대성 이론은 장차 또 다른 대체 이론으로 계속 변해 갈 운명을 ⊙안고 있는 것이다. 과학의 명제들은 적어도 경험적 관찰에 의해 반증될 가능성을 갖고 있다.

① 꽃다발을 안고 멀리서 걸어오는 그녀가 보였다.

② 그 말이 너무 우스워서 우리는 모두 배를 안고 웃었다.

③ 큰 충격을 받고 뛰쳐나간 나는 바람을 안고 하염없이 걸었다.

④ 사장님의 기대가 너무 커서 신입사원들은 부담을 안고 일을 시작했다.

⑤ 민준이는 서현이를 안고, 그 자리에 서 있었다.

 ⊙은 '운명을 안다'에 쓰인 '안다'이므로, 그 뜻이 '손해나 빚 또는 책임, 운명 등을 맡다'라고 볼 수 있다. 이와 가장 유사한 것은 ④의 '부담감을 안다'라고 할 수 있다.

02 문제해결능력

※ (신입) 경영 · 회계 · 사무(법정/상경/전산)
※ (신입) 발전설비운영(기계/전기/비파괴)
※ (별정직) 5직급(갑)(송전) · 5직급(을)(기계/전기/계측) · 6직급(일반행정)

1 문제와 문제해결

(1) 문제의 정의와 분류

① 정의 … 문제란 업무를 수행함에 있어서 답을 요구하는 질문이나 의논하여 해결해야 되는 사항이다.

② 문제의 분류

구분	창의적 문제	분석적 문제
문제제시 방법	현재 문제가 없더라도 보다 나은 방법을 찾기 위한 문제 탐구 → 문제 자체가 명확하지 않음	현재의 문제점이나 미래의 문제로 예견될 것에 대한 문제 탐구 → 문제 자체가 명확함
해결방법	창의력에 의한 많은 아이디어의 작성을 통해 해결	분석, 논리, 귀납과 같은 논리적 방법을 통해 해결
해답 수	해답의 수가 많으며, 많은 답 가운데 보다 나은 것을 선택	답의 수가 적으며 한정되어 있음
주요특징	주관적, 직관적, 감각적, 정성적, 개별적, 특수성	객관적, 논리적, 정량적, 이성적, 일반적, 공통성

(2) 업무수행과정에서 발생하는 문제 유형

① 발생형 문제(보이는 문제) … 현재 직면하여 해결하기 위해 고민하는 문제이다. 원인이 내재되어 있기 때문에 원인지향적인 문제라고도 한다.
   ㉠ 일탈문제 : 어떤 기준을 일탈함으로써 생기는 문제
   ㉡ 미달문제 : 어떤 기준에 미달하여 생기는 문제

② 탐색형 문제(찾는 문제) … 현재의 상황을 개선하거나 효율을 높이기 위한 문제이다. 방치할 경우 큰 손실이 따르거나 해결할 수 없는 문제로 나타나게 된다.
   ㉠ 잠재문제 : 문제가 잠재되어 있어 인식하지 못하다가 확대되어 해결이 어려운 문제
   ㉡ 예측문제 : 현재로는 문제가 없으나 현 상태의 진행 상황을 예측하여 찾아야 앞으로 일어날 수 있는 문제가 보이는 문제
   ㉢ 발견문제 : 현재로서는 담당 업무에 문제가 없으나 선진기업의 업무 방법 등 보다 좋은 제도나 기법을 발견하여 개선시킬 수 있는 문제

③ 설정형 문제(미래 문제) … 장래의 경영전략을 생각하는 것으로 앞으로 어떻게 할 것인가 하는 문제이다. 문제해결에 창조적인 노력이 요구되어 창조적 문제라고도 한다.

■ 예제 1

D회사 신입사원으로 입사한 귀하는 신입사원 교육에서 업무수행과정에서 발생하는 문제 유형 중 설정형 문제를 하나씩 찾아오라는 지시를 받았다. 이에 대해 귀하는 교육받은 내용을 다시 복습하려고 한다. 설정형 문제에 해당하는 것은?

① 현재 직면하여 해결하기 위해 고민하는 문제
② 현재의 상황을 개선하거나 효율을 높이기 위한 문제
③ 앞으로 어떻게 할 것인가 하는 문제
④ 원인이 내재되어 있는 원인지향적인 문제

[출제의도]
업무수행 중 문제가 발생하였을 때 문제 유형을 구분하는 능력을 측정하는 문항이다.
[해설]
업무수행과정에서 발생하는 문제 유형으로는 발생형 문제, 탐색형 문제, 설정형 문제가 있으며 ①④는 발생형 문제, ②는 탐색형 문제, ③이 설정형 문제이다.

답 ③

---

(3) 문제해결

① 정의 … 목표와 현상을 분석하고 이 결과를 토대로 과제를 도출하여 최적의 해결책을 찾아 실행·평가해 가는 활동이다.

② 문제해결에 필요한 기본적 사고
  ㉠ 전략적 사고 : 문제와 해결방안이 상위 시스템과 어떻게 연결되어 있는지를 생각한다.
  ㉡ 분석적 사고 : 전체를 각각의 요소로 나누어 그 의미를 도출하고 우선순위를 부여하여 구체적인 문제해결방법을 실행한다.
  ㉢ 발상의 전환 : 인식의 틀을 전환하여 새로운 관점으로 바라보는 사고를 지향한다.
  ㉣ 내·외부자원의 활용 : 기술, 재료, 사람 등 필요한 자원을 효과적으로 활용한다.

③ 문제해결의 장애요소
  ㉠ 문제를 철저하게 분석하지 않는 경우
  ㉡ 고정관념에 얽매이는 경우
  ㉢ 쉽게 떠오르는 단순한 정보에 의지하는 경우
  ㉣ 너무 많은 자료를 수집하려고 노력하는 경우

④ 문제해결방법

　㉠ 소프트 어프로치 : 문제해결을 위해서 직접적인 표현보다는 무언가를 시사하거나 암시를 통하여 의사를 전달하여 문제해결을 도모하고자 한다.

　㉡ 하드 어프로치 : 상이한 문화적 토양을 가지고 있는 구성원을 가정하고, 서로의 생각을 직설적으로 주장하고 논쟁이나 협상을 통해 서로의 의견을 조정해 가는 방법이다.

　㉢ 퍼실리테이션(facilitation) : 촉진을 의미하며 어떤 그룹이나 집단이 의사결정을 잘 하도록 도와주는 일을 의미한다.

2 문제해결능력을 구성하는 하위능력

(1) 사고력

① 창의적 사고 … 개인이 가지고 있는 경험과 지식을 통해 새로운 가치 있는 아이디어를 산출하는 사고능력이다.

　㉠ 창의적 사고의 특징

　　• 정보와 정보의 조합

　　• 사회나 개인에게 새로운 가치 창출

　　• 창조적인 가능성

예제 2

M사 홍보팀에서 근무하고 있는 귀하는 입사 5년차로 창의적인 기획안을 제출하기로 유명하다. S부장은 이번 신입사원 교육 때 귀하에게 창의적인 사고란 무엇인지 교육을 맡아달라고 부탁하였다. 창의적인 사고에 대한 귀하의 설명으로 옳지 않은 것은?

① 창의적인 사고는 새롭고 유용한 아이디어를 생산해 내는 정신적인 과정이다.
② 창의적인 사고는 특별한 사람들만이 할 수 있는 대단한 능력이다.
③ 창의적인 사고는 기존의 정보들을 특정한 요구조건에 맞거나 유용하도록 새롭게 조합시킨 것이다.
④ 창의적인 사고는 통상적인 것이 아니라 기발하거나, 신기하며 독창적인 것이다.

[출제의도]
창의적 사고에 대한 개념을 정확히 파악하고 있는지를 묻는 문항이다.
[해설]
흔히 사람들은 창의적인 사고에 대해 특별한 사람들만이 할 수 있는 대단한 능력이라고 생각하지만 그리 대단한 능력이 아니며 이미 알고 있는 경험과 지식을 해체하여 다시 새로운 정보로 결합하여 가치 있는 아이디어를 산출하는 사고라고 할 수 있다.

답 ②

ⓛ 발산적 사고 : 창의적 사고를 위해 필요한 것으로 자유연상법, 강제연상법, 비교발상법 등을 통해 개발할 수 있다.

구분	내용
자유연상법	생각나는 대로 자유롭게 발상 ex) 브레인스토밍
강제연상법	각종 힌트에 강제적으로 연결 지어 발상 ex) 체크리스트
비교발상법	주제의 본질과 닮은 것을 힌트로 발상 ex) NM법, Synectics

Point ≫ 브레인스토밍

ⓐ 진행방법
- 주제를 구체적이고 명확하게 정한다.
- 구성원의 얼굴을 볼 수 있는 좌석 배치와 큰 용지를 준비한다.
- 구성원들의 다양한 의견을 도출할 수 있는 사람을 리더로 선출한다.
- 구성원은 다양한 분야의 사람들로 5~8명 정도로 구성한다.
- 발언은 누구나 자유롭게 할 수 있도록 하며, 모든 발언 내용을 기록한다.
- 아이디어에 대한 평가는 비판해서는 안 된다.

ⓑ 4대 원칙
- 비판엄금(Support) : 평가 단계 이전에 결코 비판이나 판단을 해서는 안 되며 평가는 나중까지 유보한다.
- 자유분방(Silly) : 무엇이든 자유롭게 말하고 이런 바보 같은 소리를 해서는 안 된다는 등의 생각은 하지 않아야 한다.
- 질보다 양(Speed) : 질에는 관계없이 가능한 많은 아이디어들을 생성해내도록 격려한다.
- 결합과 개선(Synergy) : 다른 사람의 아이디어에 자극되어 보다 좋은 생각이 떠오르고, 서로 조합하면 재미있는 아이디어가 될 것 같은 생각이 들면 즉시 조합시킨다.

② 논리적 사고 … 사고의 전개에 있어 전후의 관계가 일치하고 있는가를 살피고 아이디어를 평가하는 사고능력이다.

㉠ 논리적 사고를 위한 5가지 요소 : 생각하는 습관, 상대 논리의 구조화, 구체적인 생각, 타인에 대한 이해, 설득

㉡ 논리적 사고 개발 방법
- 피라미드 구조 : 하위의 사실이나 현상부터 사고하여 상위의 주장을 만들어가는 방법
- so what기법 : '그래서 무엇이지?'하고 자문자답하여 주어진 정보로부터 가치 있는 정보를 이끌어 내는 사고 기법

③ 비판적 사고 … 어떤 주제나 주장에 대해서 적극적으로 분석하고 종합하며 평가하는 능동적인 사고이다.

㉠ 비판적 사고 개발 태도 : 비판적 사고를 개발하기 위해서는 지적 호기심, 객관성, 개방성, 융통성, 지적 회의성, 지적 정직성, 체계성, 지속성, 결단성, 다른 관점에 대한 존중과 같은 태도가 요구된다.

ⓛ 비판적 사고를 위한 태도
　　• 문제의식 : 비판적인 사고를 위해서 가장 먼저 필요한 것은 바로 문제의식이다. 자신이 지니고 있는 문제와 목적을 확실하고 정확하게 파악하는 것이 비판적인 사고의 시작이다.
　　• 고정관념 타파 : 지각의 폭을 넓히는 일은 정보에 대한 개방성을 가지고 편견을 갖지 않는 것으로 고정관념을 타파하는 일이 중요하다.

(2) 문제처리능력과 문제해결절차

① 문제처리능력 … 목표와 현상을 분석하고 이를 토대로 문제를 도출하여 최적의 해결책을 찾아 실행 · 평가하는 능력이다.

② 문제해결절차 … 문제 인식 → 문제 도출 → 원인 분석 → 해결안 개발 → 실행 및 평가
　ⓛ 문제 인식 : 문제해결과정 중 'waht'을 결정하는 단계로 환경 분석 → 주요 과제 도출 → 과제 선정의 절차를 통해 수행된다.
　　• 3C 분석 : 환경 분석 방법의 하나로 사업환경을 구성하고 있는 요소인 자사(Company), 경쟁사(Competitor), 고객(Customer)을 분석하는 것이다.

예제 3

L사에서 주력 상품으로 밀고 있는 TV의 판매 이익이 감소하고 있는 상황에서 귀하는 B부장으로부터 3C분석을 통해 해결방안을 강구해 오라는 지시를 받았다. 다음 중 3C에 해당하지 않는 것은?

① Customer　　　　　　　② Company
③ Competitor　　　　　　④ Content

[출제의도]
3C의 개념과 구성요소를 정확히 숙지하고 있는지를 측정하는 문항이다.
[해설]
3C 분석에서 사업 환경을 구성하고 있는 요소인 자사(Company), 경쟁사(Competitor), 고객을 3C (Customer)라고 한다. 3C 분석에서 고객 분석에서는 '고객은 자사의 상품 · 서비스에 만족하고 있는지를, 자사 분석에서는 '자사가 세운 달성목표와 현상 간에 차이가 없는지를 경쟁사 분석에서는 '경쟁기업의 우수한 점과 자사의 현상과 차이가 없는지에 대한 질문을 통해서 환경을 분석하게 된다.

답 ④

- SWOT 분석 : 기업내부의 강점과 약점, 외부환경의 기회와 위협요인을 분석·평가하여 문제해결 방안을 개발하는 방법이다.

		내부환경요인	
		강점(Strengths)	약점(Weaknesses)
외부환경요인	기회 (Opportunities)	SO 내부강점과 외부기회 요인을 극대화	WO 외부기회를 이용하여 내부약점을 강점으로 전환
	위협 (Threat)	ST 외부위협을 최소화하기 위해 내부 강점을 극대화	WT 내부약점과 외부위협을 최소화

ⓛ 문제 도출 : 선정된 문제를 분석하여 해결해야 할 것이 무엇인지를 명확히 하는 단계로, 문제 구조 파악→핵심 문제 선정 단계를 거쳐 수행된다.

- Logic Tree : 문제의 원인을 파고들거나 해결책을 구체화할 때 제한된 시간 안에서 넓이와 깊이를 추구하는데 도움이 되는 기술로 주요 과제를 나무모양으로 분해·정리하는 기술이다.

ⓒ 원인 분석 : 문제 도출 후 파악된 핵심 문제에 대한 분석을 통해 근본 원인을 찾는 단계로 Issue 분석→Data 분석→원인 파악의 절차로 진행된다.

ⓔ 해결안 개발 : 원인이 밝혀지면 이를 효과적으로 해결할 수 있는 다양한 해결안을 개발하고 최선의 해결안을 선택하는 것이 필요하다.

ⓜ 실행 및 평가 : 해결안 개발을 통해 만들어진 실행계획을 실제 상황에 적용하는 활동으로 실행계획 수립→실행→Follow-up의 절차로 진행된다.

예제 4

C사는 최근 국내 매출이 지속적으로 하락하고 있어 사내 분위기가 심상치 않다. 이에 대해 Y부장은 이 문제를 극복하고자 문제처리 팀을 구성하여 해결방안을 모색하도록 지시하였다. 문제처리 팀의 문제해결 절차를 올바른 순서로 나열한 것은?

① 문제 인식→원인 분석→해결안 개발→문제 도출→실행 및 평가
② 문제 도출→문제 인식→해결안 개발→원인 분석→실행 및 평가
③ 문제 인식→원인 분석→문제 도출→해결안 개발→실행 및 평가
④ 문제 인식→문제 도출→원인 분석→해결안 개발→실행 및 평가

[출제의도]
실제 업무 상황에서 문제가 일어났을 때 해결 절차를 알고 있는지를 측정하는 문항이다.
[해설]
일반적인 문제해결절차는 '문제 인식→문제 도출→원인 분석→해결안 개발 →실행 및 평가로 이루어진다.

답 ④

출제예상문제

※ (신입) 경영 · 회계 · 사무(법정/상경/전산)
※ (신입) 발전설비운영(기계/전기/비파괴)
※ (별정직) 5직급(갑)(송전) · 5직급(을)(기계/전기/
계측) · 6직급(일반행정)

1 다음 중 업무상 일어나는 문제를 해결할 때 필요한 '분석적 사고'에 대한 설명으로 올바른 것은 어느 것인가?

① 사실 지향의 문제는 기대하는 결과를 명시하고 효과적으로 달성하는 방법을 사전에 구상하고 실행에 옮겨야 한다.

② 가설 지향의 문제는 일상 업무에서 일어나는 상식, 편견을 타파하여 객관적 사실로부터 사고와 행동이 출발한다.

③ 전체를 각각의 요소로 나누어 그 요소의 의미를 도출한 다음 우선순위를 부여하고 구체적인 문제해결방법을 실행하는 것이다.

④ 성과 지향의 문제는 현상 및 원인분석 전에 지식과 경험을 바탕으로 일의 과정이나 결과, 결론을 가정한 다음 검증 후 사실일 경우 다음 단계의 일을 수행한다.

⑤ 당면하고 있는 문제와 그 해결방법에만 집착하지 말고, 그 문제와 해결방안이 상위 시스템 또는 다른 문제와 어떻게 연결되어 있는지를 생각하는 것이 필요하다.

> **(Tip)** 분석적 사고에 대한 올바른 설명에 해당하는 것은 보기 ③이며, 분석적 사고는 성과 지향, 가설 지향, 사실 지향의 세 가지 경우의 문제에 따라 요구되는 사고의 특징을 달리한다.
> ① 성과 지향의 문제에 요구되는 사고의 특징이다.
> ② 사실 지향의 문제에 요구되는 사고의 특징이다.
> ④ 가설 지향의 문제에 요구되는 사고의 특징이다.
> ⑤ 전략적 사고의 특징이다.

2 다음 논증에 대한 평가로 적절한 것만을 모두 고른 것은?

> 평범한 사람들은 어떤 행위가 의도적이었는지의 여부를 어떻게 판단할까? 다음 사례를 생각해보자.
>
> 사례 1 : "새로운 사업을 시작하면 수익을 창출할 것이지만, 환경에 해를 끼치게 될 것입니다."하는 보고를 받은 어느 회사의 사장은 다음과 같이 대답을 하였다. "환경에 해로운지 따위는 전혀 신경 쓰지 않습니다. 가능한 한 많은 수익을 내기를 원할 뿐입니다. 그 사업을 시작합시다." 회사는 새로운 사업을 시작하였고, 환경에 해를 입혔다.
>
> 사례 2 : "새로운 사업을 시작하면 수익을 창출할 것이고, 환경에 도움이 될 것입니다"라는 보고를 받은 어느 회사의 사장은 다음과 같이 대답하였다. "환경에 도움이 되는지 따위는 전혀 신경 쓰지 않습니다. 가능한 한 많은 수익을 내기를 원할 뿐입니다. 그 사업을 시작합시다." 회사는 새로운 사업을 시작했고, 환경에 도움이 되었다.
>
> 위 사례들에서 사장이 가능한 한 많은 수익을 내는 것을 의도했다는 것은 분명하다. 그렇다면 사례 1의 사장은 의도적으로 환경에 해를 입혔는가? 사례 2의 사장은 의도적으로 환경에 도움을 주었는가? 일반인을 대상으로 한 설문조사 결과, 사례 1의 경우 '의도적으로 환경에 해를 입혔다.'고 답한 사람은 82%에 이르렀지만, 사례 2의 경우 '의도적으로 환경에 도움을 주었다.'고 답한 사람은 23%에 불과하였다. 따라서 특정 행위 결과를 행위자가 의도했는가에 대한 사람들의 판단은 그 행위 결과의 도덕성 여부에 대한 판단에 의존한다고 결론을 내릴 수 있다.

> ㄱ 위 설문조사에 응한 사람들의 대부분이 환경에 대한 영향과 도덕성은 무관하다고 생각한다는 사실은 위 논증을 약화한다.
>
> ㄴ 위 설문조사 결과는, 부도덕한 의도를 가지고 부도덕한 결과를 낳는 행위를 한 행위자가 그런 의도 없이 같은 결과를 낳는 행위를 한 행위자보다 그 행위 결과에 대해 더 큰 도덕적 책임을 갖는다는 것을 지지한다.
>
> ㄷ 두 행위자가 동일한 부도덕한 결과를 의도했음이 분명한 경우, 그러한 결과를 달성하지 못한 행위자는 도덕적 책임을 갖지 않지만 그러한 결과를 달성한 행위자는 도덕적 책임을 갖는다고 판단하는 사람이 많다는 사실은 위 논증을 강화한다.

① ㄱ
② ㄴ
③ ㄱㄷ
④ ㄴㄷ
⑤ ㄱㄴㄷ

Answer ⟶ 1.③ 2.①

내용을 잘 읽어보면 '특정 행위 결과를 행위자가 의도했는가에 대한 사람들의 판단은 그 행위 결과의 도덕적 여부에 대한 판단에 의존한다'가 결론임을 알 수 있다.

ⓛ의 경우 부도덕한 의도를 가지고 부도덕한 결과를 낳는 행위는 위 지문에 나와 있지 않으므로 무관한 내용이다.

ⓒ의 경우 두 행위자가 동일한 부도덕한 결과를 의도했음이 분명한 경우에 대한 내용이 위 지문에서 찾을 수 없으므로 무관한 내용이다.

3 다음 ㉠~㉤의 5가지 문제 유형 중, 같은 유형으로 분류할 수 있는 세 가지를 제외한 나머지 두 가지는 어느 것인가?

> ㉠ 정 대리는 소홀한 준비로 인해 중요한 계약 기회를 놓치게 되었다.
> ㉡ A사는 숙련공의 퇴사율이 높아 제품의 불량률이 눈에 띄게 높아졌다.
> ㉢ 지난 주 태풍으로 인해 B사의 창고 시설 대부분이 심각하게 파손되었다.
> ㉣ 영업팀 직원들에게 올해에 주어진 매출 목표를 반드시 달성해야 하는 임무가 주어졌다.
> ㉤ 오늘 아침 출근 버스에 사고가 나서 많은 직원들이 점심시간이 다 되어 출근하였다.

① ㉡, ㉣   ② ㉢, ㉤
③ ㉠, ㉢   ④ ㉣, ㉤
⑤ ㉡, ㉢

㉠, ㉢, ㉤ – 발생형 문제
㉡ – 탐색형 문제
㉣ – 설정형 문제
• 발생형 문제(보이는 문제) : 우리 눈앞에 발생되어 당장 걱정하고 해결하기 위해 고민하는 문제를 의미한다.
• 탐색형 문제(찾는 문제) : 더 잘해야 하는 문제로 현재의 상황을 개선하거나 효율을 높이기 위한 문제를 의미한다.
• 설정형 문제(미래 문제) : 미래상황에 대응하는 장래의 경영전략의 문제로 앞으로 어떻게 할 것인가 하는 문제를 의미한다.

4 다음 글의 내용이 참일 때, 반드시 참인 것만을 모두 고른 것은?

> 이번에 우리 공장에서 발생한 화재사건에 대해 조사해 보았습니다. 화재의 최초 발생 장소는 A지역으로 추정됩니다. 화재의 원인에 대해서는 여러 가지 의견이 존재합니다.
>
> 첫째, 화재의 원인을 새로 도입한 기계 M의 오작동으로 보는 견해가 존재합니다. 만약 기계 M의 오작동이 화재의 원인이라면 기존에 같은 기계를 도입했던 X공장과 Y공장에서 이미 화재가 발생했을 것입니다. 확인 결과 이미 X공장에서 화재가 발생했었다는 것을 파악할 수 있었습니다.
>
> 둘째, 방화로 인한 화재의 가능성이 존재합니다. 만약 화재의 원인이 방화일 경우 감시카메라에 수상한 사람이 찍히고 방범용 비상벨이 작동했을 것입니다. 또한 방범용 비상벨이 작동했다면 당시 근무 중이던 경비원 갑이 B지역과 C지역 어느 곳으로도 화재가 확대되지 않도록 막았을 것입니다. B지역으로 화재가 확대되지는 않았고, 감시카메라에서 수상한 사람을 포착하여 조사 중에 있습니다.
>
> 셋째, 화재의 원인이 시설 노후화로 인한 누전일 가능성도 제기되고 있습니다. 화재의 원인이 누전이라면 기기관리자 을 또는 시설관리자 병에게 화재의 책임이 있을 것입니다. 만약 을에게 책임이 있다면 정에게는 책임이 없습니다.

> ㉠ 이번 화재 전에 Y공장에서 화재가 발생했어도 기계 M의 오작동이 화재의 원인은 아닐 수 있다.
> ㉡ 병에게 책임이 없다면, 정에게도 책임이 없다.
> ㉢ C지역으로 화재가 확대되었다면, 방화는 이번 화재의 원인이 아니다.
> ㉣ 정에게 이번 화재의 책임이 있다면, 시설 노후화로 인한 누전이 이번 화재의 원인이다.

① ㉠㉢
② ㉠㉣
③ ㉡㉣
④ ㉠㉡㉢
⑤ ㉡㉢㉣

 Tip 화재의 원인을 보는 견해를 정리해보면
- 화재의 원인이 새로 도입한 기계 M의 오작동이라면 → 기존에 같은 기계를 도입했던 X, Y공장에서 이미 화재가 났을 것이다. → 이미 X공장에서 화재가 났었다.
- 화재의 원인이 방화라면 → 감시카메라가 작동하고 수상한 사람이 찍히고 비상벨이 작동했을 것이다. → 비상벨이 작동했다면 경비원 갑이 B, C 지역 어느 곳으로도 화재가 확대되지 않도록 막았을 것이다. → B지역으로 화재가 확대되지 않았다. → 감시카메라에 수상한 사람이 포착되어 조사중이다.
- 화재의 원인이 시설 노후화로 인한 누전이라면 → 기기관리자 을 또는 시설관리자 병에게 책임이 있다. → 만약 을에게 책임이 있다면 정에게는 책임이 없다.

Answer ↪ 3.① 4.①

ⓐ 이번 화재 전에 Y공장에서 화재가 발생했어도 기계 M의 오작동이 화재의 원인은 아닐 수 있다. → 오작동 아니라도 화재의 위험이 있으므로 참이다.
ⓑ 병에게 책임이 없다면, 정에게도 책임이 없다. → 누전일 경우에만 해당되므로 거짓이다.
ⓒ C지역으로 화재가 확대되었다면, 방화는 이번 화재의 원인이 아니다. → 방화는 아니므로 참이다.
ⓓ 정에게 이번 화재의 책임이 있다면, 시설 노후화로 인한 누전이 이번 화재의 원인이다. → 누전이라는 사실이 도출되지 않으므로 거짓이다.

5 다음 ㄱ~ㄷ에서 설명하고 있는 창의적 사고 개발 방법의 유형을 순서대로 알맞게 짝지은 것은 어느 것인가?

> ㄱ "신차 출시"라는 주제에 대해서 "홍보를 통해 판매량을 늘린다.", "회사 내 직원들의 반응을 살핀다.", "경쟁사의 자동차와 비교한다." 등의 자유로운 아이디어를 창출할 수 있도록 유도하는 것.
> ㄴ "신차 출시"라는 같은 주제에 대해서 판매방법, 판매대상 등의 힌트를 통해 사고 방향을 미리 정해서 발상을 하는 방법이다. 이 때 판매방법이라는 힌트에 대해서는 "신규 해외 수출 지역을 물색한다."라는 아이디어를 떠 올릴 수 있도록 유도한다.
> ㄷ "신차 출시"라는 같은 주제에 대해서 생각해 보면 신차는 회사에서 새롭게 생산해 낸 제품을 의미한다. 따라서 새롭게 생산해 낸 제품이 무엇인지에 대한 힌트를 먼저 찾고, 만약 지난달에 히트를 친 비누라는 신상품이 있었다고 한다면, "지난달 신상품인 비누의 판매 전략을 토대로 신차의 판매 전략을 어떻게 수립할 수 있을까"하는 아이디어를 도출할 수 있다.

	ㄱ	ㄴ	ㄷ
①	강제 연상법	비교 발상법	자유 연상법
②	자유 연상법	강제 연상법	비교 발상법
③	비교 발상법	강제 연상법	자유 연상법
④	강제 연상법	자유 연상법	비교 발상법
⑤	자유 연상법	비교 발상법	강제 연상법

 창의적 사고를 개발하기 위한 세 가지 방법은 각각 다음과 같은 것들이 있다.
• 자유 연상법 : 어떤 생각에서 다른 생각을 계속해서 떠올리는 작용을 통해 어떤 주제에서 생각나는 것을 계속해서 열거해 나가는 발산적 사고 방법.
• 강제 연상법 : 각종 힌트에서 강제적으로 연결 지어 발상하는 방법.
• 비교 발상법 : 주제와 본질적으로 닮은 것을 힌트로 하여 새로운 아이디어를 얻는 방법이다. 이 때 본질적으로 닮은 것은 단순히 겉만 닮은 것이 아니고 힌트와 주제가 본질적으로 닮았다는 의미이다.

6   다음 중 업무수행과정에서 발생하는 문제 유형에 대한 설명으로 옳지 않은 것은?

① 발생형 문제는 보이는 문제로, 현재 직면하여 해결하기 위해 고민하는 문제이다.

② 발생형 문제는 원인이 내재되어 있는 문제로, 일탈문제와 미달문제가 있다.

③ 탐색형 문제는 찾는 문제로, 시급하지 않아 방치하더라도 문제가 되지 않는다.

④ 설정형 문제는 장래의 경영전략을 생각하는 것으로 앞으로 어떻게 할 것인가 하는 미래 문제이다.

⑤ 설정형 문제는 문제해결에 창조적인 노력이 요구되어 창조적 문제라고도 한다.

 ③ 탐색형 문제는 현재의 상황을 개선하거나 효율을 높이기 위한 문제로, 방치할 경우 큰 손실이 따르거나 해결할 수 없는 문제로 나타나게 된다.

7   다음에 설명하고 있는 문제해결 방법은?

> 상이한 문화적 배경을 가지고 있는 구성원을 가정하고, 서로의 생각을 직설적으로 주장하고 논쟁이나 협상을 통해 서로의 의견을 조정해 가는 방법

① 소프트 어프로치   ② 하드 어프로치
③ 퍼실리테이션   ④ 3C 분석
⑤ 브레인스토밍

 제시된 내용은 하드 어프로치에 대한 설명이다.
   ① **소프트 어프로치** : 문제해결을 위해서 직접적인 표현보다는 무언가를 시사하거나 암시를 통하여 의사를 전달하여 문제해결을 도모하고자 한다.
   ③ **퍼실리테이션(facilitation)** : 촉진을 의미하며 어떤 그룹이나 집단이 의사결정을 잘 하도록 도와주는 일을 의미한다.
   ④ **3C 분석** : 환경 분석 방법의 하나로 사업 환경을 구성하고 있는 요소인 자사(Company), 경쟁사(Competitor), 고객(Customer)을 분석하는 것이다.
   ⑤ **브레인스토밍** : 구성원의 자유발언을 통해 최대한 많은 아이디어를 얻는 방법이다.

Answer → 5.② 6.③ 7.②

8 아이디어를 얻기 위해 의도적으로 시험할 수 있는 7가지 규칙인 SCAMPER 기법에 대한 설명으로 옳지 않은 것은?

① S : 기존의 것을 다른 것으로 대체해 보라.

② C : 제거해 보라.

③ A : 다른 데 적용해 보라.

④ M : 변경, 축소, 확대해 보라.

⑤ R : 거꾸로 또는 재배치해 보라.

 S = Substitute : 기존의 것을 다른 것으로 대체해 보라.
C = Combine : A와 B를 합쳐 보라.
A = Adapt : 다른 데 적용해 보라.
M = Modify, Minify, Magnify : 변경, 축소, 확대해 보라.
P = Put to other uses : 다른 용도로 써 보라.
E = Eliminate : 제거해 보라.
R = Reverse, Rearrange : 거꾸로 또는 재배치해 보라.

9 다음 중 문제 해결을 위한 기본적인 사고방식으로 적절하지 않은 것은 어느 것인가?

① 어려운 해결책을 찾으려 하지 말고 우리가 알고 있는 단순한 정보라도 이용해서 실마리를 풀어가야 한다.

② 문제 전체에 매달리기보다 문제를 각각의 요소로 나누어 그 요소의 의미를 도출하고 우선순위를 부여하는 방법이 바람직하다.

③ 고정관념을 버리고 새로운 시각에서 문제를 바라볼 수 있어야 한다.

④ 나에게 필요한 자원을 확보할 계획을 짜서 그것들을 효과적으로 활용할 수 있어야 한다.

⑤ 문제 자체보다 그 문제가 다른 문제나 연관 시스템과 어떻게 연결되어 있는지를 파악하는 것이 중요하다.

 문제에 봉착했을 경우, 차분하고 계획적인 접근이 필요하다. 자칫 우리가 흔히 알고 있는 단순한 정보들에 의존하게 되면 문제를 해결하지 못하거나 오류를 범할 수 있다.
문제 해결을 위해 필요한 4가지 기본적 사고는 다음과 같다.
• 분석적 사고를 해야 한다(보기 ②)
• 발상의 전환을 하라(보기 ③)
• 내 · 외부 자원을 효과적으로 활용하라(보기 ④)
• 전략적 사고를 해야 한다(보기 ⑤)

10 다음은 3C 분석을 위한 도표이다. 빈칸에 들어갈 질문으로 옳지 않은 것은?

구분	내용
고객/시장(Customer)	• 우리의 현재와 미래의 고객은 누구인가? • _____ ㉠ _____ • _____ ㉡ _____ • 시장의 주 고객들의 속성과 특성은 어떠한가?
경쟁사(Competitor)	• _____ ㉢ _____ • 현재의 경쟁사들의 강점과 약점은 무엇인가? • _____ ㉣ _____
자사(Company)	• 해당 사업이 기업의 목표와 일치하는가? • 기존 사업의 마케팅과 연결되어 시너지효과를 낼 수 있는가? • _____ ㉤ _____

① ㉠ : 새로운 경쟁사들이 시장에 진입할 가능성은 없는가?

② ㉡ : 성장 가능성이 있는 사업인가?

③ ㉢ : 고객들은 경쟁사에 대해 어떤 이미지를 가지고 있는가?

④ ㉣ : 경쟁사의 최근 수익률 동향은 어떠한가?

⑤ ㉤ : 인적 · 물적 · 기술적 자원을 보유하고 있는가?

 ① 새로운 경쟁사들이 시장에 진입할 가능성은 경쟁사(Competitor) 분석에 들어가야 할 질문이다.

11 문제의 원인을 파고들거나 해결책을 구체화할 때 제한된 시간 안에서 넓이와 깊이를 추구하는 데 도움이 되는 기술로, 주요 과제를 나무 모양으로 분해 · 정리하는 기술은?

① Logic Tree
② Pro Tree
③ Tree Solution
④ Pedigree
⑤ Genogram

 Logic Tree는 주요 과제를 나무 모양으로 분해 · 정리하여 문제의 원인을 파고들거나 해결책을 구체화할 때 제한된 시간 안에서 넓이와 깊이를 추구하는 데 도움이 되는 기술로, 문제 도출 단계에서 활용할 수 있다.

Answer✎ 8.② 9.① 10.① 11.①

12 다음과 같은 상황 하에서 'so what?' 기법을 활용한 논리적인 사고로 가장 바람직한 사고 행위는 어느 것인가?

> • 무역수지 적자가 사상 최고를 경신했다.
> • 주요 도시 무역단지의 신규 인력 채용이 점점 어려워지고 있다.
> • 상공회의소 발표 자료에서는 적자를 극복하지 못해 도산하는 기업이 증가하고 있다.

① 무역 업체 입사를 원하는 청년층이 줄어들고 있다.
② 정부의 대대적인 지원과 문제해결 노력이 시급히 요구된다.
③ 무역 업체 경영진의 물갈이가 필요하다.
④ 자동차, 반도체 등 수출 선도업체에 대한 지원이 필요하다.
⑤ 각 기업들의 수익 개선 노력이 요구된다.

 'so what?' 기법은 "그래서 무엇이지?"하고 자문자답하는 의미로, 눈앞에 있는 정보로부터 의미를 찾아내어, 가치 있는 정보를 이끌어 내는 사고이다. 주어진 상황을 보고 현재의 알 수 있는 것을 진단하는 사고에 그치는 것은 바람직한 'so what?' 기법의 사고라고 할 수 없으며, 무엇인가 의미 있는 메시지를 이끌어 내는 것이 중요하다. ②와 같이 상황을 망라하여 종합적이고 명확한 주장을 펼치는 사고가 'so what?' 기법의 핵심이라 할 수 있다.

13 다음 항목들 중 비판적 사고를 개발하기 위한 태도로 적절한 것들로 짝지어진 것은 어느 것인가?

> - 브레인스토밍
> - 타인에 대한 이해
> - 생각하는 습관
> - 비교 발상법
> - 지적 호기심
> - 결단성
> - 다른 관점에 대한 존중

① 결단성, 지적 호기심, 다른 관점에 대한 존중

② 생각하는 습관, 타인에 대한 이해, 다른 관점에 대한 존중

③ 비교 발상법, 지적 호기심, 생각하는 습관

④ 브레인스토밍, 지적 호기심, 타인에 대한 이해

⑤ 브레인스토밍, 다른 관점에 대한 존중

 제시된 항목들은 다음과 같은 특징을 갖는다.

창의적 사고	브레인스토밍	집단의 효과를 살려서 아이디어의 연쇄반응을 일으켜 자유분방한 아이디어를 내고자 하는 것으로, 창의적인 사고를 위한 발산 방법 중 가장 흔히 사용되는 방법이다.
	비교 발상법	주제와 본질적으로 닮은 것을 힌트로 하여 새로운 아이디어를 얻는 방법이다.
논리적 사고	생각하는 습관	논리적 사고에 있어서 가장 기본이 되는 것은 왜 그런지에 대해서 늘 생각하는 습관을 들이는 것이다.
	타인에 대한 이해	반론을 하든지 찬성을 하든지 논의를 함으로써 이해가 깊어지거나 논점이 명확해질 수 있다.
비판적 사고	결단성	모든 필요한 정보가 획득될 때까지 불필요한 논증, 속단을 피하고 모든 결정을 유보하지만, 증거가 타당할 땐 결론을 맺는다.
	지적 호기심	여러 가지 다양한 질문이나 문제에 대한 해답을 탐색하고 사건의 원인과 설명을 구하기 위하여 질문을 제기한다.
	다른 관점에 대한 존중	타인의 관점을 경청하고 들은 것에 대하여 정확하게 반응한다.

Answer 12.② 13.①

|14~15| 다음은 ○○협회에서 주관한 학술세미나 일정에 관한 것으로 다음 세미나를 준비하는데 필요한 일, 각각의 일에 걸리는 시간, 일의 순서 관계를 나타낸 표이다. 제시된 표를 바탕으로 물음에 답하시오. (단, 모든 작업은 동시에 진행할 수 없다)

■ 세미나 준비 현황

구분	작업	작업시간(일)	먼저 행해져야 할 작업
가	세미나 장소 세팅	1	바
나	현수막 제작	2	다, 마
다	세미나 발표자 선정	1	라
라	세미나 기본계획 수립	2	없음
마	세미나 장소 선정	3	라
바	초청자 확인	2	라

14 현수막 제작을 시작하기 위해서는 최소 며칠이 필요하겠는가?

① 3일 ② 4일
③ 5일 ④ 6일
⑤ 7일

 현수막을 제작하기 위해서는 라, 다, 마가 선행되어야 한다. 따라서 세미나 기본계획 수립(2일) + 세미나 발표자 선정(1일) + 세미나 장소 선정(3일) = 최소한 6일이 소요된다.

15 세미나 기본계획 수립에서 세미나 장소 세팅까지 모든 작업을 마치는 데 필요한 시간은?

① 10일 ② 11일
③ 12일 ④ 13일
⑤ 14일

 각 작업에 걸리는 시간을 모두 더하면 총 11일이다.

16 다음 설명의 빈 칸에 공통으로 들어갈 말로 적당한 것은 어느 것인가?

> (   )는 직장생활 중에서 지속적으로 요구되는 능력이다. (   )를 할 수 있는 능력이 없다면 아무리 많은 지식을 가지고 있더라도 자신이 만든 계획이나 주장을 주위 사람들에게 이해시켜 실현시키기 어려울 것이며, 이 때 다른 사람들을 설득하여야 하는 과정에 필요로 하는 것이 (   )이다. 이것은 사고의 전개에 있어서 전후의 관계가 일치하고 있는가를 살피고, 아이디어를 평가하는 능력을 의미한다. 이러한 사고는 다른 사람을 공감시켜 움직일 수 있게 하며, 짧은 시간에 헤매지 않고 사고할 수 있게 한다. 또한 행동을 하기 전에 생각을 먼저 하게 하며, 주위를 설득하는 일이 훨씬 쉬워진다.

① 전략적 사고
② 기능적 사고
③ 창의적 사고
④ 논리적 사고
⑤ 비판적 사고

 주어진 글은 논리적 사고에 대한 글이며, 논리적인 사고를 하기 위해서는 '1) 생각하는 습관, 2) 상대 논리의 구조화, 3) 구체적인 생각, 4) 타인에 대한 이해, 5)설득'의 5가지 요소가 필요하다. 논리적인 사고의 핵심은 상대방을 설득할 수 있어야 한다는 것이며, 공감을 통한 설득에 필요한 가장 기본적인 사고력이다.

17 G 음료회사는 신제품 출시를 위해 시제품 3개를 만들어 전직원을 대상으로 블라인드 테스트를 진행한 후 기획팀에서 회의를 하기로 했다. 독창성, 대중성, 개인선호도 세 가지 영역에 총 15점 만점으로 진행된 테스트 결과가 다음과 같을 때, 기획팀 직원들의 발언으로 옳지 않은 것은?

	독창성	대중성	개인선호도	총점
시제품 A	5	2	3	10
시제품 B	4	4	4	12
시제품 C	2	5	5	12

① 우리 회사의 핵심가치 중 하나가 창의성 아닙니까? 저는 독창성 점수가 높은 A를 출시해야 한다고 생각합니다.

② 독창성이 높아질수록 총점이 낮아지는 것을 보지 못하십니까? 저는 그 의견에 반대합니다.

③ 무엇보다 현 시점에서 회사의 재정상황을 타계하기 위해서는 대중성을 고려하여 높은 이윤이 날 것으로 보이는 C를 출시해야 하지 않겠습니까?

④ 그럼 독창성과 대중성, 개인선호도를 모두 고려하여 B를 출시하는 것이 어떻겠습니까?

⑤ 요즘 같은 개성시대에는 개인선호도가 높은 C가 적격이라고 생각합니다.

(Tip) ② 시제품 B는 C에 비해 독창성 점수가 2점 높지만 총점은 같다. 따라서 옳지 않은 발언이다.

18 다음 글에서 엿볼 수 있는 문제의 유형과 사고력의 유형이 알맞게 짝지어진 것은 어느 것인가?

> 대한상사는 가전제품을 수출하는 기업이다. 주요 거래처가 미주와 유럽에 있다 보니 대한상사는 늘 환율 변동에 대한 리스크를 안고 있다. 최근 북한과 중동의 급변하는 정세 때문에 연일 환율이 요동치고 있어 대한상사는 도저히 향후 손익 계획을 가늠해 볼 수 없는 상황이다. 이에 따라 가격 오퍼 시 고정 환율을 적용하거나 현지에 생산 공장을 설립하는 문제를 심각하게 검토하고 있다.

	문제의 유형	사고력 유형
①	탐색형 문제	논리적 사고
②	설정형 문제	논리적 사고
③	탐색형 문제	비판적 사고
④	설정형 문제	창의적 사고
⑤	발생형 문제	비판적 사고

 현재 발생하지 않았지만 장차 발생할지 모르는 문제를 예상하고 대비하는 일, 보다 나은 미래를 위해 새로운 문제를 스스로 설정하여 도전하는 일은 조직과 개인 모두에게 중요한 일이다. 이러한 형태의 문제를 설정형 문제라고 한다. 설정형 문제를 해결하기 위해서는 주변의 발생 가능한 문제들의 움직임을 관심을 가지고 지켜보는 자세가 필요하며, 또한 문제들이 발생했을 때 그것이 어떤 영향을 가져올지에 대한 논리적 추론이 가능해야 한다. 이러한 사고의 프로세스는 논리적 연결고리를 생성시킬 수 있는 추론의 능력이 요구된다고 볼 수 있다.

▌19~20▐ 다음 SWOT 분석기법에 대한 설명과 분석 결과 사례를 토대로 한 대응 전략으로 가장 적절한 것은 어느 것인가?

SWOT 분석은 내부 환경요인과 외부 환경요인의 2개의 축으로 구성되어 있다. 내부 환경요인은 자사 내부의 환경을 분석하는 것으로 분석은 다시 자사의 강점과 약점으로 분석된다. 외부환경요인은 자사 외부의 환경을 분석하는 것으로 분석은 다시 기회와 위협으로 구분된다. 내부환경 요인과 외부환경 요인에 대한 분석이 끝난 후에 매트릭스가 겹치는 SO, WO, ST, WT에 해당되는 최종 분석을 실시하게 된다. 내부의 강점과 약점을, 외부의 기회와 위협을 대응시켜 기업의 목표를 달성하려는 SWOT분석에 의한 발전전략의 특성은 다음과 같다.

• SO전략 : 외부 환경의 기회를 활용하기 위해 강점을 사용하는 전략 선택
• ST전략 : 외부 환경의 위협을 회피하기 위해 강점을 사용하는 전략 선택
• WO전략 : 자신의 약점을 극복함으로써 외부 환경의 기회를 활용하는 전략 선택
• WT전략 : 외부 환경의 위협을 회피하고 자신의 약점을 최소화하는 전략 선택

19 아래 환경 분석결과에 대응하는 가장 적절한 전략은 어느 것인가?

강점(Strength)	• 핵심 정비기술 보유 • 고객과의 우호적인 관계 구축
약점(Weakness)	• 품질관리 시스템 미흡 • 관행적 사고 및 경쟁기피
기회(Opportunity)	• 고품질 정비서비스 요구 확대 • 해외시장 사업 기회 지속 발생
위협(Threat)	• 정비시장 경쟁 심화 • 미래 선도 산업 변화 전망 • 차별화된 고객서비스 요구 지속 확대

내부환경 외부환경	강점(Strength)	약점(Weakness)
기회(Opportunity)	① 교육을 통한 조직문화 체질 개선 대책 마련	② 산업 변화에 부응하는 정비기술력 개발 ③ 해외시장 발굴을 통한 국내 경쟁 돌파구 마련
위협(Threat)	④ 직원들의 마인드 개선을 통해 고객과의 신뢰체제 유지 및 확대	⑤ 품질관리 강화를 통한 고객만족도 제고

 미흡한 품질관리 시스템을 보완하여 약점을 최소화하고 고객서비스에 부응하는 전략이므로 적절한 WT전략이라고 볼 수 있다.

① 교육을 통한 조직문화 체질 개선 대책 마련(W)
② 산업 변화(T)에 부응하는 정비기술력 개발(S) – ST전략
③ 해외시장 발굴(O)을 통한 국내 경쟁 돌파구 마련(T)
④ 직원들의 마인드 개선(W)을 통해 고객과의 신뢰체제 유지 및 확대(S)

20 전기차 배터리 제조업체가 실시한 아래 환경 분석결과에 대응하는 전략을 적절하게 분석한 것은 어느 것인가?

강점(Strength)	• 전기차용 전지의 경쟁력 및 인프라 확보 • 연구개발 비용 확보
약점(Weakness)	• 핵심, 원천기술의 미비 • 높은 국외 생산 의존도로 환율변동에 민감
기회(Opportunity)	• 고유가 시대, 환경규제 강화에 따른 개발 필요성 증대 • 새로운 시장 진입에서의 공평한 경쟁
위협(Threat)	• 선진업체의 시장 진입 시도 강화 • 전기차 시장의 불확실성 • 소재가격 상승

내부환경 외부환경	강점(Strength)	약점(Weakness)
기회(Opportunity)	① 충분한 개발비용을 이용해 경쟁력 있는 소재 개발	② 환경오염을 우려하는 시대적 분위기에 맞춰 전기차 시장 활성화를 위한 홍보 강화
위협(Threat)	③ 새롭게 진입할 선진업체와의 합작을 통해 원천기술 확보 ④ 충전소 건설 및 개인용 충전기 보급을 통해 시장 개척	⑤ 저개발 지역에 구축한 자사의 설비 인프라를 활용하여 생산 기지 국내 이전 시도

 충전소 건설 및 개인용 충전기 보급은 결국 자사가 확보한 전기차용 전지의 경쟁력(S)을 바탕으로 수행할 수 있는 일일 것이며, 이를 통해 시장을 개척하는 것은 불확실한 시장성 (T)을 스스로 극복할 수 있는 적절한 전략이 될 것이다.
① 충분한 개발비용(S)을 이용해 경쟁력 있는 소재 개발(T) – ST전략
② 환경오염을 우려하는 시대적 분위기(O)에 맞춰 전기차 시장 활성화를 위한 홍보 강화(T)
③ 새롭게 진입할 선진업체(T)와의 합작을 통해 원천기술 확보(W) – WT전략
⑤ 저개발 지역에 구축한 자사의 설비 인프라를 활용(S)하여 생산기지 국내 이전(W) 시도

Answer ➔ 19.⑤ 20.④

21 다음 중 SWOT 분석기법에 대한 올바른 설명이 아닌 것은 어느 것인가?

① 외부 환경요인은 좋은 쪽으로 작용하는 것을 기회로, 나쁜 쪽으로 작용하는 것을 약점으로 분류하는 것이다.

② 내부 환경을 분석할 때에는 경쟁자와 비교하여 나의 강점과 약점을 분석해야 한다.

③ 외부의 환경요인을 분석할 때에는, 동일한 data라도 자신에게 긍정적으로 전개되면 기회로, 부정적으로 전개되면 위협으로 분류한다.

④ 내부 환경을 분석할 때에는 보유하고 있거나, 동원 가능하거나, 활용 가능한 자원이 강·약점의 내용이 된다.

⑤ 외부환경을 분석할 경우, 언론매체, 개인 정보망 등을 통하여 입수한 상식적인 세상의 변화 내용을 시작으로 당사자에게 미치는 영향을 순서대로, 점차 구체화해 나가야 한다.

> 외부 환경요인은 좋은 쪽으로 작용하는 것을 '기회', 나쁜 쪽으로 작용하는 것을 '위협 요인'으로 분류한다. 약점과 위협요인은 단순히 내·외부의 요인 차이라는 점을 넘어, 약점은 경쟁자와 나와의 관계에 있어서 상대적으로 평가할 수 있는 부정적인 요인인 반면, 대외적 위협요인은 나뿐만 아닌 경쟁자에게도 동일하게 영향을 미치는 부정적인 요인을 의미한다. 예를 들어, 우리 회사의 취약한 구조나 경험 있는 인력의 부족 등은 나에게만 해당되는 약점으로 보아야 하나, 환율 변동에 따른 환차손 증가, 경제 불황 등의 요인은 경쟁자에게도 해당되는 외부의 위협요인으로 볼 수 있다.

22 다음은 문제를 지혜롭게 처리하기 위한 단계별 방법을 나열한 것이다. 올바른 문제처리 절차에 따라 ㉠~㉤의 순서를 재배열한 것은 어느 것인가?

> ㉠ 당초 장애가 되었던 문제의 원인들을 해결안을 사용하여 제거한다.
> ㉡ 문제로부터 도출된 근본원인을 효과적으로 해결할 수 있는 최적의 해결방안을 수립한다.
> ㉢ 파악된 핵심문제에 대한 분석을 통해 근본 원인을 도출해 본다.
> ㉣ 선정된 문제를 분석하여 해결해야 할 것이 무엇인지를 명확히 결정한다.
> ㉤ 해결해야 할 전체 문제를 파악하여 우선순위를 정하고, 선정문제에 대한 목표를 명확히 한다.

① ㉤ - ㉣ - ㉢ - ㉡ - ㉠ 　　② ㉣ - ㉤ - ㉢ - ㉠ - ㉡
③ ㉣ - ㉢ - ㉡ - ㉠ - ㉤ 　　④ ㉠ - ㉡ - ㉤ - ㉣ - ㉢
⑤ ㉤ - ㉢ - ㉣ - ㉠ - ㉡

> 문제처리능력이란 목표와 현상을 분석하고 이 분석결과를 토대로 문제를 도출하여 최적의 해결책을 찾아 실행, 평가 처리해 나가는 일련의 활동을 수행하는 능력이라 할 수 있다. 이러한 문제처리능력은 문제해결절차를 의미하는 것으로, 일반적인 문제해결절차는 '문제 인식(㉤), 문제 도출(㉣), 원인 분석(㉢), 해결안 개발(㉡), 실행(㉠) 및 평가'의 5단계를 따른다.

23 공연기획사인 A사는 이번에 주최한 공연을 보러 오는 관객을 기차역에서 공연장까지 버스로 수송하기로 하였다. 다음의 표와 같이 공연 시작 4시간 전부터 1시간 단위로 전체 관객 대비 기차역에 도착하는 관객의 비율을 예측하여 버스를 운행하고자 하며, 공연 시작 시간까지 관객을 모두 수송해야 한다. 다음을 바탕으로 예상한 수송 시나리오 중 옳은 것을 모두 고르면?

▣ 전체 관객 대비 기차역에 도착하는 관객의 비율

시각	전체 관객 대비 비율(%)
공연 시작 4시간 전	a
공연 시작 3시간 전	b
공연 시작 2시간 전	c
공연 시작 1시간 전	d
계	100

• 전체 관객 수는 40,000명이다.
• 버스는 한 번에 대당 최대 40명의 관객을 수송한다.
• 버스가 기차역과 공연장 사이를 왕복하는 데 걸리는 시간은 6분이다.

▣ 예상 수송 시나리오
㉠ a = b = c = d = 25라면, 회사가 전체 관객을 기차역에서 공연장으로 수송하는 데 필요한 버스는 최소 20대이다.
㉡ a = 10, b = 20, c = 30, d = 40이라면, 회사가 전체 관객을 기차역에서 공연장으로 수송하는 데 필요한 버스는 최소 40대이다.
㉢ 만일 공연이 끝난 후 2시간 이내에 전체 관객을 공연장에서 기차역까지 버스로 수송해야 한다면, 이때 회사에게 필요한 버스는 최소 50대이다.

① ㉠

② ㉡

③ ㉠, ㉡

④ ㉠, ㉢

⑤ ㉡, ㉢

㉠ a = b = c = d = 25라면, 1시간당 수송해야 하는 관객의 수는 40,000 × 0.25 = 10,000명이다. 버스는 한 번에 대당 최대 40명의 관객을 수송하고 1시간에 10번 수송 가능하므로, 1시간 동안 1대의 버스가 수송할 수 있는 관객의 수는 400명이다. 따라서 10,000명의 관객을 수송하기 위해서는 최소 25대의 버스가 필요하다.
㉡ d = 40이라면, 공연 시작 1시간 전에 기차역에 도착하는 관객의 수는 16,000명이다. 16,000명을 1시간 동안 모두 수송하기 위해서는 최소 40대의 버스가 필요하다.
㉢ 공연이 끝난 후 2시간 이내에 전체 관객을 공연장에서 기차역까지 수송하려면 시간당 20,000명의 관객을 수송해야 한다. 따라서 회사에게 필요한 버스는 최소 50대이다.

Answer ↦ 21.① 22.① 23.⑤

|24~25 | 인사팀에 근무하는 S는 2017년도에 새롭게 변경된 사내 복지 제도에 따라 경조사 지원 내역을 정리하는 업무를 담당하고 있다. 다음을 바탕으로 물음에 답하시오.

❏ 2017년도 변경된 사내 복지 제도

종류	주요 내용
주택 지원	• 사택 지원(가~사 총 7동 175가구) 최소 1년 최장 3년 • 지원 대상 – 입사 3년 차 이하 1인 가구 사원 중 무주택자(가~다동 지원) – 입사 4년 차 이상 본인 포함 가구원이 3인 이상인 사원 중 무주택자(라~사동 지원)
경조사 지원	• 본인/가족 결혼, 회갑 등 각종 경조사 시 • 경조금, 화환 및 경조휴가 제공
학자금 지원	• 대학생 자녀의 학자금 지원
기타	• 상병 휴가, 휴직, 4대 보험 지원

❏ 2017년도 1/4분기 지원 내역

이름	부서	직위	내역	변경 전	변경 후	금액(천원)
A	인사팀	부장	자녀 대학진학	지원 불가	지원 가능	2,000
B	총무팀	차장	장인상	변경 내역 없음		100
C	연구1팀	차장	병가	실비 지급	추가 금액 지원	50 (실비 제외)
D	홍보팀	사원	사택 제공(가-102)	변경 내역 없음		–
E	연구2팀	대리	결혼	변경 내역 없음		100
F	영업1팀	차장	모친상	변경 내역 없음		100
G	인사팀	사원	사택 제공(바-305)	변경 내역 없음		–
H	보안팀	대리	부친 회갑	변경 내역 없음		100
I	기획팀	차장	결혼	변경 내역 없음		100
J	영업2팀	과장	생일	상품권	기프트 카드	50
K	전략팀	사원	생일	상품권	기프트 카드	50

24 당신은 S가 정리해 온 2017년도 1/4분기 지원 내역을 확인하였다. 다음 중 잘못 구분된 사원은?

지원 구분	이름
주택 지원	D, G
경조사 지원	B, E, H, I, J, K
학자금 지원	A
기타	F, C

① B

② D

③ F

④ H

⑤ K

 지원 구분에 따르면 모친상과 같은 경조사는 경조사 지원에 포함되어야 한다. 따라서 F의 구분이 잘못되었다.

25 S는 2017년도 1/4분기 지원 내역 중 변경 사례를 참고하여 새로운 사내 복지 제도를 정리해 추가로 공시하려 한다. 다음 중 S가 정리한 내용으로 옳지 않은 것은?

① 복지 제도 변경 전후 모두 생일에 현금을 지급하지 않습니다.

② 복지 제도 변경 후 대학생 자녀에 대한 학자금을 지원해드립니다.

③ 변경 전과 달리 미혼 사원의 경우 입주 가능한 사택동 제한이 없어집니다.

④ 변경 전과 같이 경조사 지원금은 직위와 관계없이 동일한 금액으로 지원됩니다.

⑤ 변경 전과 달리 병가 시 실비 외에 5만 원을 추가로 지원합니다.

 ③ 2017년 변경된 사내 복지 제도에 따르면 1인 가구 사원에게는 가~사 총 7동 중 가~다 동이 지원된다.

Answer⌐→ 24.③ 25.③

26 다음은 폐기물관리법의 일부이다. 제시된 내용을 참고할 때 옳은 것은?

> 제00조 이 법에서 말하는 폐기물이란 쓰레기, 연소재, 폐유, 폐알칼리 및 동물의 사체 등으로 사람의 생활이나 사업활동에 필요하지 않게 된 물질을 말한다.
>
> 제00조
> ① 도지사는 관할 구역의 폐기물을 적정하게 처리하기 위하여 환경부장관이 정하는 지침에 따라 10년마다 '폐기물 처리에 관한 기본계획'(이하 '기본계획'이라 한다)을 세워 환경부장관의 승인을 받아야 한다. 승인사항을 변경하려 할 때에도 또한 같다. 이 경우 환경부장관은 기본계획을 승인하거나 변경승인하려면 관계 중앙행정기관의 장과 협의하여야 한다.
> ② 시장·군수·구청장은 10년마다 관할 구역의 기본계획을 세워 도지사에게 제출하여야 한다.
> ③ 제1항과 제2항에 따른 기본계획에는 다음 각 호의 사항이 포함되어야 한다.
> 1. 관할 구역의 지리적 환경 등에 관한 개황
> 2. 폐기물의 종류별 발생량과 장래의 발생 예상량
> 3. 폐기물의 처리 현황과 향후 처리 계획
> 4. 폐기물의 감량화와 재활용 등 자원화에 관한 사항
> 5. 폐기물처리시설의 설치 현황과 향후 설치 계획
> 6. 폐기물 처리의 개선에 관한 사항
> 7. 재원의 확보계획
>
> 제00조
> ① 환경부장관은 국가 폐기물을 적정하게 관리하기 위하여 전조 제1항에 따른 기본계획을 기초로 '국가 폐기물관리 종합계획'(이하 '종합계획'이라 한다)을 10년마다 세워야 한다.
> ② 환경부장관은 종합계획을 세운 날부터 5년이 지나면 그 타당성을 재검토하여 변경할 수 있다.

① 재원의 확보계획은 기본계획에 포함되지 않아도 된다.

② A도 도지사가 제출한 기본계획을 승인하려면, 환경부장관은 관계 중앙행정기관의 장과 협의를 거쳐야 한다.

③ 환경부장관은 국가 폐기물을 적정하게 관리하기 위하여 10년마다 기본계획을 수립하여야 한다.

④ B군 군수는 5년마다 종합계획을 세워 환경부장관에게 제출하여야 한다.

⑤ 기본계획 수립 이후 5년이 경과하였다면, 환경부장관은 계획의 타당성을 재검토하여 계획을 변경하여야 한다.

① 재원의 확보계획은 기본계획에 포함되어야 한다.

③ 환경부장관은 국가 폐기물을 적정하게 관리하기 위하여 10년마다 종합계획을 수립하여야 한다.

④ 시장·군수·구청장은 10년마다 관할 구역의 기본계획을 세워 도지사에게 제출하여야 한다.

⑤ 환경부장관은 종합계획을 세운 날부터 5년이 지나면 그 타당성을 재검토하여 변경할 수 있다.

27 다음 중 SWOT 분석기법과 함께 문제해결을 위한 대표적인 툴(tool)인 3C 기법의 분석 요소에 대한 설명으로 올바르지 않은 것은 어느 것인가?

① 우리 회사의 제품이 고객에게 만족스러운 기능을 제공하였는가를 확인해 본다.

② 회사에서 목표한 매출이 제대로 달성되었는지를 확인해 본다.

③ 자사의 제품과 경쟁사의 제품과의 장단점은 무엇이고 어떠한 차이점이 있는지를 확인해 본다.

④ 국제 경제에 중대한 변화를 가져 올 요소가 무엇인지를 확인해 본다.

⑤ 우리 회사 직원들이 제공한 서비스 내용이 고객에게 감동을 주었는지를 확인해 본다.

 국제 경제에 중대한 변화를 가져 올 요소는 전반적인 업계의 환경이 변하는 것으로, 이것은 3C 즉 자사(Company), 고객(Customer), 경쟁사(Competitor)에 해당하는 사항이 아니며, SWOT 환경 분석기법상의 외부 요인으로 구분할 수 있다. 따라서 ④와 같은 내용은 3C 분석에서 고려할 만한 요소라고 볼 수는 없다.

①⑤ 고객의 만족을 확인하고자 하는 것으로 '고객' 요인에 대한 분석이다.

② 자사의 목표 달성을 확인하고자 것으로 '자사 요인에 대한 분석이다.

③ 경쟁사와의 비교, 경쟁사에 대한 정보 분석 등은 '경쟁사' 요인에 대한 분석이다.

Answer → 26.② 27.④

28 ○○기관의 김 대리는 甲, 乙, 丙, 丁, 戊 인턴 5명의 자리를 배치하고자 한다. 다음의 조건에 따를 때 옳지 않은 것은?

> * 최상의 업무 효과를 내기 위해서는 성격이 서로 잘 맞는 사람은 바로 옆자리에 앉혀야 하고, 서로 잘 맞지 않는 사람은 바로 옆자리에 앉혀서는 안 된다.
> * 丙과 乙의 성격은 서로 잘 맞지 않는다.
> * 甲과 乙의 성격은 서로 잘 맞는다.
> * 甲과 丙의 성격은 서로 잘 맞는다.
> * 戊와 丙의 성격은 서로 잘 맞지 않는다.
> * 丁의 성격과 서로 잘 맞지 않는 사람은 없다.
> * 丁은 햇빛 알레르기가 있어 창문 옆(1번) 자리에는 앉을 수 없다.
>
> ■ 자리 배치도
>
> | 창문 | 1 | 2 | 3 | 4 | 5 |
> |---|---|---|---|---|---|
> | | | | | | |

① 甲은 3번 자리에 앉을 수 있다.
② 乙은 5번 자리에 앉을 수 있다.
③ 丙은 2번 자리에 앉을 수 있다.
④ 丁은 3번 자리에 앉을 수 없다.
⑤ 戊는 2번 자리에 앉을 수 없다.

 ③ 丙이 2번 자리에 앉을 경우, 丁은 햇빛 알레르기가 있어 1번 자리에 앉을 수 없으므로 3, 4, 5번 중 한 자리에 앉아야 하며, 丙과 성격이 서로 잘 맞지 않는 戊는 4, 5번 중 한 자리에 앉아야 한다. 이 경우 성격이 서로 잘 맞은 甲과 乙이 떨어지게 되므로 최상의 업무 효과를 낼 수 있는 배치가 되기 위해서는 丙은 2번 자리에 앉을 수 없다.
① 창문 – 戊 – 乙 – 甲 – 丙 – 丁 순으로 배치할 경우 甲은 3번 자리에 앉을 수 있다.
② 창문 – 戊 – 丁 – 丙 – 甲 – 乙 순으로 배치할 경우 乙은 5번 자리에 앉을 수 있다.
④ 丁이 3번 자리에 앉을 경우, 甲과 성격이 서로 잘 맞는 乙, 丙 중 한 명은 甲과 떨어지게 되므로 최상의 업무 효과를 낼 수 있는 배치가 되기 위해서는 丁은 3번 자리에 앉을 수 없다.
⑤ 戊가 2번 자리에 앉을 경우, 丁은 햇빛 알레르기가 있어 1번 자리에 앉을 수 없으므로 3, 4, 5번 중 한 자리에 앉아야 하는데, 그러면 甲과 성격이 서로 잘 맞는 乙, 丙 중 한 명은 甲과 떨어지게 되므로 최상의 업무 효과를 낼 수 있는 배치가 되기 위해서는 戊는 2번 자리에 앉을 수 없다.

29 다음의 규정과 공공기관 현황에 근거할 때, 시장형 공기업에 해당하는 공공기관은?

■ 공공기관의 구분

① 기획재정부장관은 공공기관을 공기업·준정부기관과 기타공공기관으로 구분하여 지정한다. 직원 정원이 50인 이상인 공공기관은 공기업 또는 준정부기관으로, 그 외에는 기타공공기관으로 지정한다.

② 기획재정부장관은 제1항의 규정에 따라 공기업과 준정부기관을 지정하는 경우 자체수입액이 총수입액의 2분의 1 이상인 기관은 공기업으로, 그 외에는 준정부기관으로 지정한다.

③ 기획재정부장관은 제1항 및 제2항의 규정에 따른 공기업을 다음 각 호의 구분에 따라 세분하여 지정한다.

    1. 시장형 공기업 : 자산규모가 2조 원 이상이고, 총 수입액 중 자체수입액이 100분의 85 이상인 공기업

    2. 준시장형 공기업 : 시장형 공기업이 아닌 공기업

■ 공공기관 현황

공공기관	직원 정원	자산규모	자체수입비율
A	80명	3조 원	85%
B	40명	1.5조 원	60%
C	60명	1조 원	45%
D	55명	2.5조 원	40%
E	50명	9천억 원	50%

① A
② B
③ C
④ D
⑤ E

 ① A는 직원 정원이 50명 이상이고 자체수입액이 총수입액의 2분의 1 이상이며, 자산규모가 2조 원 이상이고 총 수입액 중 자체수입액이 100분의 85 이상이므로 시장형 공기업에 해당한다.

② B는 직원 정원이 50명 미만이므로 기타공공기관에 해당한다.

③④ C, D는 자체수입액이 총수입액의 2분의 1 미만이므로 준정부기관에 해당한다.

⑤ E는 자산규모가 2조 원 미만이므로 준시장형 공기업에 해당한다.

Answer ↪ 28.③ 29.①

30 100명의 근로자를 고용하고 있는 ○○기관 인사팀에 근무하는 S는 고용노동법에 따라 기간 제 근로자를 채용하였다. 제시된 법령의 내용을 참고할 때, 기간제 근로자로 볼 수 없는 경 우는?

> **제10조**
> ① 이 법은 상시 5인 이상의 근로자를 사용하는 모든 사업 또는 사업장에 적용한다. 다 만 동거의 친족만을 사용하는 사업 또는 사업장과 가사사용인에 대하여는 적용하지 아니한다.
> ② 국가 및 지방자치단체의 기관에 대하여는 상시 사용하는 근로자의 수에 관계없이 이 법을 적용한다.
>
> **제11조**
> ① 사용자는 2년을 초과하지 아니하는 범위 안에서(기간제 근로계약의 반복갱신 등의 경 우에는 계속 근로한 총 기간이 2년을 초과하지 아니하는 범위 안에서) 기간제 근로 자※를 사용할 수 있다. 다만 다음 각 호의 어느 하나에 해당하는 경우에는 2년을 초과하여 기간제 근로자로 사용할 수 있다.
> 　1. 사업의 완료 또는 특정한 업무의 완성에 필요한 기간을 정한 경우
> 　2. 휴직·파견 등으로 결원이 발생하여 당해 근로자가 복귀할 때까지 그 업무를 대신 할 필요가 있는 경우
> 　3. 전문적 지식·기술의 활용이 필요한 경우와 박사 학위를 소지하고 해당 분야에 종 사하는 경우
> ② 사용자가 제1항 단서의 사유가 없거나 소멸되었음에도 불구하고 2년을 초과하여 기 간제 근로자로 사용하는 경우에는 그 기간제 근로자는 기간의 정함이 없는 근로계약 을 체결한 근로자로 본다.
> ※ 기간제 근로자라 함은 기간의 정함이 있는 근로계약을 체결한 근로자를 말한다.

① 수습기간 3개월을 포함하여 1년 6개월간 A를 고용하기로 근로계약을 체결한 경우

② 근로자 E의 휴직으로 결원이 발생하여 2년간 B를 계약직으로 고용하였는데, E의 복 직 후에도 B가 계속해서 현재 3년 이상 근무하고 있는 경우

③ 사업 관련 분야 박사학위를 취득한 C를 계약직(기간제) 연구원으로 고용하여 C가 현 재 3년간 근무하고 있는 경우

④ 국가로부터 도급받은 3년간의 건설공사를 완성하기 위해 D를 그 기간 동안 고용하기 로 근로계약을 체결한 경우

⑤ 근로자 F가 해외 파견으로 결원이 발생하여 돌아오기 전까지 3년간 G를 고용하기로 근로계약을 체결한 경우

제11조 제2항에 따르면 사용자가 제1항 단서의 사유가 없거나 소멸되었음에도 불구하고 2년을 초과하여 기간제 근로자로 사용하는 경우에는 그 기간제 근로자는 기간의 정함이 없는 근로계약을 체결한 근로자로 본다. 따라서 ②의 경우 기간제 근로자로 볼 수 없다.

① 2년을 초과하지 않는 범위이므로 기간제 근로자로 볼 수 있다.
③ 제11조 제1항 제3호에 따른 기간제 근로자로 볼 수 있다.
④ 제11조 제1항 제1호에 따른 기간제 근로자로 볼 수 있다.
⑤ 제11조 제1항 제2호에 따른 기간제 근로자로 볼 수 있다.

03 수리능력

※ (신입) 경영·회계·사무(법정/상경/전산)
※ (신입) 발전설비운영(기계/전기/비파괴)
※ (별정직) 5직급(갑)(송전)·5직급(을)(기계/전기/계측)·6직급(일반행정)

1 직장생활과 수리능력

(1) 기초직업능력으로서의 수리능력

① 개념 ··· 직장생활에서 요구되는 사칙연산과 기초적인 통계를 이해하고 도표의 의미를 파악하거나 도표를 이용해서 결과를 효과적으로 제시하는 능력을 말한다.

② 수리능력은 크게 기초연산능력, 기초통계능력, 도표분석능력, 도표작성능력으로 구성된다.
　　㉠ **기초연산능력** : 직장생활에서 필요한 기초적인 사칙연산과 계산방법을 이해하고 활용할 수 있는 능력
　　㉡ **기초통계능력** : 평균, 합계, 빈도 등 직장생활에서 자주 사용되는 기초적인 통계기법을 활용하여 자료의 특성과 경향성을 파악하는 능력
　　㉢ **도표분석능력** : 그래프, 그림 등 도표의 의미를 파악하고 필요한 정보를 해석하는 능력
　　㉣ **도표작성능력** : 도표를 이용하여 결과를 효과적으로 제시하는 능력

(2) 업무수행에서 수리능력이 활용되는 경우

① 업무상 계산을 수행하고 결과를 정리하는 경우

② 업무비용을 측정하는 경우

③ 고객과 소비자의 정보를 조사하고 결과를 종합하는 경우

④ 조직의 예산안을 작성하는 경우

⑤ 업무수행 경비를 제시해야 하는 경우

⑥ 다른 상품과 가격비교를 하는 경우

⑦ 연간 상품 판매실적을 제시하는 경우

⑧ 업무비용을 다른 조직과 비교해야 하는 경우

⑨ 상품판매를 위한 지역조사를 실시해야 하는 경우

⑩ 업무수행과정에서 도표로 주어진 자료를 해석하는 경우

⑪ 도표로 제시된 업무비용을 측정하는 경우

예제 1

다음 자료를 보고 주어진 상황에 대한 물음에 답하시오.

〈근로소득에 대한 간이 세액표〉

월 급여액(천 원) [비과세 및 학자금 제외]		공제대상 가족 수				
이상	미만	1	2	3	4	5
2,500	2,520	38,960	29,280	16,940	13,570	10,190
2,520	2,540	40,670	29,960	17,360	13,990	10,610
2,540	2,560	42,380	30,640	17,790	14,410	11,040
2,560	2,580	44,090	31,330	18,210	14,840	11,460
2,580	2,600	45,800	32,680	18,640	15,260	11,890
2,600	2,620	47,520	34,390	19,240	15,680	12,310
2,620	2,640	49,230	36,100	19,900	16,110	12,730
2,640	2,660	50,940	37,810	20,560	16,530	13,160
2,660	2,680	52,650	39,530	21,220	16,960	13,580
2,680	2,700	54,360	41,240	21,880	17,380	14,010
2,700	2,720	56,070	42,950	22,540	17,800	14,430
2,720	2,740	57,780	44,660	23,200	18,230	14,850
2,740	2,760	59,500	46,370	23,860	18,650	15,280

※ 갑근세는 제시되어 있는 간이 세액표에 따름
※ 주민세＝갑근세의 10%
※ 국민연금＝급여액의 4.50%
※ 고용보험＝국민연금의 10%
※ 건강보험＝급여액의 2.90%
※ 교육지원금＝분기별 100,000원(매 분기별 첫 달에 지급)

박○○ 사원의 5월 급여내역이 다음과 같고 전월과 동일하게 근무하였으나 특별수당은 없고, 차량지원금으로 100,000원을 받게 된다면, 6월에 받게 되는 급여는 얼마인가? (단, 원 단위 절삭)

(주) 서원플랜테크 5월 급여내역			
성명	박○○	지급일	5월 12일
기본급여	2,240,000	갑근세	39,530
직무수당	400,000	주민세	3,950
명절 상여금		고용보험	11,970
특별수당	20,000	국민연금	119,700
차량지원금		건강보험	77,140
교육지원		기타	
급여계	2,660,000	공제합계	252,290
		지급총액	2,407,710

① 2,443,910

② 2,453,910

③ 2,463,910

④ 2,473,910

[출제의도]
업무상 계산을 수행하거나 결과를 정리하고 업무비용을 측정하는 능력을 평가하기 위한 문제로서, 주어진 자료에서 문제를 해결하는 데에 필요한 부분을 빠르고 정확하게 찾아내는 것이 중요하다.
[해설]

기본 급여	2,240,000	갑근세	46,370
직무 수당	400,000	주민세	4,630
명절 상여금		고용 보험	12,330
특별 수당		국민 연금	123,300
차량 지원금	100,000	건강 보험	79,460
교육 지원		기타	
급여계	2,740,000	공제 합계	266,090
		지급 총액	2,473,910

답 ④

(3) 수리능력의 중요성

① 수학적 사고를 통한 문제해결

② 직업세계의 변화에의 적응

③ 실용적 가치의 구현

(4) 단위환산표

구분	단위환산
길이	1cm = 10mm, 1m = 100cm, 1km = 1,000m
넓이	1cm² = 100mm², 1m² = 10,000cm², 1km² = 1,000,000m²
부피	1cm³ = 1,000mm³, 1m³ = 1,000,000cm³, 1km³ = 1,000,000,000m³
들이	1mℓ = 1cm³, 1dℓ = 100cm³, 1L = 1,000cm³ = 10dℓ
무게	1kg = 1,000g, 1t = 1,000kg = 1,000,000g
시간	1분 = 60초, 1시간 = 60분 = 3,600초
할푼리	1푼 = 0.1할, 1리 = 0.01할, 1모 = 0.001할

▌예제 2

둘레의 길이가 4.4km인 정사각형 모양의 공원이 있다. 이 공원의 넓이는 몇 a인가?

① 12,100a 　　　　② 1,210a

③ 121a 　　　　④ 12.1a

[출제의도]
길이, 넓이, 부피, 들이, 무게, 시간, 속도 등 단위에 대한 기본적인 환산 능력을 평가하는 문제로서, 소수점 계산이 필요하며, 자릿수를 읽고 구분할 줄 알아야 한다.
[해설]
공원의 한 변의 길이는
$4.4 \div 4 = 1.1(\text{km})$이고
$1\text{km}^2 = 10,000$a이므로
공원의 넓이는
$1.1\text{km} \times 1.1\text{km} = 1.21 km^2$
$\qquad\qquad\qquad = 12,100a$

답 ①

2 **수리능력을 구성하는 하위능력**

(1) 기초연산능력

① **사칙연산**… 수에 관한 덧셈, 뺄셈, 곱셈, 나눗셈의 네 종류의 계산법으로 업무를 원활하게 수행하기 위해서는 기본적인 사칙연산뿐만 아니라 다단계의 복잡한 사칙연산까지도 수행할 수 있어야 한다.

② **검산**… 연산의 결과를 확인하는 과정으로 대표적인 검산방법으로 역연산과 구거법이 있다.
   ㉠ **역연산** : 덧셈은 뺄셈으로, 뺄셈은 덧셈으로, 곱셈은 나눗셈으로, 나눗셈은 곱셈으로 확인하는 방법이다.
   ㉡ **구거법** : 원래의 수와 각 자리 수의 합이 9로 나눈 나머지가 같다는 원리를 이용한 것으로 9를 버리고 남은 수로 계산하는 것이다.

예제 3

다음 식을 바르게 계산한 것은?

$$1 + \frac{2}{3} + \frac{1}{2} - \frac{3}{4}$$

① $\frac{13}{12}$ ② $\frac{15}{12}$

③ $\frac{17}{12}$ ④ $\frac{19}{12}$

[출제의도]
직장생활에서 필요한 기초적인 사칙연산과 계산방법을 이해하고 활용할 수 있는 능력을 평가하는 문제로서, 분수의 계산과 통분에 대한 기본적인 이해가 필요하다.
[해설]
$$\frac{12}{12} + \frac{8}{12} + \frac{6}{12} - \frac{9}{12} = \frac{17}{12}$$

답 ③

---

(2) 기초통계능력

① **업무수행과 통계**
   ㉠ **통계의 의미** : 통계란 집단현상에 대한 구체적인 양적 기술을 반영하는 숫자이다.
   ㉡ **업무수행에 통계를 활용함으로써 얻을 수 있는 이점**
   • 많은 수량적 자료를 처리가능하고 쉽게 이해할 수 있는 형태로 축소
   • 표본을 통해 연구대상 집단의 특성을 유추
   • 의사결정의 보조수단
   • 관찰 가능한 자료를 통해 논리적으로 결론을 추출·검증

© 기본적인 통계치
- 빈도와 빈도분포 : 빈도란 어떤 사건이 일어나거나 증상이 나타나는 정도를 의미하며, 빈도분포란 빈도를 표나 그래프로 종합적으로 표시하는 것이다.
- 평균 : 모든 사례의 수치를 합한 후 총 사례 수로 나눈 값이다.
- 백분율 : 전체의 수량을 100으로 하여 생각하는 수량이 그중 몇이 되는가를 퍼센트로 나타낸 것이다.

② 통계기법
  ⊙ 범위와 평균
  - 범위 : 분포의 흩어진 정도를 가장 간단히 알아보는 방법으로 최곳값에서 최젓값을 뺀 값을 의미한다.
  - 평균 : 집단의 특성을 요약하기 위해 가장 자주 활용하는 값으로 모든 사례의 수치를 합한 후 총 사례 수로 나눈 값이다.
  - 관찰값이 1, 3, 5, 7, 9일 경우 범위는 9 − 1 = 8이 되고, 평균은 $\dfrac{1+3+5+7+9}{5} = 5$가 된다.
  ⊙ 분산과 표준편차
  - 분산 : 관찰값의 흩어진 정도로, 각 관찰값과 평균값의 차의 제곱의 평균이다.
  - 표준편차 : 평균으로부터 얼마나 떨어져 있는가를 나타내는 개념으로 분산값의 제곱근 값이다.
  - 관찰값이 1, 2, 3이고 평균이 2인 집단의 분산은 $\dfrac{(1-2)^2+(2-2)^2+(3-2)^2}{3} = \dfrac{2}{3}$ 이고 표준편차는 분산값의 제곱근 값인 $\sqrt{\dfrac{2}{3}}$ 이다.

③ 통계자료의 해석
  ⊙ 다섯숫자요약
  - 최솟값 : 원자료 중 값의 크기가 가장 작은 값
  - 최댓값 : 원자료 중 값의 크기가 가장 큰 값
  - 중앙값 : 최솟값부터 최댓값까지 크기에 의하여 배열했을 때 중앙에 위치하는 사례의 값
  - 하위 25%값 · 상위 25%값 : 원자료를 크기 순으로 배열하여 4등분한 값
  ⊙ 평균값과 중앙값 : 평균값과 중앙값은 그 개념이 다르기 때문에 명확하게 제시해야 한다.

예제 4

인터넷 쇼핑몰에서 회원가입을 하고 디지털캠코더를 구매하려고 한다. 다음은 구입하고자 하는 모델에 대하여 인터넷 쇼핑몰 세 곳의 가격과 조건을 제시한 표이다. 표에 있는 모든 혜택을 적용하였을 때 디지털캠코더의 배송비를 포함한 실제 구매가격을 바르게 비교한 것은?

구분	A 쇼핑몰	B 쇼핑몰	C 쇼핑몰
정상가격	129,000원	131,000원	130,000원
회원혜택	7,000원 할인	3,500원 할인	7% 할인
할인쿠폰	5% 쿠폰	3% 쿠폰	5,000원
중복할인여부	불가	가능	불가
배송비	2,000원	무료	2,500원

① A<B<C

② B<C<A

③ C<A<B

④ C<B<A

[출제의도]

직장생활에서 자주 사용되는 기초적인 통계기법을 활용하여 자료의 특성과 경향성을 파악하는 능력이 요구되는 문제이다.

[해설]

㉠ A 쇼핑몰

• 회원혜택을 선택한 경우 : $129,000 - 7,000 + 2,000 = 124,000$(원)

• 5% 할인쿠폰을 선택한 경우 : $129,000 \times 0.95 + 2,000 = 124,550$

㉡ B 쇼핑몰 : $131,000 \times 0.97 - 3,500 = 123,570$

㉢ C 쇼핑몰

• 회원혜택을 선택한 경우 : $130,000 \times 0.93 + 2,500 = 123,400$

• 5,000원 할인쿠폰을 선택한 경우 : $130,000 - 5,000 + 2,500 = 127,500$

∴ C<B<A

답 ④

(3) 도표분석능력

① 도표의 종류

　㉠ 목적별 : 관리(계획 및 통제), 해설(분석), 보고

　㉡ 용도별 : 경과 그래프, 내역 그래프, 비교 그래프, 분포 그래프, 상관 그래프, 계산 그래프

　㉢ 형상별 : 선 그래프, 막대 그래프, 원 그래프, 점 그래프, 층별 그래프, 레이더 차트

② 도표의 활용

　㉠ 선 그래프

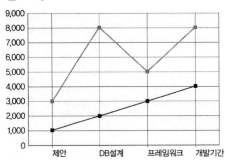

- 주로 시간의 경과에 따라 수량에 의한 변화 상황(시계열 변화)을 절선의 기울기로 나타내는 그래프이다.
- 경과, 비교, 분포를 비롯하여 상관관계 등을 나타낼 때 쓰인다.

　㉡ 막대 그래프

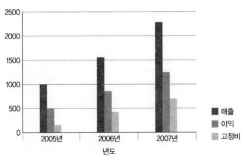

- 비교하고자 하는 수량을 막대 길이로 표시하고 그 길이를 통해 수량 간의 대소관계를 나타내는 그래프이다.
- 내역, 비교, 경과, 도수 등을 표시하는 용도로 쓰인다.

　㉢ 원 그래프

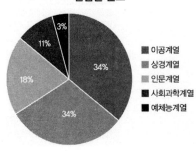

- 내역이나 내용의 구성비를 원을 분할하여 나타낸 그래프이다.
- 전체에 대해 부분이 차지하는 비율을 표시하는 용도로 쓰인다.

ⓔ 점 그래프

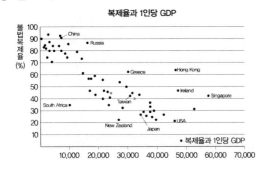

- 종축과 횡축에 2요소를 두고 보고자 하는 것이 어떤 위치에 있는가를 나타내는 그래프이다.
- 지역분포를 비롯하여 도시, 지방, 기업, 상품 등의 평가나 위치·성격을 표시하는데 쓰인다.

ⓜ 층별 그래프

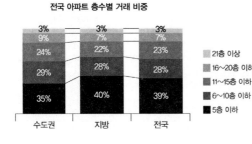

- 선 그래프의 변형으로 연속내역 봉 그래프라고 할 수 있다. 선과 선 사이의 크기로 데이터 변화를 나타낸다.
- 합계와 부분의 크기를 백분율로 나타내고 시간적 변화를 보고자 할 때나 합계와 각 부분의 크기를 실수로 나타내고 시간적 변화를 보고자 할 때 쓰인다.

ⓗ 레이더 차트(거미줄 그래프)

- 원 그래프의 일종으로 비교하는 수량을 직경, 또는 반경으로 나누어 원의 중심에서의 거리에 따라 각 수량의 관계를 나타내는 그래프이다.
- 비교하거나 경과를 나타내는 용도로 쓰인다.

③ 도표 해석상의 유의사항

　　㉠ 요구되는 지식의 수준을 넓힌다.

　　㉡ 도표에 제시된 자료의 의미를 정확히 숙지한다.

　　㉢ 도표로부터 알 수 있는 것과 없는 것을 구별한다.

　　㉣ 총량의 증가와 비율의 증가를 구분한다.

　　㉤ 백분위수와 사분위수를 정확히 이해하고 있어야 한다.

예제 5

다음 표는 2009 ~ 2010년 지역별 직장인들의 자기개발에 관해 조사한 내용을 정리한 것이다. 이에 대한 분석으로 옳은 것은?

(단위 : %)

연도 구분 지역	2009				2010			
	자기개발 하고 있음	자기개발 비용 부담 주체			자기개발 하고 있음	자기개발 비용 부담 주체		
		직장 100%	본인 100%	직장50% + 본인50%		직장 100%	본인 100%	직장50% + 본인50%
충청도	36.8	8.5	88.5	3.1	45.9	9.0	65.5	24.5
제주도	57.4	8.3	89.1	2.9	68.5	7.9	68.3	23.8
경기도	58.2	12	86.3	2.6	71.0	7.5	74.0	18.5
서울시	60.6	13.4	84.2	2.4	72.7	11.0	73.7	15.3
경상도	40.5	10.7	86.1	3.2	51.0	13.6	74.9	11.6

① 2009년과 2010년 모두 자기개발 비용을 본인이 100% 부담하는 사람의 수는 응답자의 절반 이상이다.

② 자기개발을 하고 있다고 응답한 사람의 수는 2009년과 2010년 모두 서울시가 가장 많다.

③ 자기개발 비용을 직장과 본인이 각각 절반씩 부담하는 사람의 비율은 2009년과 2010년 모두 서울시가 가장 높다.

④ 2009년과 2010년 모두 자기개발을 하고 있다고 응답한 비율이 가장 높은 지역에서 자기개발비용을 직장이 100% 부담한다고 응답한 사람의 비율이 가장 높다.

[출제의도]
그래프, 그림, 도표 등 주어진 자료를 이해하고 의미를 파악하여 필요한 정보를 해석하는 능력을 평가하는 문제이다.

[해설]
② 지역별 인원수가 제시되어 있지 않으므로, 각 지역별 응답자 수는 알 수 없다.

③ 2009년에는 경상도에서, 2010년에는 충청도에서 가장 높은 비율을 보인다.

④ 2009년과 2010년 모두 '자기개발을 하고 있다'고 응답한 비율이 가장 높은 지역은 서울시이며, 2010년의 경우 자기개발 비용을 직장이 100% 부담한다고 응답한 사람의 비율이 가장 높은 지역은 경상도이다.

답 ①

(4) 도표작성능력

① 도표작성 절차
    ㉠ 어떠한 도표로 작성할 것인지를 결정
    ㉡ 가로축과 세로축에 나타낼 것을 결정
    ㉢ 한 눈금의 크기를 결정
    ㉣ 자료의 내용을 가로축과 세로축이 만나는 곳에 표현
    ㉤ 표현한 점들을 선분으로 연결
    ㉥ 도표의 제목을 표기

② 도표작성 시 유의사항
    ㉠ 선 그래프 작성 시 유의점
    • 세로축에 수량, 가로축에 명칭구분을 제시한다.
    • 선의 높이에 따라 수치를 파악하는 경우가 많으므로 세로축의 눈금을 가로축보다 크게 하는 것이 효과적이다.
    • 선이 두 종류 이상일 경우 반드시 그 명칭을 기입한다.
    ㉡ 막대 그래프 작성 시 유의점
    • 막대 수가 많을 경우에는 눈금선을 기입하는 것이 알아보기 쉽다.
    • 막대의 폭은 모두 같게 하여야 한다.
    ㉢ 원 그래프 작성 시 유의점
    • 정각 12시의 선을 기점으로 오른쪽으로 그리는 것이 보통이다.
    • 분할선은 구성비율이 큰 순서로 그린다.
    ㉣ 층별 그래프 작성 시 유의점
    • 눈금은 선 그래프나 막대 그래프보다 적게 하고 눈금선은 넣지 않는다.
    • 층별로 색이나 모양이 완전히 다른 것이어야 한다.
    • 같은 항목은 옆에 있는 층과 선으로 연결하여 보기 쉽도록 한다.

03 출제예상문제

※ (신입) 경영 · 회계 · 사무(법정/상경/전산)
※ (신입) 발전설비운영(기계/전기/비파괴)
※ (별정직) 5직급(갑)(송전) · 5직급(을)(기계/전기/
　계측) · 6직급(일반행정)

┃1~5┃ 다음 숫자들의 배열 규칙을 찾아 괄호 안에 들어갈 알맞은 숫자를 고르시오.

1

| 2　4　7　12　19　30　43　( ) |

① 45　　　　　　　　　　② 60
③ 67　　　　　　　　　　④ 71
⑤ 79

> **(Tip)** 나란히 위치한 숫자의 차를 각각 나열해보면 2, 3, 5, 7, 11, 13으로 소수(1과 자기 자신으
> 로만 나누어떨어지는 1보다 큰 정수)이다. 13 다음에 오는 소수는 17이므로 괄호 앞 숫자
> 43에 17을 더하면 60이 된다.

2

| 127　63　( )　15　7　3　1　0 |

① 49　　　　　　　　　　② 41
③ 37　　　　　　　　　　④ 31
⑤ 29

> **(Tip)** 나란히 위치한 숫자의 차이를 오른쪽부터 나열해보면, $1(=2^0)$, $2(=2^1)$, $4(=2^2)$, $8(=2^3)$,
> (2^4), (2^5), $64(=2^6)$임을 알 수 있다. 따라서 15에서 2^4만큼 더한 괄호 안의 숫자는 31이
> 된다.

3

$$\frac{10}{20} \quad \frac{6}{9} \quad \frac{48}{64} \quad \frac{20}{25} \quad \frac{30}{36} \quad (\quad) \quad \frac{84}{96} \quad \frac{56}{63}$$

① $\frac{14}{25}$　　　　　　　　② $\frac{18}{21}$

③ $\frac{21}{56}$　　　　　　　　④ $\frac{28}{49}$

⑤ $\frac{20}{35}$

 제시된 숫자를 약분하여 나타내면 각각 $\frac{1}{2}$, $\frac{2}{3}$, $\frac{3}{4}$, $\frac{4}{5}$, $\frac{5}{6}$, ( ), $\frac{7}{8}$, $\frac{8}{9}$이 된다. 분모는 1씩 증가하고 있고, 분자는 분모 값보다 1 작은 수를 나타내고 있으므로 괄호 안에 들어갈 수는 $\frac{6}{7}$과 같은 값을 가지는 분수여야 한다. 보기 중 $\frac{18}{21}$이 이에 해당한다.

4

22, 4, 2　　19, 3, 1　　37, 5, 2　　5, 3, 2　　54, 6, (　)

① 0　　　　　　　　② 1

③ 2　　　　　　　　④ 3

⑤ 4

 각 묶음에서 첫 번째 숫자를 두 번째 숫자로 나누었을 때의 나머지가 세 번째 숫자가 된다.
$22 \div 4 = 5 \cdots 2$
$19 \div 3 = 6 \cdots 1$
$37 \div 5 = 7 \cdots 2$
$5 \div 3 = 1 \cdots 2$
$54 \div 6 = 9 \cdots 0$

Answer ⟶　1.②　2.④　3.②　4.①

5

4	1	9
9	25	64
25	36	( )

① 144

② 121

③ 100

④ 81

⑤ 64

 제시된 숫자를 제곱 형태로 나타낼 수 있다. 마지막 행은 첫 번째와 두 번째 행에 있는 숫자의 밑을 더한 값의 제곱임을 알 수 있다. 가장 오른쪽에 있는 열 또한 같은 규칙을 가진다. 따라서 괄호 안에 들어갈 숫자는 11의 제곱수인 121이 된다.

2^2	1^2	$(2+1)^2$
3^2	5^2	$(3+5)^2$
$(2+3)^2$	$(1+5)^2$	$(5+6)^2 = (3+8)^2$

6 입구부터 출구까지의 총 길이가 840m인 터널을 열차가 초속 50m의 속도로 달려 열차가 완전히 통과할 때까지 걸린 시간이 25초라고 할 때, 이보다 긴 1,400m의 터널을 동일한 열차가 동일한 속도로 완전히 통과하는 데 걸리는 시간은 얼마인가?

① 33.2초

② 33.8초

③ 34.5초

④ 35.4초

⑤ 36.2초

 터널을 완전히 통과한다는 것은 터널의 길이에 열차의 길이를 더한 것을 의미한다. 따라서 열차의 길이를 x라 하면, '거리=시간×속력'을 이용하여 다음과 같은 공식이 성립한다.
$(840 + x) \div 50 = 25$
따라서 이를 풀면 $x = 410$m가 된다.
이 열차가 1,400m의 터널을 통과하게 되면 $(1,400+410) \div 50 = 36.2$초가 걸리게 된다.

7 순수한 물 100g에 36%의 소금물 50g과 20%의 소금물 50g을 모두 섞으면, 몇 %의 소금물이 되는가?

① 10   ② 12

③ 14   ④ 16

⑤ 18

 36%의 소금물 50g의 소금의 양: $\dfrac{36}{100} \times 50 = 18(g)$

20%의 소금물 50g의 소금의 양: $\dfrac{20}{100} \times 50 = 10(g)$

따라서 전체 물의 양$(100+50+50)$에 대한 소금의 농도: $\dfrac{18+10}{100+50+50} \times 100 = 14(\%)$

8 현재 어머니의 나이는 아버지 나이의 $\dfrac{4}{5}$ 이다. 2년 후면 아들의 나이는 아버지의 나이의 $\dfrac{1}{3}$ 이 되며, 아들과 어머니의 나이를 합하면 65세가 된다. 현재 3명의 나이를 모두 합하면 얼마인가?

① 112세   ② 116세

③ 120세   ④ 124세

⑤ 128세

 현재 아버지의 나이를 x라 하면, 어머니의 나이는

$\dfrac{4}{5}x$

2년 후 아들과 어머니의 나이의 조건을 살펴보면

$\left(\dfrac{4}{5}x+2\right)+\left\{\dfrac{1}{3}(x+2)\right\}=65$

$x=55$

아버지의 나이는 55세, 어머니는 44세, 아들은 17세이므로

$55+44+17=116$

9 소금물 300g에서 물 110g을 증발시킨 후 소금 10g을 더 녹였더니 농도가 처음 농도의 2배가 되었다. 처음 소금물의 농도는 얼마인가?

① 8%
② 9%
③ 10%
④ 11%
⑤ 12%

 처음 소금의 양을 x라 하면

농도$=\dfrac{\text{소금의 양}}{\text{소금물의 양}}\times100$이므로

소금물 300g에서 물 110g을 증발시킨 후 소금 10g을 더 넣은 농도＝처음 농도의 2배

$$\dfrac{x+10}{300-110+10}\times100=2\times\dfrac{x}{300}\times100$$

$x=30$

처음 소금의 양이 30g이므로 처음 소금물의 농도는 $\dfrac{30}{300}\times100=10\%$

10 수영장에 물을 가득 채울 때 수도관 A로는 6시간, B로는 4시간, C로는 3시간이 걸린다. A, B, C 세 수도관을 모두 사용하여 수영장에 물을 채우는 데 걸리는 시간은?

① 1시간 10분
② 1시간 20분
③ 1시간 30분
④ 1시간 40분
⑤ 1시간 50분

 수영장을 가득 채운 물의 양을 '1'이라 하면 한 시간 동안 수도관 A, B, C가 채우는 물의 양은 각각 $\dfrac{1}{6}$, $\dfrac{1}{4}$, $\dfrac{1}{3}$이다. 세 수도관을 모두 사용하여 물을 가득 채우는 데 걸리는 시간을 x라 하면

$$(\dfrac{1}{6}+\dfrac{1}{4}+\dfrac{1}{3})\times x=1, \ x=\dfrac{4}{3}$$

따라서 1시간 20분이 걸린다.

11 지난 주 K사의 신입사원 채용이 완료되었다. 신입사원 120명이 새롭게 채용되었고, 지원자의 남녀 성비는 5:4, 합격자의 남녀 성비는 7:5, 불합격자의 남녀 성비는 1:1이었다. 신입사원 채용 지원자의 총 수는 몇 명인가?

① 175명   ② 180명

③ 185명   ④ 190명

⑤ 195명

 합격자 120명 중, 남녀 비율이 7:5이므로 남자는 $120 \times \frac{7}{12}$ 명이 되고, 여자는 $120 \times \frac{5}{12}$ 가 된다. 따라서 남자 합격자는 70명, 여자 합격자는 50명이 된다. 지원자의 남녀 성비가 5:4이므로 남자를 $5x$, 여자를 $4x$로 치환할 수 있다. 이 경우, 지원자에서 합격자를 빼면 불합격자가 되므로 $(5x-70):(4x-50)=1:1$이 된다. 따라서 $x=20$이 된다. 그러므로 총 지원자의 수는 남자 100명(=5×20)과 여자 80명(=4×20)의 합인 180명이 된다.

12 서원이는 집에서 중학교까지 19km를 통학한다. 집으로부터 자전거로 30분 동안 달린 후 20분 동안 걸어서 중학교에 도착했다면 걷는 속도는 분당 몇 km인가? (단, 자전거는 분속 0.5km로 간다고 가정한다.)

① 0.2km   ② 0.4km

③ 0.6km   ④ 0.8km

⑤ 1km

 걷는 속도를 분당 x라 하면
$30 \times 0.5 + 20 \times x = 19$
$\therefore x = 0.2km$

13 정수는 6명의 친구들과 저녁 식사를 했다. 평균 한 사람당 12,000원씩 낸 것과 같다면 친구들은 얼마씩 낸 것인가? (단, 정수가 음료수 값도 함께 계산하기로 하여 24,000원을 먼저 내고, 나머지 친구들은 동일한 금액으로 나누어 냈다.)

① 8,500원
② 9,000원
③ 9,500원
④ 10,000원
⑤ 10,500원

 ㉠ 평균 한 사람당 12,000원이므로 총 금액은 12000×7=84,000원
㉡ 진표가 음료수 값까지 더 냈으므로 이 값을 제외한 금액은 84000−24000=60,000원
㉢ 친구 6명이서 나누어내므로, 60000÷6=10,000원

14 물통을 가득 채울 때 관 A의 경우 5시간, 관 B의 경우 7시간이 걸리고, 처음 1시간은 A관만 사용하여 물통에 물을 채우고, 이후의 시간동안은 A관과 B관을 동시에 사용하여 물통에 물을 채웠을 때, 물통에 물이 가득 찰 때까지 몇 시간이 걸리는가?

① 2시간 20분
② 2시간 40분
③ 3시간 20분
④ 3시간 40분
⑤ 4시간 20분

 물통의 용량을 1이라 할 때, A관은 시간당 $\frac{1}{5}$ 만큼, B관은 시간당 $\frac{1}{7}$ 만큼의 물이 채워진다.
처음 1시간은 A관만 사용하고, 이후의 시간은 A, B관 모두 사용하였으므로 이후의 시간을 t 라 할 때, $\frac{1}{5}+t(\frac{1}{5}+\frac{1}{7})=1$, $t=\frac{7}{3}=2$시간20분
∴ 물통이 가득 찰 때까지 걸리는 시간은 3시간 20분이다.

15 미정이의 올해 연봉은 작년에 비해 20% 인상되고 500만 원의 성과급을 받았는데 이 금액은 60%의 연봉을 인상한 것과 같다면 올해 연봉은 얼마인가?

① 1,400만 원
② 1,500만 원
③ 1,600만 원
④ 1,700만 원
⑤ 1,800만 원

 작년 연봉을 x 라 할 때,
$1.2x+500=1.6x$
$x=1,250$, 올해 연봉은 $1,250×1.2=1,500$(만 원)

16 두 자리의 자연수에 대하여 각 자리의 숫자의 합은 11이고, 이 자연수의 십의 자리 숫자와 일의 자리 숫자를 바꾼 수의 3배 보다 5 큰 수는 처음 자연수와 같다고 한다. 처음 자연수의 십의 자리 숫자는?

① 9

② 7

③ 5

④ 3

⑤ 1

 십의 자리 숫자를 x, 일의 자리 숫자를 y라고 할 때,

$x+y=11 \cdots \bigcirc$

$3(10y+x)+5=10x+y \cdots \bigcirc$

$\bigcirc$을 전개하여 정리하면 $-7x+29y=-5$이므로

$\bigcirc \times 7 + \bigcirc$을 계산하면 $36y=72$

따라서 $y=2$, $x=9$이다.

17 갑동이는 올해 10살이다. 엄마의 나이는 갑동이와 누나의 나이를 합한 값의 두 배이고, 3년 후의 엄마의 나이는 누나의 나이의 세 배일 때, 올해 누나의 나이는 얼마인가?

① 12세

② 13세

③ 14세

④ 15세

⑤ 16세

누나의 나이를 x, 엄마의 나이를 y라 하면,

$2(10+x)=y$

$3(x+3)=y+3$

두 식을 연립하여 풀면,

$x=14(세)$

Answer 13.④ 14.③ 15.② 16.① 17.③

18 다음은 도표의 작성절차에 대한 설명이다. 밑줄 친 ㉠~㉤ 중 올바르지 않은 설명을 모두 고른 것은 어느 것인가?

---

1) 어떠한 도표로 작성할 것인지를 결정

업무수행 과정에서 도표를 작성할 때에는 우선 주어진 자료를 면밀히 검토하여 어떠한 도표를 활용하여 작성할 것인지를 결정한다. 도표는 목적이나 상황에 따라 올바르게 활용할 때 실효를 거둘 수 있으므로 우선적으로 어떠한 도표를 활용할 것인지를 결정하는 일이 선행되어야 한다.

2) 가로축과 세로축에 나타낼 것을 결정

주어진 자료를 활용하여 가로축과 세로축에 무엇을 나타낼 것인지를 결정하여야 한다. 일반적으로 ㉠가로축에는 수량(금액, 매출액 등), 세로축에는 명칭구분(연, 월, 장소 등)을 나타내며 ㉡축의 모양은 T 자형이 일반적이다.

3) 가로축과 세로축의 눈금의 크기를 결정

주어진 자료를 가장 잘 표현할 수 있도록 가로축과 세로축의 눈금의 크기를 결정하여야 한다. 한 눈금의 크기가 너무 크거나 작으면 자료의 변화를 잘 표현할 수 없으므로 자료를 가장 잘 표현할 수 있도록 한 눈금의 크기를 정하는 것이 바람직하다.

4) 자료를 가로축과 세로축이 만나는 곳에 표시

자료 각각을 결정된 축에 표시한다. 이 때 ㉢가로축과 세로축이 교차하는 곳에 정확히 표시하여야 정확한 그래프를 작성할 수 있으므로 주의하여야 한다.

5) 표시된 점에 따라 도표 작성

표시된 점들을 활용하여 실제로 도표를 작성한다. ㉣선 그래프라면 표시된 점들을 선분으로 이어 도표를 작성하며, ㉤막대그래프라면 표시된 점들을 활용하여 막대를 그려 도표를 작성하게 된다.

6) 도표의 제목 및 단위 표시

도표를 작성한 후에는 도표의 상단 혹은 하단에 제목과 함께 단위를 표기한다.

---

① ㉠, ㉡

② ㉠, ㉢

③ ㉠, ㉡, ㉢

④ ㉠, ㉢, ㉣

⑤ ㉢, ㉣, ㉤

 ㉠ [×] 가로축에는 명칭구분(연, 월, 장소 등), 세로축에는 수량(금액, 매출액 등)을 나타낸다.
㉡ [×] 축의 모양은 L자형이 일반적이다.

19 업무를 수행할 때 활용하는 통계를 작성함으로써 얻을 수 있는 이점이 아닌 것은 어느 것인가?

① 통계는 많은 수량적 자료를 처리가능하고 쉽게 이해할 수 있는 형태로 축소한다.

② 표본을 통해 연구대상 집단의 특성을 유추할 수 있다.

③ 의사결정의 보조수단으로 활용할 수 있다.

④ 어떤 사람의 재산, 한라산의 높이 등 어떤 개체에 관한 구체적 사항을 알 수 있다.

⑤ 관찰 가능한 자료를 통해 논리적으로 어떠한 결론을 추출, 검증할 수 있다.

 통계는 집단의 현상에 관한 것으로서, 어떤 사람의 재산이나 한라산의 높이 등, 특정 개체에 관한 수적 기술은 아무리 구체적이더라도 통계라고 하지 않는다.

20 다음은 다양한 그래프의 종류와 그 활용 사례를 정리한 도표이다. 그래프의 종류에 맞는 활용 사례가 아닌 것은 어느 것인가?

종류	활용 방법	활용 사례
㉠ 원 그래프	내역이나 내용의 구성비를 분할하여 나타내고자 할 때	제품별 매출액 구성비
㉡ 점 그래프	지역분포를 비롯하여 도시, 지방, 기업, 상품 등의 평가나 위치, 성격을 표시	광고비율과 이익률의 관계
㉢ 층별 그래프	합계와 각 부분의 크기를 백분율로 나타내고 시간적 변화를 보고자 할 때	상품별 매출액 추이
㉣ 막대그래프	비교하고자 하는 수량을 막대 길이로 표시하고, 그 길이를 비교하여 각 수량 간의 대소 관계를 나타내고자 할 때	연도별 매출액 추이 변화
㉤ 방사형 그래프	다양한 요소를 비교하거나 경과를 나타낼 때	매출액의 계절변동

① ㉠

② ㉡

③ ㉢

④ ㉣

⑤ ㉤

 막대그래프는 가장 많이 쓰이는 그래프이며, 영업소별 매출액, 성적별 인원분포 등의 자료를 한 눈에 알아볼 수 있게 하기 위한 그래프이다. 주어진 연도별 매출액 추이 변화와 같은 '추이'를 알아보기 위해서는 꺾은선 그래프가 가장 적절한 종류이다.

Answer → 18.① 19.④ 20.④

21 다음 중 그래프로 자료를 작성할 때의 주의사항으로 올바른 설명을 〈보기〉에서 모두 고른 것은 어느 것인가?

> 〈보기〉
> ㉠ 해당 자료의 가로, 세로축을 나타내는 수치의 의미를 범례로 제시한다.
> ㉡ 사용된 수치 중 가장 중요하게 나타내고자 하는 자료의 단위만을 제시한다.
> ㉢ 축의 단위는 해당 수치의 범위가 모두 포함될 수 있도록 제시한다.
> ㉣ 무엇을 의미하는 그래프인지를 알 수 있도록 제목을 반드시 제시한다.

① ㉡, ㉢, ㉣
② ㉠, ㉢, ㉣
③ ㉠, ㉡, ㉣
④ ㉠, ㉡, ㉢
⑤ ㉠, ㉡, ㉢, ㉣

 ㉠ [O] 가로와 세로의 수치가 의미하는 내용은 범례를 통해서 표현할 수 있다.
㉡ [×] 그래프나 도표 작성 시, 사용된 모든 수치의 단위를 표기해 주어야 한다.
㉢ [O] 데이터의 수치들에 해당하는 축의 단위 표시가 없는 경우 모든 데이터가 표시될 수 없으므로 축의 단위는 충분하게 설정하여야 한다.
㉣ [O] 그래프의 제목을 붙이는 것은 그래프 작성의 가장 기본적인 사항이다.

22 다음 ㉠~㉣ 중 연산결과를 확인할 수 있는 두 가지 검산 방법에 대한 올바른 설명을 찾아 짝지은 것은 어느 것인가?

> ㉠ 큰 수로부터 작은 수로 계산해 나가는 연역연산방법이 된다.
> ㉡ 덧셈은 뺄셈으로, 곱셈은 나눗셈으로 확인하는 역연산 방법이 있다.
> ㉢ 결과값으로부터 원인값을 찾아보는 인과연산법이 있다.
> ㉣ 9를 버린다는 의미로, 9를 버리고 남은 수로 계산하는 구거법이 있다.

① ㉠, ㉡
② ㉡, ㉢
③ ㉢, ㉣
④ ㉠, ㉢
⑤ ㉡, ㉣

 연역연산방법, 인과연산법은 존재하지 않는 검산 방법이며, 연산결과를 확인하는 두 가지 검산 방법으로는 언급된 ㉡의 역연산 방법과 ㉣의 구거법이 있다.

23 다음은 K공사의 각 지점별 남녀 직원의 비율을 나타낸 자료이다. 자료를 참고할 때, 다음 중 올바른 설명이 아닌 것은 어느 것인가?

구분	A 지점	B 지점	C 지점	D 지점
남직원(%)	48	45	54	40
여직원(%)	52	55	46	60

① 여직원 대비 남직원의 비율은 C 지점이 가장 높고 D 지점이 가장 낮다.

② C 지점의 남직원은 D 지점의 여직원보다 그 수가 더 적다.

③ B 지점과 D 지점의 남직원 수의 합은 여직원 수의 합보다 적다.

④ A 지점과 D 지점의 전체 인원수가 같다면 A, B 지점 전체에서 남직원이 차지하는 비율은 44%이다.

⑤ 남직원 1인당 여직원의 수는 D 지점이 가장 많다.

 각 지점 전체의 인원수를 알 수 없으므로 비율이 아닌 지점 간의 인원수를 직접 비교할 수는 없다.

① 여직원 대비 남직원의 비율은 남직원 수÷여직원 수로 계산되므로 C지점이 가장 높고 D지점이 가장 낮다.

③ B지점, C지점 모두 남직원의 비율이 여직원의 비율보다 낮으므로 두 곳을 더해도 남녀 직원 수의 많고 적음은 비율의 크고 작음과 동일하다.

④ 두 지점의 인원수가 같다면 비율의 평균을 구해서 확인할 수도 있고, 계산이 편리한 인원수를 대입하여 계산해 볼 수도 있다. 각각 총 인원이 100명이라면 남직원은 200명 중 88명인 것이므로 44%가 된다.

⑤ 남직원 1인당 여직원의 수는 '여직원 수÷남직원 수로 계산되므로 D지점이 60 ÷ 40 = 1.5로 가장 많음을 알 수 있다.

Answer↪ 21.② 22.⑤ 23.②

24 다음은 서울 시민의 '이웃에 대한 신뢰도'를 나타낸 자료이다. 다음 자료를 올바르게 분석하지 못한 것은 어느 것인가?

(단위 : %, 10점 만점)

구분		신뢰하지 않음 (%)	보통(%)	신뢰함(%)	평점
전체		18.9	41.1	40.0	5.54
성	남성	18.5	42.2	39.3	5.54
	여성	19.2	40.1	40.7	5.54
연령	10대	22.6	38.9	38.5	5.41
	20대	21.8	41.6	36.5	5.35
	30대	18.9	42.8	38.2	5.48
	40대	18.8	42.4	38.8	5.51
	50대	17.0	42.0	41.1	5.65
	60세 이상	17.2	38.2	44.6	5.70

① 서울 시민 10명 중 4명은 이웃을 신뢰한다.

② 이웃을 신뢰하는 사람의 비중과 평점의 연령별 증감 추이는 동일하지 않다.

③ 20대 이후 연령층에서는 고령자일수록 이웃을 신뢰하는 사람의 비중이 더 높다.

④ 남성과 여성은 같은 평점을 주었으나, 이웃을 신뢰하는 사람의 비중은 남성이 1%p 이상 낮다.

⑤ 이웃을 신뢰하지 않는 사람의 비중은 10대에서 가장 높게 나타나고 있다.

 이웃을 신뢰하는 사람의 비중은 20대(36.5%)가 10대(38.5%)보다 낮으며, 20대 이후에는 연령이 높아질수록 각 연령대별로 신뢰하는 사람의 비중이 커졌다. 이러한 추이는 연령별 평점의 증감 추이와도 일치하고 있음을 알 수 있다.

25 다음은 학생별 독서량에 관한 자료이다. 다음 중 갑의 독서량과 해당 독서량이 전체에서 차지하는 비율로 묶여진 것은? (단, 여섯 학생의 평균 독서량은 을의 독서량보다 3배 많다.)

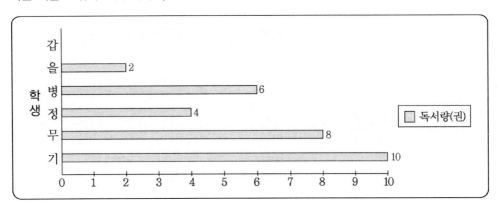

	갑의 독서량	갑의 독서량이 전체에서 차지하는 비율
①	4권	14.5%
②	5권	15.9%
③	6권	16.7%
④	7권	17.2%
⑤	8권	18.3%

- 총 학생의 평균 독서량은 을의 독서량의 3배이므로, $2 \times 3 = 6$권이 된다.
- 갑의 독서량을 x라 하면, $\dfrac{x+2+6+4+8+10}{6} = 6$, ∴ $x = 6$(권)
- 갑의 독서량이 전체에서 차지하는 비율 : $\dfrac{6}{6+2+6+4+8+10} \times 100 ≒ 16.7\%$

Answer → 24.② 25.③

26 다음은 일산 도로에 관한 자료이다. 산업용 도로 4km와 산업관광용 도로 5km의 건설비의 합은 얼마인가?

분류	도로수	총길이	건설비
관광용 도로	5	30km	30억
산업용 도로	7	60km	300억
산업관광용 도로	9	100km	400억
합계	21	283km	730억

① 20억 원   ② 30억 원
③ 40억 원   ④ 50억 원
⑤ 60억 원

  ㉠ 산업용 도로 4km의 건설비＝(300÷60)×4＝20억 원
　　　 ㉡ 산업관광용 도로 5km의 건설비＝(400÷100)×5＝20억 원
　　　 ∴ 24＋20＝40억 원

27 다음 자료에 대한 판단으로 올바른 것은 어느 것인가?

<연도별 자전거 도로 현황>

(단위 : 개, km)

구분	자전거 전용도로		자전거-보행자 겸용도로		자전거 전용차로	
	노선 수	총 길이	노선 수	총 길이	노선 수	총 길이
2009년	471	1,428	4,109	9,770	67	189
2010년	622	1,841	4,687	10,960	83	235
2011년	599	2,353	4,764	12,534	126	420
2012년	932	2,975	5,269	13,432	190	659
2013년	1,015	3,222	5,766	14,233	188	826
2014년	1,001	3,099	7,936	14,912	251	613

* 자전거 전용차로는 차량과 도로가 함께 통행하나, 통행 구간이 구분되어 있는 차로
* 평균 길이는 총 길이를 노선 수로 나눈 값을 의미함

① 세 종류의 도로(차로) 모두 해마다 노선 수가 증가하였다.
② 자전거 전용도로의 총 길이가 가장 크게 증가한 해는 2011년이다.
③ 자전거-보행자 겸용도로의 2014년 평균 길이는 2013년보다 1km 이상 줄어들었다.
④ 자전거 전용차로의 2009년 대비 2014년의 증감률은 노선 수보다 총 길이가 더 크다.
⑤ 세 종류의 도로(차로) 노선 수의 합은 해마다 증가하였다.

 세 종류의 도로(차로) 노선 수의 합은 2009년부터 4,647개→5,392개→5,489개→6,391
개→6,969개→9,188개로 해마다 증가하였다.
① 해마다 노선 수가 지속 증가한 것은 자전거-보행자 겸용도로뿐이다.
② 자전거 전용도로의 총 길이가 가장 크게 증가한 해는 2,975 − 2,353 = 622km가 증가
한 2012년이다.
③ 2013년의 평균 길이는 14,233 ÷ 5,766 ≒ 2.47km이며, 2014년의 경우엔 14,912 ÷
7,936 ≒ 1.88km로 약 0.59km 줄어들었다.
④ 노선 수의 증감률은 $\frac{251-67}{67} \times 100 ≒ 275(\%)$이며, 총 길이의 증감률은 $\frac{613-189}{189} \times 100$
≒ 224(%)가 된다.

Answer➔ 26.③ 27.⑤

28 세계 각국의 경제성장률을 조사한 자료이다. 다음 자료에 대한 올바른 해석을 〈보기〉에서 모두 고른 것은 어느 것인가?

〈세계 경제성장률〉

(단위 : %)

	2016	2017	2018	2019
전 세계	3.2	3.7	3.9	3.9
선진국	1.7	2.4	2.4	2.2
미국	1.5	2.3	2.9	2.7
유로지역	1.8	2.4	2.2	1.9
일본	1.0	1.7	1.0	0.9
신흥 · 개도국	4.4	4.7	4.9	5.1

〈신흥 시장국 경제성장률〉

(단위 : %)

지역 단위	2016	2017	2018	2019
중국	6.7	6.9	6.6	6.4
브라질	-3.5	1.0	1.8	2.5
러시아	-0.2	1.5	1.7	1.5
인도	7.1	6.7	7.3	7.5
ASEAN-5	4.9	5.3	5.3	5.3

〈보기〉

㉠ 2016~2019년 기간 동안 경제성장률의 평균 변동 폭이 가작 적고 안정적인 기조를 유지한 지역단위는 중국이다.

㉡ 2019년의 세계 경제성장은 신흥 · 개도국의 성장세에 힘입어 2018년과 같은 수준으로 유지되었다.

㉢ 2016~2019년 기간 동안의 연평균 경제성장률은 인도, 중국, ASEAN-5의 순으로 높다.

㉣ 2016년 대비 2019년의 전 세계 경제성장률 증감률은 약 22%이며, 이것은 선진국보다 더 높은 신흥 · 개도국의 경제성장률 증감률에 힘입은 결과로 볼 수 있다.

① ㉡, ㉢   ② ㉡, ㉣

③ ㉠, ㉢   ④ ㉠, ㉣

⑤ ㉢, ㉣

㉠ [×] 2016~2019년 동안 총 0.4%p의 변동 폭만을 보인 ASEAN-5가 가장 경제성장률에 변동 없이 안정적 기조를 유지하고 있는 지역 단위이다.

㉡ [○] 2019년 세계 경제성장률은 전년과 같은 3.9%를 유지한 것으로 파악되고 있으며 이는 선진국들의 전망치 하락에도 불구하고 신흥·개도국의 성장세에 의한 것으로 볼 수 있다.

㉢ [○] 연평균 경제성장률은 인도가 약 7.15%, 중국이 약 6.65%, ASEAN-5가 약 5.2%이다.

㉣ [×] 2016년 대비 2019년의 선진국의 경제성장률 증감률은 약 29.4%이나, 신흥·개도국은 약 15.9%에 그치고 있어 전 세계의 경제성장률 증감률이 신흥·개도국의 경제성장률 증감률에 힘입은 결과로 볼 수는 없다.

29 A씨는 30 % 할인 행사 중인 백화점에 갔다. 매장에 도착하니 당일 구매물품의 정가 총액에 따라 아래의 〈혜택〉 중 하나를 택할 수 있다고 한다. 정가 10만원짜리 상의와 15만원짜리 하의를 구입하고자 한다. 옷을 하나 이상 구입하여 일정 혜택을 받고 교통비를 포함해 총비용을 계산할 때, 〈보기〉의 설명 중 옳은 것을 모두 고르면? (단, 1회 왕복교통비는 5천원이고, 소요시간 등 기타사항은 금액으로 환산하지 않는다)

〈혜택〉

• 추가할인 : 정가 총액이 20만 원 이상이면, 할인된 가격의 5%를 추가로 할인
• 할인쿠폰 : 정가 총액이 10만 원 이상이면, 세일기간이 아닌 기간에 사용할 수 있는 40% 할인권 제공

〈보기〉

㉠ 오늘 상·하의를 모두 구입하는 것이 가장 싸게 구입하는 방법이다.
㉡ 상·하의를 가장 싸게 구입하면 17만 원 미만의 비용이 소요된다.
㉢ 상·하의를 가장 싸게 구입하는 경우와 가장 비싸게 구입하는 경우의 비용 차이는 1회 왕복 교통비 이상이다.
㉣ 오늘 하의를 구입하고, 세일기간이 아닌 기간에 상의를 구입하면 17만 5천 원이 든다.

---

① ㉠㉡
② ㉠㉢
③ ㉡㉢
④ ㉢㉣
⑤ ㉡㉢㉣

 갑씨가 선택할 수 있는 방법은 총 세 가지이다.
• 오늘 상·하의를 모두 구입하는 방법(추가할인적용)
$(250,000 \times 0.7) \times 0.95 + 5,000 = 171,250(원)$
• 오늘 상의를 구입하고, 세일기간이 아닌 기간에 하의를 구입하는 방법(할인쿠폰사용)
$(100,000 \times 0.7) + (150,000 \times 0.6) + 10,000 = 170,000(원)$
• 오늘 하의를 구입하고, 세일기간이 아닌 기간에 상의를 구입하는 방법(할인쿠폰사용)
$(150,000 \times 0.7) + (100,000 \times 0.6) + 10,000 = 175,000(원)$
∴ ㉠ 가장 싸게 구입하는 방법은 오늘 상의를 구입하고, 세일기간이 아닌 기간에 하의를 구입하는 것이다.
　㉡ 상·하의를 가장 싸게 구입하면 17만 원의 비용이 소요된다.

30 지헌이는 생활이 어려워 수집했던 고가의 피규어를 인터넷 경매를 통해 판매하려고 한다. 경매 방식과 규칙, 예상 응찰 현황이 다음과 같을 때, 경매 결과를 바르게 예측한 것은?

> • 경매 방식 : 각 상품은 따로 경매하거나 묶어서 경매
> • 경매 규칙
> – 낙찰자 : 최고가로 입찰한 자
> – 낙찰가 : 두 번째로 높은 입찰가
> – 두 상품을 묶어서 경매할 경우 낙찰가의 5%를 할인해 준다.
> – 입찰자는 낙찰가의 총액이 100,000원을 초과할 경우 구매를 포기한다.
> • 예상 응찰 현황
>
> | 입찰자 | A 입찰가 | B 입찰가 | 합계 |
> |---|---|---|---|
> | 甲 | 20,000 | 50,000 | 70,000 |
> | 乙 | 30,000 | 40,000 | 70,000 |
> | 丙 | 40,000 | 70,000 | 110,000 |
> | 丁 | 50,000 | 30,000 | 80,000 |
> | 戊 | 90,000 | 10,000 | 100,000 |
> | 己 | 40,000 | 80,000 | 120,000 |
> | 庚 | 10,000 | 20,000 | 30,000 |
> | 辛 | 30,000 | 10,000 | 40,000 |

① 두 상품을 묶어서 경매한다면 낙찰자는 己이다.

② 경매 방식에 상관없이 지헌이의 예상 수입은 동일하다.

③ 두 상품을 따로 경매한다면 얻는 수입은 120,000원이다.

④ 두 상품을 따로 경매한다면 A의 낙찰자는 丁이다.

⑤ 낙찰가의 총액이 100,000원이 넘을 경우 낙찰받기 유리하다.

 ③ 두 상품을 따로 경매한다면 A는 戊에게 50,000원에, B는 己에게 70,000원에 낙찰되므로 얻는 수입은 120,000원이다.

① 두 상품을 묶어서 경매한다면 최고가 입찰자는 己이다. 己가 낙찰 받는 금액은 110,000원으로 5% 할인을 해주어도 그 금액이 100,000원이 넘는다. 입찰자는 낙찰가의 총액이 100,000원을 초과할 경우 구매를 포기한다는 조건에 의해 己는 구매를 포기하게 되므로 낙찰자는 丙이 된다.

② 지헌이가 얻을 수 있는 예상 수입은 두 상품을 따로 경매할 경우 120,000원, 두 상품을 묶어서 경매할 경우 95,000원으로 동일하지 않다.

④ 두 상품을 따로 경매한다면 A의 낙찰자는 戊이다.

⑤ 입찰자는 낙찰가의 총액이 100,000원을 초과할 경우 구매를 포기한다.

Answer ☞ 29.④ 30.③

04 자원관리능력

※ (신입)경영 · 회계 · 사무(법정/상경)
※ (신입)발전설비운영(기계/전기/비파괴)

1 자원과 자원관리

(1) 자원

① 자원의 종류 … 시간, 돈, 물적자원, 인적자원

② 자원의 낭비요인 … 비계획적 행동, 편리성 추구, 자원에 대한 인식 부재, 노하우 부족

(2) 자원관리 기본 과정

① 필요한 자원의 종류와 양 확인

② 이용 가능한 자원 수집하기

③ 자원 활용 계획 세우기

④ 계획대로 수행하기

■ 예제 1

당신은 A출판사 교육훈련 담당자이다. 조직의 효율성을 높이기 위해 전사적인 시간관리에 대한 교육을 실시하기로 하였지만 바쁜 일정 상 직원들을 집합교육에 동원할 수 있는 시간은 제한적이다. 다음 중 귀하가 최우선의 교육 대상으로 삼아야 하는 것은 어느 부분인가?

구분	긴급한 일	긴급하지 않은 일
중요한 일	제1사분면	제2사분면
중요하지 않은 일	제3사분면	제4사분면

[출제의도]
주어진 일들을 중요도와 긴급도에 따른 시간관리 매트릭스에서 우선순위를 구분할 수 있는가를 측정하는 문항이다.

[해설]
교육훈련에서 최우선 교육대상으로 삼아야 하는 것은 긴급하지 않지만 중요한 일이다. 이를 긴급하지 않다고 해서 뒤로 미루다보면 급박하게 처리해야하는 업무가 증가하여 효율적인 시간관리가 어려워진다.

① 중요하고 긴급한 일로 위기사항이나 급박한 문제, 기간이 정해진 프로젝트 등이 해당되는 제1사분면
② 긴급하지는 않지만 중요한 일로 인간관계구축이나 새로운 기회의 발굴, 중장기 계획 등이 포함되는 제2사분면
③ 긴급하지만 중요하지 않은 일로 잠깐의 급한 질문, 일부 보고서, 눈 앞의 급박한 사항이 해당되는 제3사분면
④ 중요하지 않고 긴급하지 않은 일로 하찮은 일이나 시간낭비거리, 즐거운 활동 등이 포함되는 제4사분면

구분	긴급한 일	긴급하지 않은 일
중요한 일	위기사항, 급박한 문제, 기간이 정해진 프로젝트	인간관계구축, 새로운 기회의 발굴, 중장기계획
중요하지 않은 일	잠깐의 급한 질문, 일부 보고서, 눈앞의 급박한 사항	하찮은 일, 우편물, 전화, 시간낭비거리, 즐거운 활동

답 ②

2 자원관리능력을 구성하는 하위능력

(1) 시간관리능력

① 시간의 특성
　㉠ 시간은 매일 주어지는 기적이다.
　㉡ 시간은 똑같은 속도로 흐른다.
　㉢ 시간의 흐름은 멈추게 할 수 없다.
　㉣ 시간은 꾸거나 저축할 수 없다.
　㉤ 시간은 사용하기에 따라 가치가 달라진다.

② 시간관리의 효과
　㉠ 생산성 향상
　㉡ 가격 인상
　㉢ 위험 감소
　㉣ 시장 점유율 증가

③ 시간계획

　㉠ 개념 : 시간 자원을 최대한 활용하기 위하여 가장 많이 반복되는 일에 가장 많은 시간을 분배하고, 최단시간에 최선의 목표를 달성하는 것을 의미한다.

　㉡ 60 : 40의 Rule

계획된 행동 (60%)	계획 외의 행동 (20%)	자발적 행동 (20%)
총 시간		

예제 2

유아용품 홍보팀의 사원 은이씨는 일산 킨텍스에서 열리는 유아용품박람회에 참여하고자 한다. 당일 회의 후 출발해야 하며 회의 종료 시간은 오후 3시이다.

장소	일시
일산 킨텍스 제2전시장	2016. 1. 20(금) PM 15:00~19:00 * 입장가능시간은 종료 2시간 전까지

오시는 길
지하철 : 4호선 대화역(도보 30분 거리)
버스 : 8109번, 8407번(도보 5분 거리)

• 회사에서 버스정류장 및 지하철역까지 소요시간

출발지	도착지		소요시간
회사	×× 정류장	도보	15분
		택시	5분
	지하철역	도보	30분
		택시	10분

• 일산 킨텍스 가는 길

교통편	출발지	도착지	소요시간
지하철	강남역	대화역	1시간 25분
버스	×× 정류장	일산 킨텍스 정류장	1시간 45분

위의 제시 상황을 보고 은이씨가 선택할 교통편으로 가장 적절한 것은?

① 도보 – 지하철　　　　② 도보 – 버스
③ 택시 – 지하철　　　　④ 택시 – 버스

[출제의도]
주어진 여러 시간정보를 수집하여 실제 업무 상황에서 시간자원을 어떻게 활용할 것인지 계획하고 할당하는 능력을 측정하는 문항이다.
[해설]
④ 택시로 버스정류장까지 이동해서 버스를 타고 가게 되면 택시(5분), 버스(1시간 45분), 도보(5분)으로 1시간 55분이 걸린다.
① 도보-지하철 : 도보(30분), 지하철(1시간 25분), 도보(30분)이므로 총 2시간 25분이 걸린다.
② 도보-버스 : 도보(15분), 버스(1시간 45분), 도보(5분)이므로 총 2시간 5분이 걸린다.
③ 택시-지하철 : 택시(10분), 지하철(1시간 25분), 도보(30분)이므로 총 2시간 5분이 걸린다.

답 ④

(2) 예산관리능력

① 예산과 예산관리

　㉠ 예산 : 필요한 비용을 미리 헤아려 계산하는 것이나 그 비용

　㉡ 예산관리 : 활동이나 사업에 소요되는 비용을 산정하고, 예산을 편성하는 것뿐만 아니라 예산을 통제하는 것 모두를 포함한다.

② 예산의 구성요소

비용	직접비용	재료비, 원료와 장비, 시설비, 여행(출장) 및 잡비, 인건비 등
	간접비용	보험료, 건물관리비, 광고비, 통신비, 사무비품비, 각종 공과금 등

③ 예산수립 과정 … 필요한 과업 및 활동 구명 → 우선순위 결정 → 예산 배정

예제 3

당신은 가을 체육대회에서 총무를 맡으라는 지시를 받았다. 다음과 같은 계획에 따라 예산을 진행하였으나 확보된 예산이 생각보다 적게 되어 불가피하게 비용항목을 줄여야 한다. 다음 중 귀하가 비용 항목을 없애기에 가장 적절한 것은 무엇인가?

〈○○산업공단 춘계 1차 워크숍〉

1. 해당부서 : 인사관리팀, 영업팀, 재무팀
2. 일　　정 : 2016년 4월 21일~23일(2박 3일)
3. 장　　소 : 강원도 속초 ○○연수원
4. 행사내용 : 바다열차탑승, 체육대회, 친교의 밤 행사, 기타

① 숙박비　　　　　　　② 식비
③ 교통비　　　　　　　④ 기념품비

[출제의도]
업무에 소요되는 예산 중 꼭 필요한 것과 예산을 감축해야할 때 삭제 또는 감축이 가능한 것을 구분해내는 능력을 묻는 문항이다.
[해설]
한정된 예산을 가지고 과업을 수행할 때에는 중요도를 기준으로 예산을 사용한다. 위와 같이 불가피하게 비용 항목을 줄여야 한다면 기본적인 항목인 숙박비, 식비, 교통비는 유지되어야 하기에 항목을 없애기 가장 적절한 정답은 ④번이 된다.

답 ④

(3) 물적관리능력

① 물적자원의 종류
　　㉠ **자연자원** : 자연상태 그대로의 자원 **예** 석탄, 석유 등
　　㉡ **인공자원** : 인위적으로 가공한 자원 **예** 시설, 장비 등

② **물적자원관리** … 물적자원을 효과적으로 관리할 경우 경쟁력 향상이 향상되어 과제 및 사업의 성공으로 이어지며, 관리가 부족할 경우 경제적 손실로 인해 과제 및 사업의 실패 가능성이 커진다.

③ 물적자원 활용의 방해요인
　　㉠ 보관 장소의 파악 문제
　　㉡ 훼손
　　㉢ 분실

④ 물적자원관리 과정

과정	내용
사용 물품과 보관 물품의 구분	• 반복 작업 방지 • 물품활용의 편리성
동일 및 유사 물품으로의 분류	• 동일성의 원칙 • 유사성의 원칙
물품 특성에 맞는 보관 장소 선정	• 물품의 형상 • 물품의 소재

예제 4

S호텔의 외식사업부 소속인 K씨는 예약일정 관리를 담당하고 있다. 아래의 예약일정과 정보를 보고 K씨의 판단으로 옳지 않은 것은?

<S호텔 일식 뷔페 1월 ROOM 예약 일정>

* 예약 : ROOM 이름(시작시간)

SUN	MON	TUE	WED	THU	FRI	SAT
					1	2
					백합(16)	장미(11) 백합(15)
3	4	5	6	7	8	9
라일락(15)		백향목(10) 백합(15)	장미(10) 백향목(17)	백합(11) 라일락(18)	백향목(15)	장미(10) 라일락(15)

ROOM 구분	수용가능인원	최소투입인력	연회장 이용시간
백합	20	3	2시간
장미	30	5	3시간
라일락	25	4	2시간
백향목	40	8	3시간

- 오후 9시에 모든 업무를 종료함
- 한 타임 끝난 후 1시간씩 세팅 및 정리
- 동 시간 대 서빙 투입인력은 총 10명을 넘을 수 없음

안녕하세요, 1월 첫째 주 또는 둘째 주에 신년회 행사를 위해 ROOM을 예약하려고 하는데요, 저희 동호회의 총 인원은 27명이고 오후 8시쯤 마무리하려고 합니다. 신정과 주말, 월요일은 피하고 싶습니다. 예약이 가능할까요?

① 인원을 고려했을 때 장미ROOM과 백향목ROOM이 적합하겠군.
② 만약 2명이 안 온다면 예약 가능한 ROOM이 늘어나겠구나.
③ 조건을 고려했을 때 예약 가능한 ROOM은 5일 장미ROOM뿐이겠구나.
④ 오후 5시부터 8시까지 가능한 ROOM을 찾아야해.

[출제의도]
주어진 정보와 일정표를 토대로 이용 가능한 물적자원을 확보하여 이를 정확하게 안내할 수 있는 능력을 측정하는 문항이다. 고객이 제공한 정보를 정확하게 파악하고 그 조건 안에서 가능한 자원을 제공할 수 있어야 한다.

[해설]
③ 조건을 고려했을 때 5일 장미 ROOM과 7일 장미ROOM이 예약 가능하다.
① 참석 인원이 27명이므로 30명 수용 가능한 장미ROOM과 40명 수용 가능한 백향목ROOM 두 곳이 적합하다.
② 만약 2명이 안 온다면 총 참석 인원이 25명이므로 라일락ROOM, 장미ROOM, 백향목ROOM이 예약 가능하다.
④ 오후 8시에 마무리하려고 계획하고 있으므로 적절하다.

답 ③

(4) 인적자원관리능력

① **인맥** … 가족, 친구, 직장동료 등 자신과 직접적인 관계에 있는 사람들인 핵심인맥과 핵심 인맥들로부터 알게 된 파생인맥이 존재한다.

② **인적자원의 특성** … 능동성, 개발가능성, 전략적 자원

③ **인력배치의 원칙**

　㉠ **적재적소주의** : 팀의 효율성을 높이기 위해 팀원의 능력이나 성격 등과 가장 적합한 위치에 배치하여 팀원 개개인의 능력을 최대로 발휘해 줄 것을 기대하는 것

　㉡ **능력주의** : 개인에게 능력을 발휘할 수 있는 기회와 장소를 부여하고 그 성과를 바르게 평가하며 평가된 능력과 실적에 대해 그에 상응하는 보상을 주는 원칙

　㉢ **균형주의** : 모든 팀원에 대한 적재적소를 고려

④ **인력배치의 유형**

　㉠ **양적 배치** : 부문의 작업량과 조업도, 여유 또는 부족 인원을 감안하여 소요인원을 결정하여 배치하는 것

　㉡ **질적 배치** : 적재적소의 배치

　㉢ **적성 배치** : 팀원의 적성 및 흥미에 따라 배치하는 것

예제 5

최근 조직개편 및 연봉협상 과정에서 직원들의 불만이 높아지고 있다. 온갖 루머가 난무한 가운데 인사팀원인 당신에게 사내 게시판의 직원 불만사항에 대한 진위여부를 파악하고 대안을 세우라는 팀장의 지시를 받았다. 다음 중 당신이 조치를 취해야 하는 직원은 누구인가?

① 사원 A는 팀장으로부터 업무 성과가 탁월하다는 평가를 받았는데도 조직개편으로 인한 부서 통합으로 인해 승진을 못한 것이 불만이다.

② 사원 B는 회사가 예년에 비해 높은 영업 이익을 얻었는데도 불구하고 연봉 인상에 인색한 것이 불만이다.

③ 사원 C는 회사가 급여 정책을 변경해서 고정급 비율을 낮추고 기본급과 인센티브를 지급하는 제도로 바꾼 것이 불만이다.

④ 사원 D는 입사 동기인 동료가 자신보다 업무 실적이 좋지 않고 불성실한 근무태도를 가지고 있는데, 팀장과의 친분으로 인해 자신보다 높은 평가를 받은 것이 불만이다.

[출제의도]
주어진 직원들의 정보를 통해 시급하게 진위여부를 가리고 조치하여 인력배치를 해야 하는 사항을 확인하는 문제이다.

[해설]
사원 A, B, C는 각각 조직 정책에 대한 불만이기에 논의를 통해 조직적으로 대처하는 것이 옳지만, 사원 D는 팀장의 독단적인 전횡에 대한 불만이기 때문에 조사하여 시급히 조치할 필요가 있다. 따라서 가장 적절한 답은 ④번이 된다.

답 ④

출제예상문제

※ (신입)경영 · 회계 · 사무(법정/상경)
※ (신입)발전설비운영(기계/전기/비파괴)

1 다음 중 신입사원 인성씨가 해야 할 일을 시간관리 매트릭스 4단계로 구분한 것으로 잘못된 것은?

〈인성씨가 해야 할 일〉

㉠ 어제 못 본 드라마보기
㉡ 마감이 정해진 프로젝트
㉢ 인간관계 구축하기
㉣ 업무 보고서 작성하기
㉤ 회의하기
㉥ 자기개발하기
㉦ 상사에게 급한 질문하기

〈시간관리 매트릭스〉

	긴급함	긴급하지 않음
중요함	제1사분면	제2사분면
중요하지 않음	제3사분면	제4사분면

① 제1사분면 : ㉢
② 제2사분면 : ㉥
③ 제3사분면 : ㉣
④ 제3사분면 : ㉤
⑤ 제4사분면 : ㉠

〈시간관리 매트릭스〉

	긴급함	긴급하지 않음
중요함	㉡	㉢㉥
중요하지 않음	㉣㉤㉦	㉠

Answer ➵ 1.①

2 다음 중, 조직에서 인적자원이 예산이나 물적자원보다 중요한 이유로 적절하지 않은 것은 어느 것인가?

① 예산이나 물적자원을 활용하는 것이 바로 사람이기 때문이다.

② 인적자원은 수동적인 예산이나 물적자원에 비해 능동적이다.

③ 인적자원은 개발될 수 있는 많은 잠재능력과 자질을 보유하고 있다.

④ 조직의 영리 추구에 부합하는 이득은 인적자원에서 나온다.

⑤ 인적자원의 행동동기와 만족감은 경영관리에 의해 조건화되어 있다.

 조직의 영리 추구에 부합하는 이득은 인적자원뿐 아니라 시간, 돈, 물적자원과의 적절한 조화를 통해서 창출된다. 그러나 인적자원은 능동성, 개발가능성, 전략적 차원이라는 특성에서 예산이나 물적자원보다 중요성이 크다고 할 수 있다.

3 S사의 재고 물품 보관 창고에는 효율적인 물품 관리에 대한 기준이 마련되어 있다. 다음 중 이 기준에 포함될 내용으로 가장 적절하지 않은 것은 어느 것인가?

① 물품의 입고일을 기준으로 오래된 것은 안쪽에, 새로 입고된 물품은 출입구 쪽에 보관해야 한다.

② 동일한 물품은 한 곳에, 유사한 물품은 인접한 장소에 보관하고 동일성이 떨어지는 물품일수록 보관 장소도 멀리 배치한다.

③ 당장 사용해야 할 물품과 한동안 사용하지 않을 것으로 예상되는 물품을 구분하여 각기 다른 장소에 보관한다.

④ 물품의 재질을 파악하여 동일 재질의 물품을 한 곳에, 다른 재질의 물품을 다른 곳에 각각 보관한다.

⑤ 물품의 크기 및 형태를 감안하여 최적화된 공간 활용이 될 수 있도록 배치한다.

 물품 보관 시에는 사용 물품과 보관 물품의 구분, 동일 및 유사 물품으로의 분류, 물품 특성에 맞는 보관 장소 선정 등의 원칙을 따라야 한다. 보관의 가장 중요한 포인트는 '물품의 손쉽고 효과적인 사용'이 되어야 하므로, 단순히 입고일을 기준으로 물품을 보관하는 것은 특별히 필요한 경우가 아니라면 바람직한 물품 관리 기준이 될 수 없다.

4 한국산업은 네트워크상의 여러 서버에 분산되어 있는 모든 문서 자원을 발생부터 소멸까지 통합관리해주는 문서관리시스템을 도입하였다. 이 문서관리시스템의 장점으로 가장 거리가 먼 것은?

① 결재과정의 불필요한 시간, 인력, 비용의 낭비를 줄인다.

② 문서의 검색이 신속하고 정확해진다.

③ 결재문서를 불러서 재가공할 수 있어 기안작성의 효율을 도모한다.

④ 지역적으로 떨어져 있는 경우 컴퓨터를 이용해서 원격 전자 회의를 가능하게 한다.

⑤ 문서들의 정보를 찾기에 용이하다.

 그룹웨어(groupware) … 기업 등의 구성원들이 컴퓨터로 연결된 작업장에서, 서로 협력하여 업무를 수행하는 그룹 작업을 지원하기 위한 소프트웨어나 소프트웨어를 포함하는 구조를 말한다.

Answer↣ 2.④ 3.① 4.④

5 다음 ㉠~㉧ 중, 시간계획을 함에 있어 명심하여야 할 사항으로 적절하지 않은 설명을 모두 고른 것은 어느 것인가?

> ㉠ 자신에게 주어진 시간 중 적어도 60%는 계획된 행동을 해야 한다.
> ㉡ 계획은 다소 어렵더라도 의지를 담은 목표치를 반영한다.
> ㉢ 예정 행동만을 계획하는 것이 아니라 기대되는 성과나 행동의 목표도 기록한다.
> ㉣ 여러 일 중에서 어느 일이 가장 우선적으로 처리해야 할 것인가를 결정한다.
> ㉤ 유연하고 융통성 있는 시간계획을 정하기보다 가급적 변경 없이 계획대로 밀고 나갈 수 있어야 한다.
> ㉥ 예상 못한 방문객 접대, 전화 등의 사건으로 예정된 시간이 부족할 경우를 대비하여 여유시간을 확보한다.
> ㉦ 반드시 해야 할 일을 끝내지 못했을 경우, 다음 계획에 영향이 없도록 가급적 빨리 잊는다.
> ㉧ 자기 외의 다른 사람(비서, 부하, 상사)의 시간 계획을 감안하여 계획을 수립한다.

① ㉠, ㉡, ㉦
② ㉢, ㉤, ㉥
③ ㉡, ㉤, ㉦
④ ㉡, ㉢, ㉤
⑤ ㉣, ㉥, ㉧

 시간 관리를 효율적으로 하기 위하여 ㉡, ㉤, ㉦은 다음과 같이 수정되어야 한다.
㉡ 시간 배정을 계획하는 일이므로 무리한 계획을 세우지 말고, 실현 가능한 것만을 계획하여야 한다.
㉤ 시간계획은 유연하게 해야 한다. 시간계획은 그 자체가 중요한 것이 아니고, 목표달성을 위해 필요한 것이다.
㉦ 꼭 해야만 할 일을 끝내지 못했을 경우에는 차기 계획에 반영하여 끝내도록 하는 계획을 세우는 것이 바람직하다.

6 외국계 은행 서울지사에 근무하는 甲은 런던지사 乙, 시애틀지사 丙과 같은 프로젝트를 진행하면서 다음과 같이 영상업무회의를 진행하였다. 회의 시각은 런던을 기준으로 11월 1일 오전 9시라고 할 때, ㉠에 들어갈 일시는? (단 런던은 GMT+0, 서울은 GMT+9, 시애틀은 GMT−7을 표준시로 사용한다.)

> 甲 : 제가 프로젝트에서 맡은 업무는 오늘 오후 10시면 마칠 수 있습니다. 런던에서 받아서 1차 수정을 부탁드립니다.
>
> 乙 : 네, 저는 甲님께서 제시간에 끝내 주시면 다음날 오후 3시면 마칠 수 있습니다. 시애틀에서 받아서 마지막 수정을 부탁드립니다.
>
> 丙 : 알겠습니다. 저는 앞선 두 분이 제시간에 끝내 주신다면 서울을 기준으로 모레 오전 10시면 마칠 수 있습니다. 제가 업무를 마치면 프로젝트가 최종 마무리 되겠군요.
>
> 甲 : 잠깐, 다들 말씀하신 시각의 기준이 다른 것 같은데요? 저는 처음부터 런던을 기준으로 이해하고 말씀드렸습니다.
>
> 乙 : 저는 처음부터 시애틀을 기준으로 이해하고 말씀드렸는데요?
>
> 丙 : 저는 처음부터 서울을 기준으로 이해하고 말씀드렸습니다. 그렇다면 계획대로 진행될 때 서울을 기준으로 (㉠)에 프로젝트를 최종 마무리할 수 있겠네요.
>
> 甲, 乙 : 네, 맞습니다.

① 11월 2일 오후 3시　　　　② 11월 2일 오후 11시

③ 11월 3일 오전 10시　　　　④ 11월 3일 오후 3시

⑤ 11월 3일 오후 7시

 회의 시간이 런던을 기준으로 11월 1일 9시이므로, 이때 서울은 11월 1일 18시, 시애틀은 11월 1일 2시이다.

- 甲은 런던을 기준으로 말했으므로 甲이 프로젝트에서 맡은 업무를 마치는 시간은 런던 기준 11월 1일 22시로, 甲이 맡은 업무를 마치는 데 필요한 시간은 22 − 9 = 13시간이다.
- 乙은 시애틀을 기준으로 이해하고 말했으므로 乙은 甲이 말한 乙이 말한 다음날 오후 3시는 시애틀 기준 11월 2일 15시이다. 乙은 甲이 시애틀을 기준으로 11월 1일 22시에 맡은 일을 끝내 줄 것이라고 생각하였으므로, 乙이 맡은 업무를 마치는 데 필요한 시간은 2 + 15 = 17시간이다.
- 丙은 서울을 기준으로 말했으므로 丙이 말한 모레 오전 10시는 11월 3일 10시이다. 丙은 乙이 서울을 기준으로 11월 2일 15시에 맡은 일을 끝내 줄 것이라고 생각하였으므로, 丙이 맡은 업무를 마치는 데 필요한 시간은 9 + 10 = 19시간이다.

따라서 계획대로 진행될 경우 甲, 乙, 丙이 맡은 업무를 끝내는 데 필요한 총 시간은 13 + 17 + 19 = 49시간으로, 2일하고 1시간이라고 할 수 있다. 이를 서울 기준으로 보면 11월 1일 18시에서 2일하고 1시간이 지난 후이므로, 11월 3일 19시이다.

7 인적자원 관리의 특징에 관한 다음 ㄱ～ㄹ의 설명 중 그 성격이 같은 것끼리 알맞게 구분한 것은 어느 것인가?

> ㉠ 개인에게 능력을 발휘할 수 있는 기회와 장소를 부여하고, 그 성과를 바르게 평가하고, 평가된 능력과 실적에 대해 그에 상응하는 보상을 주어야 한다.
> ㉡ 팀 전체의 능력향상, 의식개혁, 사기앙양 등을 도모하는 의미에서 전체와 개체가 균형을 이루어야 한다.
> ㉢ 많은 사람들이 번거롭다는 이유로 자신의 인맥관리에 소홀히 하는 경우가 많지만 인맥관리는 자신의 성공을 위한 첫걸음이라는 생각을 가져야 한다.
> ㉣ 효율성을 높이기 위해 팀원의 능력이나 성격 등과 가장 적합한 위치에 배치하여 팀원 개개인의 능력을 최대로 발휘해 줄 것을 기대한다.

① [㉠, ㉡] ― [㉢, ㉣]
② [㉠] ― [㉡, ㉢, ㉣]
③ [㉠, ㉣] ― [㉡, ㉢]
④ [㉠, ㉡, ㉣] ― [㉢]
⑤ [㉠, ㉡, ㉢] ― [㉣]

(Tip) ㉠, ㉡, ㉣은 조직 차원에서의 인적자원관리의 특징이고, ㉢은 개인 차원에서의 인적자원관리능력의 특징으로 구분할 수 있다. 한편, 조직의 인력배치의 3대 원칙에는 적재적소주의(㉣), 능력주의(㉠), 균형주의(㉡)가 있다.

8 다음 ㉠~㉣에 제시된 자원관리의 기본 과정들을 순서에 맞게 재배열한 것은 어느 것인가?

> ㉠ 확보된 자원을 활용하여 계획에 맞는 업무를 수행해 나가야 한다. 물론 계획에 얽매일 필요는 없지만 최대한 계획대로 수행하는 것이 바람직하다. 불가피하게 수정해야 하는 경우는 전체 계획에 미칠 수 있는 영향을 고려하여야 할 것이다.
>
> ㉡ 자원을 실제 필요한 업무에 할당하여 계획을 세워야 한다. 여기에서 중요한 것은 업무나 활동의 우선순위를 고려하는 것이다. 최종적인 목적을 이루는 데 가장 핵심이 되는 것에 우선순위를 두고 계획을 세울 필요가 있다. 만약, 확보한 자원이 실제 활동 추진에 비해 부족할 경우 우선순위가 높은 것에 중심을 두고 계획하는 것이 바람직하다.
>
> ㉢ 실제 상황에서 그 자원을 확보하여야 한다. 수집 시 가능하다면 필요한 양보다 좀 더 여유 있게 확보할 필요가 있다. 실제 준비나 활동을 하는 데 있어서 계획과 차이를 보이는 경우가 빈번하기 때문에 여유 있게 확보하는 것이 안전할 것이다.
>
> ㉣ 업무를 추진하는 데 있어서 어떤 자원이 필요하며, 또 얼마만큼 필요한지를 파악하는 단계이다. 자원의 종류는 크게 시간, 예산, 물적자원, 인적자원으로 나눌 수 있지만 실제 업무 수행에서는 이보다 더 구체적으로 나눌 필요가 있다. 구체적으로 어떤 활동을 할 것이며, 이 활동에 어느 정도의 시간, 돈, 물적·인적자원이 필요한지를 파악한다.

① ㉢ - ㉣ - ㉡ - ㉠ ② ㉣ - ㉢ - ㉠ - ㉡
③ ㉠ - ㉢ - ㉡ - ㉣ ④ ㉣ - ㉡ - ㉢ - ㉠
⑤ ㉣ - ㉢ - ㉡ - ㉠

 자원을 활용하기 위해서는 가장 먼저 나에게 필요한 자원은 무엇이고 얼마나 필요한지를 명확히 설정하는 일이다. 무턱대고 많은 자원을 수집하는 것은 효율적인 자원 활용을 위해 바람직하지 않다. 나에게 필요한 자원을 파악했으면 다음으로 그러한 자원을 수집하고 확보해야 할 것이다. 확보된 자원을 유용하게 사용할 수 있는 활용 계획을 세우고 수립된 계획에 따라 자원을 활용하는 것이 적절한 자원관리 과정이 된다. 따라서 이를 정리하면, 다음 순서와 같다.
1) 어떤 자원이 얼마나 필요한지를 확인하기
2) 이용 가능한 자원을 수집(확보)하기
3) 자원 활용 계획 세우기
4) 계획에 따라 수행하기

9 회계팀에서 업무를 시작하게 된 A씨는 각종 내역의 비용이 어느 항목으로 분류되어야 하는지 정리 작업을 하고 있다. 다음 중 A씨가 나머지와 다른 비용으로 분류해야 하는 것은 어느 것인가?

① 구매부 자재 대금으로 지불한 U$7,000
② 상반기 건물 임대료 및 관리비
③ 임직원 급여
④ 계약 체결을 위한 영업부 직원 출장비
⑤ 컴프레서 구매 대금 1,200만 원

 ②는 간접비용, 나머지(①③④⑤)는 직접비용의 지출 항목으로 분류해야 한다.
직접비용과 간접비용으로 분류되는 지출 항목은 다음과 같은 것들이 있다.
• 직접비용: 재료비, 원료와 장비, 시설비, 출장 및 잡비, 인건비
• 간접비용: 보험료, 건물관리비, 광고비, 통신비, 사무비품비, 각종 공과금

10 다음에서 의미하는 가치들 중, 직무상 필요한 가장 핵심적인 네 가지 자원에 해당하지 않는 설명은 어느 것인가?

① 민간 기업이나 공공단체 및 기타 조직체는 물론이고 개인의 수입 · 지출에 관한 것도 포함하는 가치
② 인간이 약한 신체적 특성을 보완하기 위하여 활용하는, 정상적인 인간의 활동에 수반되는 많은 자원들
③ 기업이 나아가야 할 방향과 목적 등 기업 전체가 공유하는 비전, 가치관, 사훈, 기본 방침 등으로 표현되는 것
④ 매일 주어지며 똑같은 속도로 흐르지만 멈추거나 빌리거나 저축할 수 없는 것
⑤ 산업이 발달함에 따라 생산 현장이 첨단화, 자동화되었지만 여전히 기본적인 생산요소를 효율적으로 결합시켜 가치를 창조하는 자원

 ③은 기업 경영의 목적이다. 기업 경영에 필수적인 네 가지 자원으로는 시간(④), 예산(①), 인적자원(⑤), 물적자원(②)이 있으며 물적자원은 다시 인공자원과 천연자원으로 나눌 수 있다.

11 '갑'시에 위치한 B공사 권 대리는 다음과 같은 일정으로 출장을 계획하고 있다. 출장비 지급 내역에 따라 권 대리가 받을 수 있는 출장비의 총액은 얼마인가?

〈지역별 출장비 지급 내역〉

출장 지역	일비	식비
'갑'시	15,000원	15,000원
'갑'시 외 지역	23,000원	17,000원

* 거래처 차량으로 이동할 경우, 일비 5,000원 차감
* 오후 일정 시작일 경우, 식비 7,000원 차감

〈출장 일정〉

출장 일자	지역	출장 시간	이동계획
화요일	'갑'시	09:00~18:00	거래처 배차
수요일	'갑'시 외 지역	10:30~16:00	대중교통
금요일	'갑'시	14:00~19:00	거래처 배차

① 75,000원
② 78,000원
③ 83,000원
④ 85,000원
⑤ 88,000원

 일자별 출장비 지급액을 살펴보면 다음과 같다. 화요일 일정에는 거래처 차량이 지원되므로 5,000원이 차감되며, 금요일 일정에는 거래처 차량 지원과 오후 일정으로 인해 5,000+7,000=12,000원이 차감된다.

출장 일자	지역	출장 시간	이동계획	출장비
화요일	'갑'시	09:00~18:00	거래처 배차	30,000-5,000=25,000원
수요일	'갑'시 외 지역	10:30~16:00	대중교통	40,000원
금요일	'갑'시	14:00~19:00	거래처 배차	30,000-5,000-7,000=18,000원

따라서 출장비 총액은 25,000+40,000+18,000=83,000원이 된다.

Answer → 9.② 10.③ 11.③

12 다음은 N사 판매관리비의 2분기 집행 내역과 3분기 배정 내역이다. 자료를 참고하여 판매관리비 집행과 배정 내역을 올바르게 파악하지 못한 것은 어느 것인가?

〈판매관리비 집행 및 배정 내역〉

(단위 : 원)

항목	2분기	3분기
판매비와 관리비	236,820,000	226,370,000
직원급여	200,850,000	195,000,000
상여금	6,700,000	5,700,000
보험료	1,850,000	1,850,000
세금과 공과금	1,500,000	1,350,000
수도광열비	750,000	800,000
잡비	1,000,000	1,250,000
사무용품비	230,000	180,000
여비교통비	7,650,000	5,350,000
퇴직급여충당금	15,300,000	13,500,000
통신비	460,000	620,000
광고선전비	530,000	770,000

① 직접비와 간접비를 합산한 3분기의 예산 배정액은 전 분기보다 10% 이내의 범위에서 로 감소하였다.

② 간접비는 전 분기의 5%에 조금 못 미치는 금액만큼 증가하였다.

③ 2분기와 3분기 모두 간접비에서 가장 큰 비중을 차지하는 항목은 보험료이다.

④ 3분기에는 직접비와 간접비가 모두 2분기 집행 내역보다 더 많이 배정되었다.

⑤ 3분기에는 인건비 감소로 인하여 직접비 배정액이 감소하였다.

 직접비에는 인건비, 재료비, 원료와 장비비, 여행 및 잡비, 시설비 등이 포함되며, 간접비에는 보험료, 건물관리비, 광고비, 통신비, 사무비품비, 각종 공과금 등이 포함된다. 따라서 제시된 예산 집행 및 배정 현황을 직접비와 간접비를 구분하여 다음과 같이 나누어 볼 수 있다.

항목	2분기		3분기	
	직접비	간접비	직접비	간접비
직원급여	200,850,000		195,000,000	
상여금	6,700,000		5,700,000	
보험료		1,850,000		1,850,000
세금과 공과금		1,500,000		1,350,000
수도광열비		750,000		800,000
잡비	1,000,000		1,250,000	
사무용품비		230,000		180,000
여비교통비	7,650,000		5,350,000	
퇴직급여충당금	15,300,000		13,500,000	
통신비		460,000		620,000
광고선전비		530,000		770,000
합계	231,500,000	5,320,000	220,800,000	5,570,000

따라서 2분기보다 3분기에 간접비 배정 금액은 증가한 반면, 직접비의 배정 금액은 감소했음을 알 수 있다.

⑤ 인건비를 구성하는 항목인 직원급여, 상여금, 퇴직급여충당금이 모두 감소하였으므로 이것이 직접비 감소의 가장 큰 요인이 되므로 인건비의 감소에 따라 직접비 배정액이 감소하였다고 볼 수 있다.

13 N사 기획팀에서는 해외 거래처와의 중요한 계약을 성사시키기 위해 이를 담당할 사내 TF팀 인원을 보강하고자 한다. 다음 상황을 참고할 때, 반드시 선발해야 할 2명의 직원은 누구인가?

> 기획팀은 TF팀에 추가로 필요한 직원 2명을 보강해야 한다. 계약실무, 협상, 시장조사, 현장교육 등 4가지 업무는 새롭게 선발될 2명의 직원이 분담하여 모두 수행해야 한다.
> 4가지 업무를 수행하기 위해 필수적으로 갖추어야 할 자질은 다음과 같다.
>
> | 업무 | 필요 자질 |
> |------|-----------|
> | 계약실무 | 스페인어, 국제 감각 |
> | 협상 | 스페인어, 설득력 |
> | 시장조사 | 설득력, 비판적 사고 |
> | 현장교육 | 국제 감각, 의사 전달력 |
>
> * 기획팀에서 1차로 선발한 직원은 오 대리, 최 사원, 남 대리, 조 사원 4명이며, 이들은 모두 3가지씩의 '필요 자질'을 갖추고 있다.
> * 의사 전달력은 남 대리를 제외한 나머지 3명이 모두 갖추고 있다.
> * 조 사원이 시장조사 업무를 제외한 모든 업무를 수행하려면, 스페인어 자질만 추가로 갖추면 된다.
> * 오 대리는 계약실무 업무를 수행할 수 있고, 최 사원과 남 대리는 시장조사 업무를 수행할 수 있다.
> * 국제 감각을 갖춘 직원은 2명이다.

① 오 대리, 최 사원
② 오 대리, 남 대리
③ 최 사원, 조 사원
④ 최 사원, 조 사원
⑤ 남 대리, 조 사원

 주어진 설명에 의해 4명의 자질과 가능 업무를 표로 정리하면 다음과 같다.

	오 대리	최 사원	남 대리	조 사원
스페인어	○	×	○	×
국제 감각	○	×	×	○
설득력	×	○	○	○
비판적 사고	×	○	○	×
의사 전달력	○	○	×	○

위 표를 바탕으로 4명의 직원이 수행할 수 있는 업무를 정리하면 다음과 같다.
• 오 대리 : 계약실무, 현장교육
• 최 사원 : 시장조사
• 남 대리 : 협상, 시장조사
• 조 사원 : 현장교육
따라서 필요한 4가지 업무를 모두 수행하기 위해서는 오 대리와 남 대리 2명이 최종 선발되어야만 함을 알 수 있다.

┃14~15┃ 공장 주변지역의 농경수 오염에 책임이 있는 기업이 총 70억 원의 예산을 가지고 피해 현황 심사와 보상을 진행한다고 한다. 다음 글을 읽고 물음에 답하시오.

총 500건의 피해가 발생했고, 기업측에서는 실제 피해 현황을 심사하여 보상하기로 하였다. 심사에 소요되는 비용은 보상 예산에서 사용한다. 심사를 통해 좀 더 정확한 피해 규모를 파악할 수 있지만, 그에 따라 소요되는 비용 또한 증가하게 된다.

	1일째	2일째	3일째	4일째
일별 심사 비용 (억 원)	0.5	0.7	0.9	1.1
일별 보상대상 제외건수	50	45	40	35

- 보상금 총액＝예산－심사 비용
- 표는 누적수치가 아닌, 하루에 소요되는 비용을 말함
- 일별 심사 비용은 매일 0.2억씩 증가하고 제외건수는 매일 5건씩 감소함
- 제외건수가 0이 되는 날, 심사를 중지하고 보상금을 지급함

14 기업측이 심사를 중지하는 날까지 소요되는 일별 심사 비용은 총 얼마인가?

① 15억 원 　　　　　　　　　② 15.5억 원
③ 16억 원 　　　　　　　　　④ 16.5억 원
⑤ 17억 원

 제외건수가 매일 5건씩 감소한다고 했으므로 11일째 되는 날 제외건수가 0이 되고 일별 심사 비용은 총 16.5억 원이 된다.

15 심사를 중지하고 총 500건에 대해서 보상을 한다고 할 때, 보상대상자가 받는 건당 평균 보상금은 대략 얼마인가?

① 약 1천만 원 　　　　　　　② 약 2천만 원
③ 약 3천만 원 　　　　　　　④ 약 4천만 원
⑤ 약 5천만 원

 (70억－16.5억)/500건＝1,070만 원

Answer 　13.② 14.④ 15.①

16 다음 재고 현황을 통해 파악할 수 있는 완성품의 최대 수량과 완성품 1개당 소요 비용은 얼마인가? (단, 완성품은 A, B, C, D의 부품이 모두 조립되어야 하고 다른 조건은 고려하지 않는다)

부품명	완성품 1개당 소요량(개)	단가(원)	재고 수량(개)
A	2	50	100
B	3	100	300
C	20	10	2,000
D	1	400	150

	완성품의 최대 수량(개)	완성품 1개당 소요 비용(원)
①	50	100
②	50	500
③	50	1,000
④	100	500
⑤	100	1,000

 재고 수량에 따라 완성품을 A 부품으로는 $100 \div 2 = 50$개, B 부품으로는 $300 \div 3 = 100$개, C 부품으로는 $2,000 \div 20 = 100$개, D 부품으로는 $150 \div 1 = 150$개까지 만들 수 있다. 완성품은 A, B, C, D가 모두 조립되어야 하므로 50개만 만들 수 있다.
완성품 1개당 소요 비용은 완성품 1개당 소요량과 단가의 곱으로 구하면 되므로 A 부품 $2 \times 50 = 100$원, B 부품 $3 \times 100 = 300$원, C 부품 $20 \times 10 = 200$원, D 부품 $1 \times 400 = 400$원이다. 이를 모두 합하면 $100 + 300 + 200 + 400 = 1,000$원이 된다.

17 다음은 (주)서원기업의 재고 관리 사례이다. 금요일까지 부품 재고 수량이 남지 않게 완성품을 만들 수 있도록 월요일에 주문할 A ~ C 부품 개수로 옳은 것은? (단, 주어진 조건 이외에는 고려하지 않는다)

〈부품 재고 수량과 완성품 1개 당 소요량〉

부품명	부품 재고 수량	완성품 1개당 소요량
A	500	10
B	120	3
C	250	5

〈완성품 납품 수량〉

항목＼요일	월	화	수	목	금
완성품 납품 개수	없음	30	20	30	20

〈조건〉
1. 부품 주문은 월요일에 한 번 신청하며 화요일 작업시작 전 입고된다.
2. 완성품은 부품 A, B, C를 모두 조립해야 한다.

	A	B	C
①	100	100	100
②	100	180	200
③	500	100	100
④	500	180	250
⑤	500	150	250

 완성품 납품 개수는 30+20+30+20으로 총 100개이다. 완성품 1개당 부품 A는 10개가 필요하므로 총 1,000개가 필요하고, B는 300개, C는 500개가 필요하다. 이때 각 부품의 재고 수량에서 부품 A는 500개를 가지고 있으므로 필요한 1,000개에서 가지고 있는 500개를 빼면 500개의 부품을 주문해야 한다. 부품 B는 120개를 가지고 있으므로 필요한 300개에서 가지고 있는 120개를 빼면 180개를 주문해야 하며, 부품 C는 250개를 가지고 있으므로 필요한 500개에서 가지고 있는 250개를 빼면 250개를 주문해야 한다.

18 입사 2년차인 P씨와 같은 팀원들은 하루에도 수십 개씩의 서류를 받는다. 각자 감당할 수 없을 만큼의 서류가 쌓이다보니 빨리 처리해야할 업무가 무엇인지, 나중에 해도 되는 업무가 무엇인지 확인이 되지 않았다. 이런 상황에서 P씨가 가장 먼저 취해야 할 행동으로 가장 적절한 것은?

① 같은 팀원이자 후배인 K씨에게 서류정리를 시킨다.
② 가장 높은 상사의 일부터 처리한다.
③ 보고서와 주문서 등을 종류별로 정리하고 중요내용을 간추려 메모한다.
④ 눈앞의 급박한 상황들을 먼저 처리한다.
⑤ 눈에 보이는 보고서 먼저 해결한다.

 업무 시에는 일의 우선순위를 정하는 것이 중요하다. 많은 서류들을 정리하고 중요 내용을 간추려 메모하면 이후의 서류들도 기존보다 빠르게 정리할 수 있으며 시간을 효율적으로 사용할 수 있다.

---

19 다음 중 SMART법칙에 따라 목표를 설정하지 못한 사람을 모두 고른 것은?

> • 민수 : 나는 올해 꼭 취업할꺼야.
> • 나라 : 나는 8월까지 볼링 점수 200점에 도달하겠어.
> • 정수 : 나는 오늘 10시까지 단어 100개를 외울거야.
> • 주찬 : 나는 이번 달 안에 NCS강의 20강을 모두 들을거야.
> • 명기 : 나는 이번 여름 방학에 영어 회화를 도전할거야.

① 정수, 주찬   ② 나라, 정수
③ 민수, 명기   ④ 주찬, 민수
⑤ 명기, 나라

 SMART법칙 … 목표를 어떻게 설정하고 그 목표를 성공적으로 달성하기 위해 꼭 필요한 필수 요건들을 S.M.A.R.T. 5개 철자에 따라 제시한 것이다.
ⓐ Specific(구체적으로) : 목표를 구체적으로 작성한다.
ⓑ Measurable(측정 가능하도록) : 수치화, 객관화시켜서 측정 가능한 척도를 세운다.
ⓒ Action-oriented(행동 지향적으로) : 사고 및 생각에 그치는 것이 아니라 행동을 중심으로 목표를 세운다.
ⓓ Realistic(현실성 있게) : 실현 가능한 목표를 세운다.
ⓔ Time limited(시간적 제약이 있게) : 목표를 설정함에 있어 제한 시간을 둔다.

┃20~21┃ 다음은 '대한 국제 회의장'의 예약 관련 자료이다. 이를 보고 이어지는 물음에 답하시오.

〈대한 국제 회의장 예약 현황〉

행사구분	행사주체	행사일	시작시간	진행시간	예약인원	행사장
학술대회	A대학	3/10	10:00	2H	250명	전시홀
공연	B동아리	2/5	17:00	3H	330명	그랜드볼룸
학술대회	C연구소	4/10	10:30	6H	180명	전시홀
국제회의	D국 무역관	2/13	15:00	4H	100명	컨퍼런스홀
국제회의	E제품 바이어	3/7	14:00	3H	150명	그랜드볼룸
공연	F사 동호회	2/20	15:00	4H	280명	전시홀
학술대회	G학회	4/3	10:00	5H	160명	컨퍼런스홀
국제회의	H기업	2/19	11:00	3H	120명	그랜드볼룸

〈행사장별 행사 비용〉

	행사 비용
전시홀	350,000원(기본 2H), 1시간 당 5만 원 추가, 200명 이상일 경우 기본요금의 15% 추가
그랜드볼룸	450,000원(기본 2H), 1시간 당 5만 원 추가, 250명 이상일 경우 기본요금의 20% 추가
컨퍼런스홀	300,000원(기본 2H), 1시간 당 3만 원 추가, 150명 이상일 경우 기본요금의 10% 추가

Answer┌→ 18.③ 19.③

20 다음 중 대한 국제 회의장이 2월 중 얻게 되는 기본요금과 시간 추가 비용의 수익금은 모두 얼마인가? (인원 추가 비용 제외)

① 172만 원

② 175만 원

③ 177만 원

④ 180만 원

⑤ 181만 원

 2월 행사는 4번이 예약되어 있으며, 행사주제별로 기본 사용료를 계산해 보면 다음과 같다.
- B동아리 : 450,000원 + 50,000원 = 500,000원
- D국 무역관 : 300,000원 + 60,000원 = 360,000원
- F사 동호회 : 350,000원 + 100,000원 = 450,000원
- H기업 : 450,000원 + 50,000원 = 500,000원

따라서 이를 모두 더하면 1,810,000원이 되는 것을 알 수 있다.

21 다음 중 인원 추가 비용이 가장 큰 시기부터 순서대로 올바르게 나열된 것은 어느 것인가?

① 4월, 2월, 3월

② 3월, 4월, 2월

③ 3월, 2월, 4월

④ 2월, 3월, 4월

⑤ 2월, 4월, 3월

 월별 인원 추가 비용은 다음과 같이 구분하여 계산할 수 있다.

2월	3월	4월
• B동아리 : 450,000원×0.2 =90,000원 • D국 무역관 : 인원 미초과 • F사 동호회 : 350,000원×0.15=52,500원 • H기업 : 인원 미초과	• A대학 : 350,000원×0.15= 52,500원 • E제품 바이어 : 인원 미초과	• C연구소 : 인원 미초과 • G학회 : 300,000원×0.1 =30,000원

따라서 각 시기별 인원 추가 비용은 2월 142,500원, 3월 52,500원, 4월 30,000원이 되어 2월, 3월, 4월 순으로 많게 된다.

22 다음은 영업사원인 甲씨가 오늘 미팅해야 할 거래처 직원들과 방문해야 할 업체에 관한 정보이다. 다음의 정보를 모두 반영하여 하루의 일정을 짠다고 할 때 순서가 올바르게 배열된 것은? (단, 장소 간 이동 시간은 없는 것으로 가정한다)

〈거래처 직원들의 요구 사항〉
- A거래처 과장 : 회사 내부 일정으로 인해 미팅은 10시~12시 또는 16~18시까지 2시간 정도 가능합니다.
- B거래처 대리 : 12시부터 점심식사를 하거나, 18시부터 저녁식사를 하시죠. 시간은 2시간이면 될 것 같습니다.
- C거래처 사원 : 외근이 잡혀서 오전 9시부터 10시까지 1시간만 가능합니다.
- D거래처 부장 : 외부일정으로 18시부터 저녁식사만 가능합니다.

〈방문해야 할 업체와 가능시간〉
- E서점 : 14~18시, 소요시간은 2시간
- F은행 : 12~16시, 소요시간은 1시간
- G미술관 관람 : 하루 3회(10시, 13시, 15시), 소요시간은 1시간

① C거래처 사원 – A거래처 과장 – B거래처 대리 – E서점 – G미술관 – F은행 – D거래처 부장
② C거래처 사원 – A거래처 과장 – F은행 – B거래처 대리 – G미술관 – E서점 – D거래처 부장
③ C거래처 사원 – G미술관 – F은행 – B거래처 대리 – E서점 – A거래처 과장 – D거래처 부장
④ C거래처 사원 – A거래처 과장 – B거래처 대리 – F은행 – G미술관 – E서점 – D거래처 부장
⑤ C거래처 사원 – A거래처 과장 – F은행 – G미술관 – E서점 – B거래처 대리 – D거래처 부장

 C거래처 사원(9시~10시) – A거래처 과장(10시~12시) – B거래처 대리(12시~14시) – F은행(14시~15시) – G미술관(15시~16시) – E서점(16시~18시) – D거래처 부장(18시~)
① E서점까지 들리면 16시가 되는데, 그 이후에 G미술관을 관람할 수 없다.
② F은행까지 들리면 13시가 되는데, B거래처 대리 약속은 18시에 가능하다.
③ G미술관 관람을 마치고 나면 11시가 되는데 F은행은 12시에 가야한다. 1시간 기다려서 F은행 일이 끝나면 13시가 되는데, B거래처 대리 약속은 18시에 가능하다.
⑤ E서점까지 들리면 16시가 되는데, B거래처 대리 약속과 D거래처 부장 약속이 동시에 18시가 된다.

Answer⟶   20.⑤ 21.④ 22.④

23 다음 상황에서 총 순이익 200억 원 중에 Y사가 150억 원을 분배 받았다면 Y사의 연구개발비는 얼마인가?

> X사와 Y사는 신제품을 공동개발하여 판매한 총 순이익을 다음과 같은 기준에 의해 분배하기로 약정하였다.
> • 1번째 기준 : X사와 Y사는 총 순이익에서 각 회사 제조원가의 10%에 해당하는 금액을 우선 각자 분배받는다.
> • 2번째 기준 : 총 순수익에서 위의 1번째 기준에 의해 분배 받은 금액을 제외한 나머지 금액에 대한 분배는 각 회사가 연구개발에 지출한 비용에 비례하여 분배액을 정한다.
>
> 〈신제품 개발과 판례에 따른 연구개발비용과 총 순이익〉
>
> (단위 : 억 원)
>
> | 구분 | X사 | Y사 |
> |---|---|---|
> | 제조원가 | 200 | 600 |
> | 연구개발비 | 100 | ( ) |
> | 총 순이익 | 200 | |

① 200억 원

② 250억 원

③ 300억 원

④ 350억 원

⑤ 360억 원

 1번째 기준에 의해 X사는 200억의 10%인 20억을 분배받고, Y사는 600억의 10%인 60억을 분배받는다. Y가 분배받은 금액이 총 150억이라고 했으므로 X사가 분배받은 금액은 50억이다. X사가 두 번째 기준에 의해 분배받은 금액은 30억이고, Y사가 두 번째 기준에 의해 분배받은 금액은 90억이다. 두 번째 기준은 연구개발비용에 비례하여 분배받은 것이므로 X사의 연구개발비의 3배로 계산하면 300억이다.

24 O회사에 근무하고 있는 채과장은 거래 업체를 선정하고자 한다. 업체별 현황과 평가기준이 다음과 같을 때, 선정되는 업체는?

〈업체별 현황〉

업체명	시장매력도	정보화수준	접근가능성
	시장규모(억 원)	정보화순위	수출액(백만 원)
A업체	550	106	9,103
B업체	333	62	2,459
C업체	315	91	2,597
D업체	1,706	95	2,777
E업체	480	73	3,888

〈평가기준〉

- 업체별 종합점수는 시장매력도(30점 만점), 정보화수준(30점 만점), 접근가능성(40점 만점)의 합계(100점 만점)로 구하며, 종합점수가 가장 높은 업체가 선정된다.
- 시장매력도 점수는 시장매력도가 가장 높은 업체에 30점, 가장 낮은 업체에 0점, 그 밖의 모든 업체에 15점을 부여한다. 시장규모가 클수록 시장매력도가 높다.
- 정보화수준 점수는 정보화순위가 가장 높은 업체에 30점, 가장 낮은 업체에 0점, 그 밖의 모든 업체에 15점을 부여한다.
- 접근가능성 점수는 접근가능성이 가장 높은 업체에 40점, 가장 낮은 업체에 0점, 그 밖의 모든 업체에 20점을 부여한다. 수출액이 클수록 접근가능성이 높다.

① A
② B
③ C
④ D
⑤ E

 업체별 평가기준에 따른 점수는 다음과 같으며, D업체가 65점으로 선정된다.

	시장매력도	정보화수준	접근가능성	합계
A	15	0	40	55
B	15	30	0	45
C	0	15	20	35
D	30	15	20	65
E	15	15	20	50

Answer→ 23.③ 24.④

25 J회사 관리부에서 근무하는 L씨는 소모품 구매를 담당하고 있다. 2017년 5월 중에 다음 조건 하에서 A4용지와 토너를 살 때, 총 비용이 가장 적게 드는 경우는? (단, 2017년 5월 1일에는 A4용지와 토너는 남아 있다고 가정하며, 다 썼다는 말이 없으면 그 소모품들은 남아있다고 가정한다)

> - A4용지 100장 한 묶음의 정가는 1만 원, 토너는 2만 원이다(A4용지는 100장 단위로 구매함).
> - J회사와 거래하는 ◇◇오피스는 매달 15일에 전 품목 20% 할인 행사를 한다.
> - ◇◇오피스에서는 5월 5일에 A사 카드를 사용하면 정가의 10%를 할인해 준다.
> - 총 비용이란 소모품 구매가격과 체감비용(소모품을 다 써서 느끼는 불편)을 합한 것이다.
> - 체감비용은 A4용지와 토너 모두 하루에 500원이다.
> - 체감비용을 계산할 때, 소모품을 다 쓴 당일은 포함하고 구매한 날은 포함하지 않는다.
> - 소모품을 다 쓴 당일에 구매하면 체감비용은 없으며, 소모품이 남은 상태에서 새 제품을 구입할 때도 체감비용은 없다.

① 3일에 A4용지만 다 써서 5일에 A사 카드로 A4용지와 토너를 살 경우
② 13일에 토너만 다 써서 당일 토너를 사고, 15일에 A4용지를 살 경우
③ 10일에 A4용지와 토너를 다 써서 15일에 A4용지와 토너를 같이 살 경우
④ 3일에 A4용지만 다 써서 당일 A4용지를 사고, 13일에 토너를 다 써서 15일에 토너만 살 경우
⑤ 4일에 A4용지와 토너를 다 써서 5일에 A사 카드로 A4용지와 토너를 살 경우

① 1,000원(체감비용)+27,000원=28,000원
② 20,000원(토너)+8,000원(A4용지)=28,000원
③ 5,000원(체감비용)+24,000원=29,000원
④ 10,000원(A4용지)+1,000원(체감비용)+16,000원(토너)=27,000원
⑤ 1,000원(체감비용)+27,000원=28,000원

26 이번에 탄생한 TF팀에서 팀장과 부팀장을 선정하려고 한다. 선정기준은 이전에 있던 팀에서의 근무성적과 성과점수, 봉사점수 등을 기준으로 한다. 구체적인 선정기준이 다음과 같을 때 선정되는 팀장과 부팀장을 바르게 연결한 것은?

〈선정기준〉
- 최종점수가 가장 높은 직원이 팀장이 되고, 팀장과 다른 성별의 직원 중에서 가장 높은 점수를 받은 직원이 부팀장이 된다(예를 들어 팀장이 남자가 되면, 여자 중 최고점을 받은 직원이 부팀장이 된다).
- 근무성적 40%, 성과점수 40%, 봉사점수 20%로 기본점수를 산출하고, 기본점수에 투표점수를 더하여 최종점수를 산정한다.
- 투표점수는 한 명당 5점이 부여된다(예를 들어 2명에게서 한 표씩 받으면 10점이다).

〈직원별 근무성과 점수〉

직원	성별	근무성적	성과점수	봉사점수	투표한 사람수
고경원	남자	88	92	80	2
박하나	여자	74	86	90	1
도경수	남자	96	94	100	0
하지민	여자	100	100	75	0
유해영	여자	80	90	80	2
문정진	남자	75	75	95	1

① 고경원 – 하지민
② 고경원 – 유해영
③ 하지민 – 도경수
④ 하지민 – 문정진
⑤ 고경원 – 박하나

 점수를 계산하면 다음과 같다.

직원	성별	근무점수	성과점수	봉사점수	투표점수	합계
고경원	남자	35.2	36.8	16	10	98
박하나	여자	29.6	34.4	18	5	87
도경수	남자	38.4	37.6	20	0	96
하지민	여자	40	40	15	0	95
유해영	여자	32	36	16	10	94
문정진	남자	30	30	19	5	84

Answer → 25.④ 26.①

▌27~28 ▌ 다음은 G사 영업본부 직원들의 담당 업무와 다음 달 주요 업무 일정표이다. 다음을 참고로 이어지는 물음에 답하시오.

<다음 달 주요 업무 일정>

일	월	화	수	목	금	토
		1 사업계획 초안 작성(2)	2	3	4 사옥 이동 계획 수립(2)	5
6	7	8 인트라넷 요청사항 정리(2)	9 전 직원 월간회의	10	11 TF팀 회의(1)	12
13	14 법무실무 담당자 회의(3)	15	16	17 신제품 진행과정 보고(1)	18	19
20	21 매출부진 원인분석(2)	22	23 홍보자료 작성(3)	24 인사고과(2)	25	26
27	28 매출 집계(2)	29 부서경비 정리(2)	30	31		

* ( )안의 숫자는 해당 업무 소요 일수

<담당자별 업무>

담당자	담당업무
갑	부서 인사고과, 사옥 이동 관련 이사 계획 수립, 내년도 사업계획 초안 작성
을	매출부진 원인 분석, 신제품 개발 진행과정 보고
병	자원개발 프로젝트 TF팀 회의 참석, 부서 법무실무 교육 담당자 회의
정	사내 인트라넷 구축 관련 요청사항 정리, 대외 홍보자료 작성
무	월말 부서 경비집행 내역 정리 및 보고, 매출 집계 및 전산 입력

27 위의 일정과 담당 업무를 참고할 때, 다음 달 월차 휴가를 사용하기에 적절한 날짜를 선택한 직원이 아닌 것은 어느 것인가?

① 갑 – 23일
② 을 – 8일
③ 병 – 4일
④ 정 – 25일
⑤ 무 – 24일

 정은 홍보자료 작성 업무가 23일에 예정되어 있으며 3일 간의 시간이 걸리는 업무이므로 25일에 월차 휴가를 사용하는 것은 바람직하지 않다.

28 갑작스런 해외 거래처의 일정 변경으로 인해 다음 달 넷째 주에 영업본부에서 2명이 일주일 간 해외 출장을 가야 한다. 위에 제시된 5명의 직원 중 담당 업무에 지장이 없는 2명을 뽑아 출장을 보내야 할 경우, 출장자로 적절한 직원은 누구인가?

① 갑, 병
② 을, 정
③ 정, 무
④ 을, 병
⑤ 병, 무

 넷째 주에는 을의 매출부진 원인 분석 업무, 정의 홍보자료 작성 업무, 갑의 부서 인사고과 업무가 예정되어 있다. 따라서 출장자로 가장 적합한 두 명의 직원은 병과 무가 된다.

Answer 27.④ 28.⑤

❙ 29~30 ❙ D회사에서는 1년에 1명을 선발하여 해외연수를 보내주는 제도가 있다. 김부장, 최과장, 오과장, 홍대리, 박사원 5명이 지원한 가운데 〈선발 기준〉과 〈지원자 현황〉은 다음과 같다. 다음을 보고 물음에 답하시오.

〈선발 기준〉

구분	점수	비고
외국어 성적	50점	
근무 경력	20점	15년 이상이 만점 대비 100%, 10년 이상 15년 미만이 70%, 10년 미만이 50%이다. 단, 근무경력이 최소 5년 이상인 자만 선발 자격이 있다.
근무 성적	10점	
포상	20점	3회 이상이 만점 대비 100%, 1~2회가 50%, 0회가 0%이다.
계	100점	

〈지원자 현황〉

구분	김부장	최과장	오과장	홍대리	박사원
근무경력	30년	20년	10년	3년	2년
포상	2회	4회	0회	5회	1회

※ 외국어 성적은 김부장과 최과장이 만점 대비 50%이고, 오과장이 80%, 홍대리와 박사원이 100%이다.
※ 근무 성적은 최과장과 박사원이 만점이고, 김부장, 오과장, 홍대리는 만점 대비 90%이다.

29 위의 선발 기준과 지원자 현황에 따를 때 가장 높은 점수를 받은 사람이 선발된다면 선발되는 사람은?

① 김부장　　　　　　　　② 최과장
③ 오과장　　　　　　　　④ 홍대리
⑤ 박사원

	김부장	최과장	오과장	홍대리, 박사원
외국어 성적	25점	25점	40점	근무경력이 5년 미만이므로 선발 자격이 없다.
근무 경력	20점	20점	14점	
근무 성적	9점	10점	9점	
포상	10점	20점	0점	
계	64점	75점	63점	

30 회사 규정의 변경으로 인해 선발 기준이 다음과 같이 변경되었다면, 새로운 선발 기준 하에서 선발되는 사람은? (단, 가장 높은 점수를 받은 사람이 선발된다)

구분	점수	비고
외국어 성적	40점	
근무 경력	40점	30년 이상이 만점 대비 100%, 20년 이상 30년 미만이 70%, 20년 미만이 50%이다. 단, 근무경력이 최소 5년 이상인 자만 선발 자격이 있다.
근무 성적	10점	
포상	10점	3회 이상이 만점 대비 100%, 1~2회가 50%, 0회가 0%이다.
계	100점	

① 김부장
② 최과장
③ 오과장
④ 홍대리
⑤ 박사원

	김부장	최과장	오과장	홍대리, 박사원
외국어 성적	20점	20점	32점	
근무 경력	40점	28점	20점	근무경력이 5년
근무 성적	9점	10점	9점	미만이므로 선발
포상	5점	10점	0점	자격이 없다.
계	74점	68점	61점	

Answer 29.② 30.①

05 정보능력

※ (신입)경영 · 회계 · 사무(법정/상경/전산)
※ (별정직)6직급(일반행정)

1 정보화사회와 정보능력

(1) 정보와 정보화사회

① 자료 · 정보 · 지식

구분	특징
자료 (Data)	객관적 실제의 반영이며, 그것을 전달할 수 있도록 기호화한 것
정보 (Information)	자료를 특정한 목적과 문제해결에 도움이 되도록 가공한 것
지식 (Knowledge)	정보를 집적하고 체계화하여 장래의 일반적인 사항에 대비해 보편성을 갖도록 한 것

② **정보화사회** … 필요로 하는 정보가 사회의 중심이 되는 사회

(2) 업무수행과 정보능력

① 컴퓨터의 활용 분야
- ㉠ **기업 경영 분야에서의 활용** : 판매, 회계, 재무, 인사 및 조직관리, 금융 업무 등
- ㉡ **행정 분야에서의 활용** : 민원처리, 각종 행정 통계 등
- ㉢ **산업 분야에서의 활용** : 공장 자동화, 산업용 로봇, 판매시점관리시스템(POS) 등
- ㉣ **기타 분야에서의 활용** : 교육, 연구소, 출판, 가정, 도서관, 예술 분야 등

② 정보처리과정
- ㉠ **정보 활용 절차** : 기획 → 수집 → 관리 → 활용
- ㉡ **5W2H** : 정보 활용의 전략적 기획
  - WHAT(무엇을?) : 정보의 입수대상을 명확히 한다.
  - WHERE(어디에서?) : 정보의 소스(정보원)를 파악한다.
  - WHEN(언제까지) : 정보의 요구(수집)시점을 고려한다.
  - WHY(왜?) : 정보의 필요목적을 염두에 둔다.
  - WHO(누가?) : 정보활동의 주체를 확정한다.
  - HOW(어떻게) : 정보의 수집방법을 검토한다.
  - HOW MUCH(얼마나?) : 정보수집의 비용성(효용성)을 중시한다.

5W2H는 정보를 전략적으로 수집·활용할 때 주로 사용하는 방법이다. 5W2H에 대한 설명으로 옳지 않은 것은?

① WHAT : 정보의 수집방법을 검토한다.
② WHERE : 정보의 소스(정보원)를 파악한다.
③ WHEN : 정보의 요구(수집)시점을 고려한다.
④ HOW : 정보의 수집방법을 검토한다.

[출제의도]
방대한 정보들 중 꼭 필요한 정보와 수집 방법 등을 전략적으로 기획하고 정보수집이 이루어질 때 효과적인 정보 수집이 가능해진다. 5W2H는 이러한 전략적 정보 활용 기획의 방법으로 그 개념을 이해하고 있는지를 묻는 질문이다.
[해설]
5W2H의 'WHAT'은 정보의 입수대상을 명확히 하는 것이다. 정보의 수집방법을 검토하는 것은 HOW(어떻게)에 해당되는 내용이다.

답 ①

(3) 사이버공간에서 지켜야 할 예절

① 인터넷의 역기능
  ㉠ 불건전 정보의 유통
  ㉡ 개인 정보 유출
  ㉢ 사이버 성폭력
  ㉣ 사이버 언어폭력
  ㉤ 언어 훼손
  ㉥ 인터넷 중독
  ㉦ 불건전한 교제
  ㉧ 저작권 침해

② 네티켓(netiquette) … 네트워크(network) + 에티켓(etiquette)

(4) 정보의 유출에 따른 피해사례

① 개인정보의 종류

    ㉠ 일반 정보 : 이름, 주민등록번호, 운전면허정보, 주소, 전화번호, 생년월일, 출생지, 본적지, 성별, 국적 등

    ㉡ 가족 정보 : 가족의 이름, 직업, 생년월일, 주민등록번호, 출생지 등

    ㉢ 교육 및 훈련 정보 : 최종학력, 성적, 기술자격증/전문면허증, 이수훈련 프로그램, 서클활동, 상벌사항, 성격/행태보고 등

    ㉣ 병역 정보 : 군번 및 계급, 제대유형, 주특기, 근무부대 등

    ㉤ 부동산 및 동산 정보 : 소유주택 및 토지, 자동차, 저축현황, 현금카드, 주식 및 채권, 수집품, 고가의 예술품 등

    ㉥ 소득 정보 : 연봉, 소득의 원천, 소득세 지불 현황 등

    ㉦ 기타 수익 정보 : 보험가입현황, 수익자, 회사의 판공비 등

    ㉧ 신용 정보 : 대부상황, 저당, 신용카드, 담보설정 여부 등

    ㉨ 고용 정보 : 고용주, 회사주소, 상관의 이름, 직무수행 평가 기록, 훈련기록, 상벌기록 등

    ㉩ 법적 정보 : 전과기록, 구속기록, 이혼기록 등

    ㉪ 의료 정보 : 가족병력기록, 과거 의료기록, 신체장애, 혈액형 등

    ㉫ 조직 정보 : 노조가입, 정당가입, 클럽회원, 종교단체 활동 등

    ㉬ 습관 및 취미 정보 : 흡연/음주량, 여가활동, 도박성향, 비디오 대여기록 등

② 개인정보 유출방지 방법

    ㉠ 회원 가입 시 이용 약관을 읽는다.

    ㉡ 이용 목적에 부합하는 정보를 요구하는지 확인한다.

    ㉢ 비밀번호는 정기적으로 교체한다.

    ㉣ 정체불명의 사이트는 멀리한다.

    ㉤ 가입 해지 시 정보 파기 여부를 확인한다.

    ㉥ 남들이 쉽게 유추할 수 있는 비밀번호는 자제한다.

2 정보능력을 구성하는 하위능력

(1) 컴퓨터활용능력

① 인터넷 서비스 활용

    ㉠ 전자우편(E-mail) 서비스 : 정보 통신망을 이용하여 다른 사용자들과 편지나 여러 정보를 주고받는 통신 방법

    ㉡ 인터넷 디스크/웹 하드 : 웹 서버에 대용량의 저장 기능을 갖추고 사용자가 개인용 컴퓨터의 하드디스크와 같은 기능을 인터넷을 통하여 이용할 수 있게 하는 서비스

    ㉢ 메신저 : 인터넷에서 실시간으로 메시지와 데이터를 주고받을 수 있는 소프트웨어

    ㉣ 전자상거래 : 인터넷을 통해 상품을 사고팔거나 재화나 용역을 거래하는 사이버 비즈니스

② 정보검색 … 여러 곳에 분산되어 있는 수많은 정보 중에서 특정 목적에 적합한 정보만을 신속하고 정확하게 찾아내어 수집, 분류, 축적하는 과정

    ㉠ 검색엔진의 유형

      • 키워드 검색 방식 : 찾고자 하는 정보와 관련된 핵심적인 언어인 키워드를 직접 입력하여 이를 검색 엔진에 보내어 검색 엔진이 키워드와 관련된 정보를 찾는 방식

      • 주제별 검색 방식 : 인터넷상에 존재하는 웹 문서들을 주제별, 계층별로 정리하여 데이터베이스를 구축한 후 이용하는 방식

      • 통합형 검색방식 : 사용자가 입력하는 검색어들이 연계된 다른 검색 엔진에게 보내고 이를 통하여 얻어진 검색 결과를 사용자에게 보여주는 방식

    ㉡ 정보 검색 연산자

기호	연산자	검색조건
*, &	AND	두 단어가 모두 포함된 문서를 검색
|	OR	두 단어가 모두 포함되거나 두 단어 중에서 하나만 포함된 문서를 검색
-, !	NOT	'-' 기호나 '!' 기호 다음에 오는 단어는 포함하지 않는 문서를 검색
~, near	인접검색	앞/뒤의 단어가 가깝게 있는 문서를 검색

③ 소프트웨어의 활용

    ㉠ 워드프로세서

      • 특징 : 문서의 내용을 화면으로 확인하면서 쉽게 수정 가능, 문서 작성 후 인쇄 및 저장 가능, 글이나 그림의 입력 및 편집 가능

      • 기능 : 입력기능, 표시기능, 저장기능, 편집기능, 인쇄기능 등

ⓛ 스프레드시트

- 특징 : 쉽게 계산 수행, 계산 결과를 차트로 표시, 문서를 작성하고 편집 가능
- 기능 : 계산, 수식, 차트, 저장, 편집, 인쇄기능 등

예제 2

귀하는 커피 전문점을 운영하고 있다. 아래와 같이 엑셀 워크시트로 4개 지점의 원두 구매 수량과 단가를 이용하여 금액을 산출하고 있다. 귀하가 다음 중 D3셀에서 사용하고 있는 함수식으로 옳은 것은? (단, 금액 = 수량 × 단가)

	A	B	C	D	E
1	지점	원두	수량(100g)	금액	
2	A	케냐	15	150000	
3	B	콜롬비아	25	175000	
4	C	케냐	30	300000	
5	D	브라질	35	210000	
6					
7		원두	100g당 단가		
8		케냐	10,000		
9		콜롬비아	7,000		
10		브라질	6,000		
11					

① =C3*VLOOKUP(B3, $B$8:$C$10, 1, 1)

② =B3*HLOOKUP(C3, $B$8:$C$10, 2, 0)

③ =C3*VLOOKUP(B3, $B$8:$C$10, 2, 0)

④ =C3*HLOOKUP($B$8:$C$10, 2, B3)

[출제의도]
본 문항은 엑셀 워크시트 함수의 활용도를 확인하는 문제이다.
[해설]
"VLOOKUP(B3,$B$8:$C$10, 2, 0)"의 함수를 해설해보면 B3의 값(콜롬비아)을 B8:C10에서 찾은 후 그 영역의 2번째 열(C열, 100g당 단가)에 있는 값을 나타내는 함수이다. 금액은 "수량 × 단가"으로 나타내므로 D3셀에 사용되는 함수식은 "=C3*VLOOKUP(B3, $B$8: $C$10, 2, 0)"이다.
※ HLOOKUP과 VLOOKUP
　ⓐ HLOOKUP : 배열의 첫 행에서 값을 검색하여, 지정한 행의 같은 열에서 데이터를 추출
　ⓑ VLOOKUP : 배열의 첫 열에서 값을 검색하여, 지정한 열의 같은 행에서 데이터를 추출

답 ③

ⓒ 프레젠테이션

- 특징 : 각종 정보를 사용자 또는 대상자에게 쉽게 전달
- 기능 : 저장, 편집, 인쇄, 슬라이드 쇼 기능 등

ⓓ 유틸리티 프로그램 : 파일 압축 유틸리티, 바이러스 백신 프로그램

④ 데이터베이스의 필요성

　㉠ 데이터의 중복을 줄인다.

　㉡ 데이터의 무결성을 높인다.

　㉢ 검색을 쉽게 해준다.

　㉣ 데이터의 안정성을 높인다.

　㉤ 개발기간을 단축한다.

(2) 정보처리능력

① **정보원** … 1차 자료는 원래의 연구성과가 기록된 자료이며, 2차 자료는 1차 자료를 효과적으로 찾아보기 위한 자료 또는 1차 자료에 포함되어 있는 정보를 압축·정리한 형태로 제공하는 자료이다.

ㄱ **1차 자료** : 단행본, 학술지와 논문, 학술회의자료, 연구보고서, 학위논문, 특허정보, 표준 및 규격자료, 레터, 출판 전 배포자료, 신문, 잡지, 웹 정보자원 등

ㄴ **2차 자료** : 사전, 백과사전, 편람, 연감, 서지데이터베이스 등

② **정보분석 및 가공**

ㄱ **정보분석의 절차** : 분석과제의 발생 → 과제(요구)의 분석 → 조사항목의 선정 → 관련정보의 수집(기존자료 조사/신규자료 조사) → 수집정보의 분류 → 항목별 분석 → 종합·결론 → 활용·정리

ㄴ **가공** : 서열화 및 구조화

③ **정보관리**

ㄱ 목록을 이용한 정보관리

ㄴ 색인을 이용한 정보관리

ㄷ 분류를 이용한 정보관리

예제 3

인사팀에서 근무하는 J씨는 회사가 성장함에 따라 직원 수가 급증하기 시작하면서 직원들의 정보관리 방법을 모색하던 중 다음과 같은 A사의 직원 정보관리 방법을 보게 되었다. J씨는 A사가 하고 있는 이 방법을 회사에도 도입하고자 한다. 이 방법은 무엇인가?

> A사의 인사부서에 근무하는 H씨는 직원들의 개인정보를 관리하는 업무를 담당하고 있다. A사에서 근무하는 직원은 수천 명에 달하기 때문에 H씨는 주요 키워드나 주제어를 가지고 직원들의 정보를 구분하여 관리하여, 찾을 때도 쉽고 내용을 수정할 때도 이전보다 훨씬 간편할 수 있도록 했다.

① 목록을 활용한 정보관리
② 색인을 활용한 정보관리
③ 분류를 활용한 정보관리
④ 1:1 매칭을 활용한 정보관리

[출제의도]
본 문항은 정보관리 방법의 개념을 이해하고 있는가를 묻는 문제이다.

[해설]
주어진 자료의 A사에서 사용하는 정보관리는 주요 키워드나 주제어를 가지고 정보를 관리하는 방식인 색인을 활용한 정보관리이다. 디지털 파일에 색인을 저장할 경우 추가, 삭제, 변경 등이 쉽다는 점에서 정보관리에 효율적이다.

답 ②

05 출제예상문제

※ (신입)경영 · 회계 · 사무(법정/상경/전산)
※ (별정직)6직급(일반행정)

1 다음 중 '클라우드 컴퓨팅'에 대한 적절한 설명이 아닌 것은 어느 것인가?

① 사용자들이 복잡한 정보를 보관하기 위해 별도의 데이터 센터를 구축할 필요가 없다.

② 정보의 보관보다 정보의 처리 속도와 정확성이 관건인 네트워크 서비스이다.

③ 장소와 시간에 관계없이 다양한 단말기를 통해 정보에 접근할 수 있다.

④ 주소록, 동영상, 음원, 오피스 문서, 게임, 메일 등 다양한 콘텐츠를 대상으로 한다.

⑤ 클라우드 컴퓨팅을 활용하면 스마트 폰으로 이동 중에 시청하던 영상을 집에 도착하여 TV로 볼 수 있게 된다.

 클라우드 컴퓨팅이란 인터넷을 통해 제공되는 서버를 활용해 정보를 보관하고 있다가 필요할 때 꺼내 쓰는 기술을 말한다. 따라서 클라우드 컴퓨팅의 핵심은 데이터의 저장 · 처리 · 네트워킹 및 다양한 어플리케이션 사용 등 IT 관련 서비스를 인터넷과 같은 네트워크를 기반으로 제공하는 데 있어, 정보의 보관 분야에 있어 획기적인 컴퓨팅 기술이라고 할 수 있다.

2 많은 전문가들은 미래의 사회는 정보기술(IT), 생명공학(BT), 나노기술(NT), 환경기술(ET), 문화산업(CT), 우주항공기술(ST) 등을 이용한 정보화 산업이 주도해 나갈 것이라고 예언한다. 다음 중, 이와 같은 미래 정보화 사회의 6T 주도 환경의 모습을 설명한 것으로 적절하지 않은 것은 어느 것인가?

① 부가가치 창출 요인이 토지, 자본, 노동에서 지식 및 정보 생산 요소로 전환된다.

② 모든 국가의 시장이 국경 없는 하나의 세계 시장으로 통합되는 세계화가 진전된다.

③ 무한한 정보를 중심으로 하는 열린사회로 정보제공자와 정보소비자의 구분이 명확해진다.

④ 과학적 지식이 폭발적으로 증가한다.

⑤ 새로운 지식과 기술을 개발·활용·공유·저장할 수 있는 지식근로자를 요구한다.

 미래사회는 지식정보의 창출 및 유통 능력이 국가경쟁력의 원천이 되는 정보사회로 발전할 것이다. 정보사회는 무한한 정보를 중심으로 하는 열린사회로 정보제공자와 정보소비자의 구분이 모호해지며 네트워크를 통한 범세계적인 시장 형성과 경제활동이 이루어진다. 정보통신은 이러한 미래 정보사회의 기반으로서 지식정보의 창출과 원활한 유통에 중요한 역할을 한다. 정보통신 기반을 활용함에 따라 정보사회의 활동 주체들은 모든 사회 경제활동을 시간 · 장소 · 대상에 구애받지 않고 수행할 수 있게 될 것이다.

3 다음 내용에 해당하는 인터넷 검색 방식을 일컫는 말은 어느 것인가?

> 이 검색 방식은 검색엔진에서 문장 형태의 질의어를 형태소 분석을 거쳐 언제(when), 어디서(where), 누가(who), 무엇을(what), 왜(why), 어떻게(how), 얼마나(how much)에 해당하는 5W 2H를 읽어내고 분석하여 각 질문에 답이 들어있는 사이트를 연결해 주는 검색엔진이다.

① 자연어 검색 방식　　　　　　　　② 주제별 검색 방식
③ 통합형 검색 방식　　　　　　　　④ 키워드 검색 방식
⑤ 연산자 검색 방식

 자연어 검색이란 컴퓨터를 전혀 모르는 사람이라도 대화하듯이, 일반적인 문장의 형태로 검색어를 입력하는 방식을 말한다. 일반적인 키워드 검색과 달리 자연어 검색은 사용자가 질문하는 문장을 분석하여 질문의 의미 파악을 통해 정보를 찾기 때문에 훨씬 더 간편하고 정확도 높은 답을 찾을 수 있다. 말하자면 단순한 키워드 검색의 경우 중복 검색이 되거나 필요 없는 정보가 더 많아서 해당하는 정보를 찾기 위해 여러 차례 검색해야 하는 불편을 감수해야 하지만 자연어 검색은 질문의 의미에 적합한 답만을 찾아주기 때문에 더 효율적이다.

② **주제별 검색 방식** – 인터넷상에 존재하는 웹 문서들을 주제별, 계층별로 정리하여 데이터베이스를 구축한 후 이용하는 방식이다. 사용자는 단지 자신이 원하는 정보를 찾을 때까지 상위의 주제부터 하위의 주제까지 분류되어 있는 내용을 선택하여 검색하면 원하는 정보를 발견하게 된다.

③ **통합형 검색 방식** – 통합형 검색 방식의 검색은 키워드 검색 방식과 매우 유사하다. 그러나 통합형 검색 방식은 키워드 검색 방식처럼 검색 엔진 자신만의 데이터베이스를 구축하여 관리하는 방식이 아니라, 사용자가 입력하는 검색어들이 연계된 다른 검색 엔진에 보내고, 이를 통하여 얻은 검색 결과를 사용자에게 보여주는 방식이다.

④ **키워드 검색 방식** – 키워드 검색 방식은 찾고자 하는 정보와 관련된 핵심적인 언어인 키워드를 직접 입력하여 이를 검색 엔진에 보내어 검색 엔진이 키워드와 관련된 정보를 찾는 방식이다. 사용자 입장에서는 키워드만을 입력하여 정보 검색을 간단히 할 수 있는 장점이 있는 반면에, 키워드가 불명확하게 입력된 경우에는 검색 결과가 너무 많아 효율적인 검색이 어렵다는 단점이 있다.

⑤ **연산자 검색 방식** – 하나의 단어로 검색을 하면 검색 결과가 너무 많아져서, 이용자가 원하는 정보와 상관없는 것들이 많이 포함된다. 연산자 검색 방식은 검색과 관련 있는 2개 이상의 단어를 연산자로 조합하여 키워드로 사용하는 방식이다.

Answer → 1.② 2.③ 3.①

4 다양한 정보 중 어떤 것들은 입수한 그 자리에서 판단해 처리하고 미련 없이 버리는 것이 바람직한 '동적정보' 형태인 것들이 있다. 다음 중 이러한 동적정보에 속하지 않는 것은 어느 것인가?

① 각국의 해외여행 시 지참해야 할 물품을 기록해 둔 목록표
② 비행 전, 목적지의 기상 상태를 확인하기 위해 알아 본 인터넷 정보
③ 신문에서 확인한 해외 특정 국가의 질병 감염 가능성이 담긴 여행 자제 권고 소식
④ 입국장 검색 절차가 한층 복잡해졌음을 알리는 뉴스 기사
⑤ 각국의 환율과 그에 따른 원화가치 환산 그래프 자료

 각국의 해외여행 시 지참해야 할 물품이 기록된 자료는 향후에도 유용하게 쓸 수 있는 정보이므로 바로 버려도 되는 동적정보로 볼 수 없다. 나머지 선택지에 제시된 정보들은 모두 일회성이거나 단기에 그 효용이 끝나게 되므로 동적정보이다.
신문이나 텔레비전의 뉴스는 상황변화에 따라 수시로 변하기 때문에 동적정보이다. 반면에 잡지나 책에 들어있는 정보는 정적정보이다. CD-ROM이나 비디오테이프 등에 수록되어 있는 영상정보도 일정한 형태로 보존되어 언제든지 동일한 상태로 재생할 수 있기 때문에 정적정보로 간주할 수 있다.

5 다음은 정보 분석 절차를 도식화한 것이다. 이를 참고할 때, 공공기관이 새롭게 제정한 정책을 시행하기 전 설문조사를 통하여 시민의 의견을 알아보는 행위가 포함되는 것은 ㉠~㉢ 중 어느 것인가?

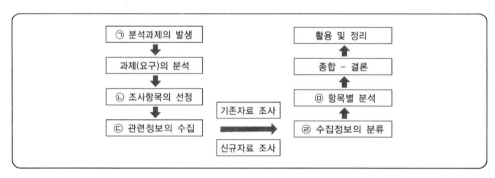

① ㉠   ② ㉡
③ ㉢   ④ ㉣
⑤ ㉤

 새로운 정책에 대하여 시민의 의견을 알아보고자 하는 것은 정책 시행 전 관련된 정보를 수집하는 단계로, 설문조사의 결과에 따라 다른 정보의 분석 내용과 함께 원하는 결론을 얻을 수 있다.

6 다음 ⑦~ⓒ의 설명에 맞는 용어가 순서대로 올바르게 짝지어진 것은 어느 것인가?

> ⑦ 유통분야에서 일반적으로 물품관리를 위해 사용된 바코드를 대체할 차세대 인식기술로 꼽히며, 판독 및 해독 기능을 하는 판독기(reader)와 정보를 제공하는 태그(tag)로 구성된다.
> ⓒ 컴퓨터 관련 기술이 생활 구석구석에 스며들어 있음을 뜻하는 '퍼베이시브 컴퓨팅(pervasive computing)'과 같은 개념이다.
> ⓒ 메신저 애플리케이션의 통화 기능 또는 별도의 데이터 통화 애플리케이션을 설치하면 통신사의 이동통신망이 아니더라도 와이파이(Wi-Fi)를 통해 단말기로 데이터 음성통화를 할 수 있으며, 이동통신망의 음성을 쓰지 않기 때문에 국외 통화 시 비용을 절감할 수 있다는 장점이 있다.

① RFID, 유비쿼터스, VoIP
② POS, 유비쿼터스, RFID
③ RFID, POS, 핫스팟
④ POS, VoIP, 핫스팟
⑤ RFID, VoIP, POS

• RFID : IC칩과 무선을 통해 식품·동물·사물 등 다양한 개체의 정보를 관리할 수 있는 인식 기술을 지칭한다. '전자태그' 혹은 '스마트 태그', '전자 라벨', '무선식별' 등으로 불린다. 이를 기업의 제품에 활용할 경우 생산에서 판매에 이르는 전 과정의 정보를 초소형 칩(IC칩)에 내장시켜 이를 무선주파수로 추적할 수 있다.
• 유비쿼터스 : 유비쿼터스는 '언제 어디에나 존재한다.'는 뜻의 라틴어로, 사용자가 컴퓨터나 네트워크를 의식하지 않고 장소에 상관없이 자유롭게 네트워크에 접속할 수 있는 환경을 말한다.
• VoIP : VoIP(Voice over Internet Protocol)는 IP 주소를 사용하는 네트워크를 통해 음성을 디지털 패킷(데이터 전송의 최소 단위)으로 변환하고 전송하는 기술이다. 다른 말로 인터넷전화라고 부르며, 'IP 텔레포니' 혹은 '인터넷 텔레포니'라고도 한다.

Answer↪ 4.① 5.③ 6.①

7 국내에서 사용하는 인터넷 도메인(Domain)은 현재 2단계 도메인으로 구성되어 있다. 다음 중 도메인 종류와 해당 기관의 성격이 올바르게 연결되지 않은 것은 어느 것인가?

① re.kr – 연구기관

② pe.kr – 개인

③ kg.kr – 유치원

④ ed.kr – 대학

⑤ mil.kr – 국방

 대학은 Academy의 약어를 활용한 'ac.kr'을 도메인으로 사용한다. 주어진 도메인 외에도 다음과 같은 것들을 참고할 수 있다.
- co.kr – 기업/상업기관(Commercial)
- ne.kr – 네트워크(Network)
- or.kr – 비영리기관(Organization)
- go.kr – 정부기관(Government)
- hs.kr – 고등학교(High school)
- ms.kr – 중학교(Middle school)
- es.kr – 초등학교(Elementary school)

8 다음 보기 중, 정보통신기술 관련 용어를 올바르게 설명하지 못한 것은 어느 것인가?

① 지그비(Zigbee) : 각종 센서에서 수집한 정보를 무선으로 수집할 수 있도록 구성한 사물 통신망

② RFID : 전파를 이용해 정보를 인식하는 기술로 출입 관리, 주차 관리 등에 주로 사용된다.

③ 텔레매틱스 : 자동차와 무선 통신을 결합한 새로운 개념의 차량 무선 인터넷 서비스

④ 와이브로 : 무선과 광대역 인터넷을 통합한 의미로, 휴대용 단말기를 이용하여 정지 및 이동 중에 인터넷에 접속이 가능하도록 하는 서비스

⑤ ALL-IP : PSTN과 같은 유선전화망과 무선망, 패킷 데이터망과 같은 기존 통신망 모두가 하나의 IP 기반 망으로 통합되는 것

 지그비(Zigbee)는 저전력, 저비용, 저속도와 2.4GHz를 기반으로 하는 홈 자동화 및 데이터 전송을 위한 무선 네트워크 규격으로 30cm 이내에서 데이터 전송이 가능하다.
제시된 내용의 사물 통신망은 유비쿼터스 센서 네트워크를 의미한다.

9 다음 중 '자료', '정보', '지식'의 관계에 대한 설명으로 올바르지 않은 것은 어느 것인가?

① 객관적 실제의 반영이며, 그것을 전달할 수 있도록 기호화한 것을 자료라고 한다.

② 특정 상황에서 그 가치가 평가된 데이터를 정보와 지식이라고 말한다.

③ 데이터를 집적하고 체계화하여 장래의 일반적인 사항에 대비해 보편성을 갖도록 한 것을 지식이라고 한다.

④ 자료를 가공하여 이용 가능한 정보로 만드는 과정, 자료처리(data processing)라고 도 하며 일반적으로 컴퓨터가 담당한다.

⑤ 업무 활동을 통해 알게 된 세부 데이터를 컴퓨터로 일목요연하게 정리해 내었다면 그것은 지식이라고 불린다.

 '지식'이란 '어떤 특정의 목적을 달성하기 위해 과학적 또는 이론적으로 추상화되거나 정립 되어 있는 일반화된 정보'를 뜻하는 것으로, 어떤 대상에 대하여 원리적·통일적으로 조직 되어 객관적 타당성을 요구할 수 있는 판단의 체계를 제시한다. 선택지 ⑤에서 언급된 내 용은 가치가 포함되어 있지 않은 단순한 데이터베이스라고 볼 수 있다.

10 다음 중 필요한 정보를 효과적으로 수집하기 위하여 가져야 하는 정보 인식 태도에 대한 설 명으로 적절하지 않은 것은 어느 것인가?

① 중요한 정보를 수집하기 위해서는 우선적으로 신뢰관계가 전제가 되어야 한다.

② 정보는 빨리 취득하는 것보다 항상 정보의 질과 내용을 우선시하여야 한다.

③ 단순한 인포메이션을 수집할 것이 아니라 직접적으로 도움을 줄 수 있는 인텔리전스 를 수집할 필요가 있다.

④ 수집된 정보를 효과적으로 분류하여 관리할 수 있는 저장 툴을 만들어두어야 한다.

⑤ 정보수집용 하드웨어에만 의존하지 말고 머릿속에 적당한 정보 저장 공간을 마련한다.

 변화가 심한 시대에는 정보를 빨리 잡는다는 것이 상당히 중요한 포인트가 된다. 때로는 질이나 내용보다는 정보를 남보다 빠르게 잡는 것만으로도 앞설 수 있다. 더군다나 격동의 시대에는 빠른 정보수집이 결정적인 효과를 가져 올 가능성이 클 것이다.

Answer → 7.④ 8.① 9.⑤ 10.②

11 다음 중 '유틸리티 프로그램'으로 볼 수 없는 것은 어느 것인가?

① 고객 관리 프로그램

② 화면 캡쳐 프로그램

③ 이미지 뷰어 프로그램

④ 동영상 재생 프로그램

⑤ 바이러스 백신 프로그램

 사용자가 컴퓨터를 좀더 쉽게 사용할 수 있도록 도와주는 소프트웨어(프로그램)를 '유틸리티 프로그램'이라고 하고 통상 줄여서 '유틸리티'라고 한다. 유틸리티 프로그램은 본격적인 응용 소프트웨어라고 하기에는 크기가 작고 기능이 단순하다는 특징을 가지고 있으며, 사용자가 컴퓨터를 사용하면서 처리하게 되는 여러 가지 작업을 의미한다. 고객 관리 프로그램, 자원관리 프로그램 등은 대표적인 응용 소프트웨어에 속한다.

12 소프트웨어는 사용권(저작권)에 따라 분류될 수 있다. 다음 중 이에 따라 분류된 소프트웨어의 특징에 대한 설명으로 올바르지 않은 것은 어느 것인가?

① Shareware – 배너 광고를 보는 대가로 무료로 사용하는 소프트웨어

② Freeware – 무료 사용 및 배포, 기간 및 기능에 제한이 없는 누구나 사용할 수 있는 소프트웨어

③ 베타(Beta) 버전 – 정식 버전이 출시되기 전에 프로그램에 대한 일반인의 평가를 받기 위해 제작된 소프트웨어

④ 상용 소프트웨어 – 사용 기간의 제한 없이 무료 사용과 배포가 가능한 프로그램

⑤ 데모(Demo) 버전 – 정식 프로그램의 기능을 홍보하기 위해 기능 및 기간을 제한하여 배포하는 프로그램

 상용 소프트웨어는 정해진 금액을 지불하고 정식으로 사용하는 프로그램이다. 한편, 사용 기간의 제한 없이 무료 사용과 배포가 가능한 프로그램은 공개 소프트웨어라고 한다.

13 다음 중 컴퓨터에서 사용되는 자료의 물리적 단위가 큰 것부터 순서대로 올바르게 나열된 것은 어느 것인가?

① Word – Byte – Nibble – Bit
② Byte – Word – Nibble – Bit
③ Word – Byte – Bit – Nibble
④ Word – Nibble – Byte – Bit
⑤ Bit – Byte – Nibble – Word

 데이터의 구성단위는 큰 단위부터 'Database → File → Record → Field → Word → Byte(8Bit) → Nibble(4Bit) → Bit'의 순이다. Bit는 자료를 나타내는 최소의 단위이며, Byte 는 문자 표현의 최소 단위로 '1Byte = 8Bit'이다.

14 다음 중 네트워크 관련 장비의 이름과 해당 설명이 올바르게 연결되지 않은 것은 어느 것인가?

① 게이트웨이(Gateway)란 주로 LAN에서 다른 네트워크에 데이터를 보내거나 다른 네트워크로부터 데이터를 받아들이는 데 사용되는 장치를 말한다.
② 허브(Hub)는 네트워크를 구성할 때 각 회선을 통합적으로 관리하여 한꺼번에 여러 대의 컴퓨터를 연결하는 장치를 말한다.
③ 리피터(Repeater)는 네트워크 계층의 연동 장치로, 최적 경로 설정에 이용되는 장치이다.
④ 스위칭 허브(Switching Hub)는 근거리통신망 구축 시 단말기의 집선 장치로 이용하는 스위칭 기능을 가진 통신 장비로, 통신 효율을 향상시킨 허브로 볼 수 있다.
⑤ 브리지(Bridge)는 두 개의 근거리통신망 시스템을 이어주는 접속 장치를 일컫는 말이며, 양쪽 방향으로 데이터의 전송만 해줄 뿐 프로토콜 변환 등 복잡한 처리는 불가능하다.

 리피터(Repeater)는 장거리 전송을 위하여 전송 신호를 재생시키거나 출력 전압을 높여주는 장치를 말하며 디지털 데이터의 감쇠 현상을 방지하기 위해 사용된다.
네트워크 계층의 연동 장치로서 최적 경로 설정에 이용되는 장치는 라우터(Router)이다.

Answer → 11.① 12.④ 13.① 14.③

15 다음은 '데이터 통합'을 실행하기 위한 방법을 설명하고 있다. 〈보기〉에 설명된 실행 방법 중 올바른 설명을 모두 고른 것은 어느 것인가?

> 〈보기〉
> ㉠ 원본 데이터가 변경되면 자동으로 통합 기능을 이용해 구한 계산 결과가 변경되게 할지 여부를 선택할 수 있다.
> ㉡ 여러 시트에 입력되어 있는 데이터들을 하나로 통합할 수 있으나 다른 통합 문서에 입력되어 있는 데이터를 통합할 수는 없다.
> ㉢ 통합 기능에서는 표준편차와 분산 함수도 사용할 수 있다.
> ㉣ 다른 원본 영역의 레이블과 일치하지 않는 레이블이 있는 경우에도 통합 기능을 수행할 수 있다.

① ㉡, ㉢　　　　　　　　　　　② ㉠, ㉢
③ ㉠, ㉡, ㉣　　　　　　　　　　④ ㉠, ㉢, ㉣
⑤ ㉡, ㉢, ㉣

㉠ [○] 대화 상자에서 '원본 데이터 연결'을 선택하면 제시된 바와 같은 기능을 실행할 수 있다.
㉡ [×] 통합 문서 내의 다른 워크시트뿐 아니라 다른 통합 문서에 있는 워크시트도 통합할 수 있다.
㉢ [○] 통합 기능에서 사용할 수 있는 함수로는 합계, 개수, 평균, 최대/최솟값, 곱, 숫자 개수, 표준편차, 분산 등이 있다.
㉣ [○] 제시된 바와 같은 경우, 별도의 행이나 열이 만들어지게 되므로 통합 기능을 수행할 수 있다.

16 다음은 그래픽(이미지) 데이터의 파일 형식에 대한 설명이다. 각 항목의 설명과 파일명을 올바르게 짝지은 것은 어느 것인가?

> ㉠ Windows에서 기본적으로 지원하는 포맷으로, 고해상도 이미지를 제공하지만 압축을 사용하지 않으므로 파일의 크기가 크다.
> ㉡ 사진과 같은 정지 영상을 표현하기 위한 국제 표준 압축 방식으로 24비트 컬러를 사용하여 트루 컬러로 이미지를 표현한다.
> ㉢ 인터넷 표준 그래픽 파일 형식으로, 256가지 색을 표현하지만 애니메이션으로도 표현할 수 있다.
> ㉣ Windows에서 사용하는 메타 파일 방식으로, 비트맵과 벡터 정보를 함께 표현하고자 할 경우 적합하다.
> ㉤ 데이터의 호환성이 좋아 응용프로그램 간 데이터 교환용으로 사용하는 파일 형식이다.
> ㉥ GIF와 JPEG의 효과적인 기능들을 조합하여 만든 그래픽 파일 포맷이다.

① ㉥ – BMP
② ㉠ – JPG(JPEG)
③ ㉣ – PNG
④ ㉡ – WMF
⑤ ㉢ – GIF

 주어진 설명에 해당하는 파일명은 다음과 같다.
㉠ BMP
㉡ JPG(JPEG) : 사용자가 압축률을 지정해서 이미지를 압축하는 압축 기법을 사용할 수 있다.
㉢ GIF : 여러 번 압축하여도 원본과 비교해 화질의 손상이 없는 특징이 있다.
㉣ WMF
㉤ TIF(TIFF)
㉥ PNG

17 길동이는 이번 달 사용한 카드 사용금액을 시기별, 항목별로 다음과 같이 정리하였다. 항목별 단가를 확인한 후 D2 셀에 함수식을 넣어 D5까지 드래그를 하여 결과값을 알아보고자 한다. 길동이가 D2 셀에 입력해야 할 함수식으로 적절한 것은 어느 것인가?

	A	B	C	D	E
1	시기	항목	횟수	사용금액(원)	
2	1주	식비	10		
3	2주	의류 구입	3		
4	3주	교통비	12		
5	4주	식비	8		
6					
7	항목	단가			
8	식비	6,500			
9	의류 구입	43,000			
10	교통비	3,500			
11					

① =C2*HLOOKUP(B2,$A$8:$B$10,2,0)

② =B2*HLOOKUP(C2,$A$8:$B$10,2,0)

③ =B2*VLOOKUP(B2,$A$8:$B$10,2,0)

④ =C2*VLOOKUP(B2,$A$8:$B$10,2,0)

⑤ =C2*HLOOKUP($A$8:$B$10,2,0)

 VLOOKUP은 범위의 첫 열에서 찾을 값에 해당하는 데이터를 찾은 후 찾을 값이 있는 행에서 열 번호 위치에 해당하는 데이터를 구하는 함수이다. 단가를 찾아 연결하기 위해서는 열에 대하여 '항목'을 찾아 단가를 구하게 되므로 VLOOKUP 함수를 사용해야 한다.

VLOOKUP(B2,$A$8:$B$10,2,0)은 'A8:B10' 영역의 첫 열에서 '식비'에 해당하는 데이터를 찾아 2열에 있는 단가 값인 6500을 선택하게 된다(TRUE(1) 또는 생략할 경우, 찾을 값의 아래로 근삿값, FALSE(0)이면 정확한 값을 표시한다).

따라서 '=C2*VLOOKUP(B2,$A$8:$B$10,2,0)'은 10×6500이 되어 결과 값은 65,000이 되며, 이를 D5까지 드래그하면, 각각 129,000, 42,000, 52,000의 사용금액을 결과 값으로 나타내게 된다.

18 다음 그림에서 A6 셀에 수식 '=$A$1+$A2'를 입력한 후 다시 A6 셀을 복사하여 C6와 C8에 각각 붙여넣기를 하였을 경우, (A)와 (B)에 나타나게 되는 숫자의 합은 얼마인가?

	A	B	C	D
1	7	2	8	
2	3	3	8	
3	1	5	7	
4	2	5	2	
5				
6			(A)	
7				
8			(B)	
9				

① 10
② 12
③ 14
④ 16
⑤ 19

(Tip) '$'는 다음에 오는 셀 기호를 고정값으로 묶어 두는 기능을 하게 된다. A6 셀을 복사하여 C6 셀에 붙이게 되면, 'A'셀이 고정값으로 묶여 있어 (A)에는 A6 셀과 같은 '$A$1+$A2'의 값 10이 입력된다. (B)에는 '$'로 묶여 있지 않은 2행의 값 대신에 4행의 값이 대응될 것이다. 따라서 '$A$1+$A4'의 값인 9가 입력된다. 따라서 (A)와 (B)의 합은 19가 된다.

19 다음과 같은 네 명의 카드 사용실적에 관한 자료를 토대로 한 함수식의 결과값이 동일한 것을 〈보기〉에서 모두 고른 것은 어느 것인가?

	A	B	C	D	E	F
1		갑	을	병	정	
2	1일 카드사용 횟수	6	7	3	5	
3	평균 사용금액	8,500	7,000	12,000	10,000	
4						

〈보기〉

㉠ =COUNTIF(B2:E2,"◇"&E2)

㉡ =COUNTIF(B2:E2,">3")

㉢ =INDEX(A1:E3,2,4)

㉣ =TRUNC(SQRT(C2),2)

① ㉠, ㉡, ㉢

② ㉠, ㉡, ㉣

③ ㉠, ㉢, ㉣

④ ㉡, ㉢, ㉣

⑤ ㉠, ㉡, ㉢, ㉣

㉠ COUNTIF는 범위에서 해당 조건을 만족하는 셀의 개수를 구하는 함수이다. 따라서 'B2:E2' 영역에서 E2의 값인 5와 같지 않은 셀의 개수를 구하면 3이 된다.

㉡ 'B2:E2' 영역에서 3을 초과하는 셀의 개수를 구하면 3이 된다.

㉢ INDEX는 표나 범위에서 지정된 행 번호와 열 번호에 해당하는 데이터를 구하는 함수이다. 따라서 'A1:E3' 영역에서 2행 4열에 있는 데이터를 구하면 3이 된다.

㉣ TRUNC는 지정한 자릿수 미만을 버리는 함수이며, SQRT(인수)는 인수의 양의 제곱근을 구하는 함수이다. 따라서 'C2' 셀의 값 7의 제곱근을 구하면 2.645751이 되고, 2.645751에서 소수점 2자리만 남기고 나머지는 버리게 되어 결과 값은 2.64가 된다.

따라서 ㉠, ㉡, ㉢은 모두 3의 결과 값을 갖는 것을 알 수 있다.

20 다음과 같은 자료를 참고할 때, F3 셀에 들어갈 수식으로 알맞은 것은 어느 것인가?

	A	B	C	D	E	F	G
1	이름	소속	수당(원)		구분	인원 수	
2	김○○	C팀	160,000		총 인원	12	
3	이○○	A팀	200,000		평균 미만	6	
4	홍○○	D팀	175,000		평균 이상	6	
5	강○○	B팀	155,000				
6	남○○	D팀	170,000				
7	서○○	B팀	195,000				
8	조○○	A팀	190,000				
9	염○○	C팀	145,000				
10	신○○	A팀	200,000				
11	권○○	B팀	190,000				
12	강○○	C팀	160,000				
13	노○○	A팀	220,000				
14							

① =COUNTIF(C2:C13,"<"&AVERAGE(C2:C13))

② =COUNT(C2:C13,"<"&AVERAGE(C2:C13))

③ =COUNTIF(C2:C13,"<","&"AVERAGE(C2:C13))

④ =COUNT(C2:C13,">"&AVERAGE(C2:C13))

⑤ =COUNTIF(C2:C13,">"AVERAGE&(C2:C13))

 COUNTIF 함수는 통계함수로서 범위에서 조건에 맞는 셀의 개수를 구할 때 사용된다.
=COUNTIF(C2:C13,"<"&AVERAGE(C2:C13))의 수식은 AVERAGE 함수로 평균 금액을 구한 후, 그 금액보다 적은 개수를 세게 된다.
COUNT 함수는 범위 내에서 숫자가 포함된 셀의 개수를 구하는 함수이다.

21 다음 자료를 참고할 때, B7 셀에 '=SUM(B2:CHOOSE(2,B3,B4,B5))'의 수식을 입력했을 때 표시되는 결과값으로 올바른 것은 어느 것인가?

	A	B	C
1	이름	성과 점수	
2	오○○	85	
3	민○○	90	
4	백○○	92	
5	최○○	88	
6			
7	부분 합계		
8			

① 175   ② 355

③ 267   ④ 177

⑤ 265

 CHOOSE 함수는 'CHOOSE(인수, 값1, 값2,…)'과 같이 표시하며, 인수의 번호에 해당하는 값을 구하게 된다. 다시 말해, 인수가 1이면 값1을, 인수가 2이면 값2를 선택하게 된다. 따라서 두 번째 인수인 B4가 해당되어 B2:B4의 합계를 구하게 되므로 정답은 267이 된다.

22 다음 중 'D10'셀에 '셔츠' 판매금액의 평균을 계산하는 수식으로 적절한 것은 어느 것인가?

	A	B	C	D	E
1	제품명	단가	수량	판매 금액	
2	셔츠	26,000	10	260,000	
3	바지	32,000	15	480,000	
4	셔츠	28,000	12	336,000	
5	신발	52,000	20	1,040,000	
6	신발	58,000	18	1,044,000	
7	바지	35,000	20	700,000	
8	셔츠	33,000	24	792,000	
9					
10	셔츠 판매금액의 평균				
11					

① =DCOUNT(A1:D8, D1, A1:A2)

② =DAVERAGE(A1:D8, D1, A1:A2)

③ =AVERAGE(A1:D8, D1, A1:A2)

④ =DCOUNT(A1:D8, A1:A2)

⑤ =DAVERAGE(A1:D8, A1:A2, D1)

 DAVERAGE 함수는 범위에서 조건에 맞는 레코드 필드 열에 있는 값의 평균을 계산할 때 사용한다. 사용되는 수식은 '=DAVERAGE(범위, 열 번호, 조건)'이다.
따라서 '=DAVERAGE(A1:D8, D1, A1:A2)'와 같은 수식을 입력해야 한다.

23 다음과 같이 매장별 판매금액을 정리하여 A매장의 판매 합계금액을 별도로 계산하고자 한다. 'B11' 셀에 들어가야 할 수식으로 알맞은 것은 어느 것인가?

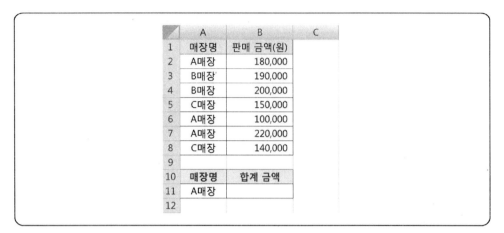

	A	B	C
1	매장명	판매 금액(원)	
2	A매장	180,000	
3	B매장	190,000	
4	B매장	200,000	
5	C매장	150,000	
6	A매장	100,000	
7	A매장	220,000	
8	C매장	140,000	
9			
10	매장명	합계 금액	
11	A매장		
12			

① =SUMIF(A2:A8, A11, B2:B8)

② =SUMIF(A2:B8, A11, B2:B8)

③ =SUMIF(A1:B8, A11, B1:B8)

④ =SUMIF(A2:A8, A11, B1:B8)

⑤ =SUMIF(A1:A8, A11, B2:B8)

 SUMIF 함수는 주어진 조건에 의해 지정된 셀들의 합을 구할 때 사용하는 함수이다.
'=SUMIF(범위, 함수조건, 합계범위)'로 표시하게 된다. 따라서 찾고자 하는 이름의 범위인
A2:A8, 찾고자 하는 이름(조건)인 A11, 합계를 구해야 할 범위인 B2:B8을 순서대로 기재
한 '=SUMIF(A2:A8, A11, B2:B8)'가 올바른 수식이 된다.

24 다음은 엑셀의 사용자 지정 표시 형식과 그 코드를 설명하는 표이다. ㉠~㉢중 올바른 설명이 아닌 것은 어느 것인가?

년	yy	연도를 뒤의 두 자리로 표시
	yyyy	연도를 네 자리로 표시
월	m	월을 1~12로 표시
	mm	월을 01~12로 표시
	mmm	월을 001~012로 표시 → ㉠
	mmmm	월을 January~December로 표시
일	d	일을 1~31로 표시
	dd	일을 01~31로 표시 → ㉡
요일	ddd	요일을 Sun~Sat로 표시
	dddd	요일을 Sunday~Saturday로 표시
	aaa	요일을 월~일로 표시
	aaaa	요일을 월요일~일요일로 표시 → ㉢
시	h	시간을 0~23으로 표시
	hh	시간을 00~23으로 표시 → ㉣
분	m	분을 0~59로 표시 → ㉤
	mm	분을 00~59로 표시
초	s	초를 0~59로 표시
	ss	초를 00~59로 표시

① ㉠   ② ㉡

③ ㉢   ④ ㉣

⑤ ㉤

> (Tip) '월'을 표시하는 'mmm'은 월을 'Jan~Dec'로 표시한다는 의미이다.

▌25~26▐ 다음 H상사의 물류 창고별 책임자와 각 창고 내 재고 물품의 코드 목록을 보고 이어지는 질문에 답하시오.

책임자	코드번호	책임자	코드번호
정 대리	11082D0200400135	강 대리	11056N0401100030
오 사원	12083F0200901009	윤 대리	11046O0300900045
권 사원	11093F0200600100	양 사원	11053G0401201182
민 대리	12107P0300700085	박 사원	12076N0200700030
최 대리	12114H0601501250	변 대리	12107Q0501300045
엄 사원	12091C0200500835	이 사원	11091B0100200770
홍 사원	11035L0601701005	장 사원	12081B0100101012

예시) 2011년 8월에 독일 액손 사에서 생산된 검정색 원단의 500번째 입고 제품
→ 1108 - 4H - 02005 - 00500

생산 연월	생산지		물품 코드				입고품 수량
	원산지 코드	제조사 코드	분야 코드		세부 코드		
예시; 2011년 10월 - 1110 2009년 1월 - 0901	1 미국	A 스카이	01	소품	001	폴리백	00001부터 다섯 자리 시리얼 넘버가 부여됨.
		B 영스			002	포스터	
		C 세븐럭			003	빨강	
	2 일본	D 히토리	02	원단	004	노랑	
		E 노바라			005	검정	
	3 중국	F 왕청			006	초록	
		G 메이			007	외장재	
	4 독일	H 액손	03	철제	008	내장재	
		I 바이스			009	프레임	
		J 네오			010	이음쇠	
	5 영국	K 페이스	04	플라 스틱	011	공구	
		L S-10			012	팻치	
		M 마인스			013	박스	
	6 태국	N 홍챠	05	포장구	014	스트링	
		O 덕홍			015	라벨지	
	7 베트남	P 비엣퐁	06	라벨류	016	인쇄물	
		Q 응산			017	내지	

25 재고물품 중 2011년 영국 '페이스' 사에서 생산된 철제 프레임의 코드로 알맞은 것은 어느 것인가?

① 11035K0300901201

② 12025K0300800200

③ 11055K0601500085

④ 12074H0501400100

⑤ 11035K03007001723. ①

 제조 시기는 11xx이며, 원산지와 제조사 코드는 5K, 철제 프레임은 03009가 되어야 한다.

26 다음 중 생산지(국가)가 동일한 물품을 보관하는 물류 창고의 책임자들로 알맞게 짝지어진 것은 어느 것인가?

① 엄 사원, 변 대리

② 정 대리, 윤 대리

③ 오 사원, 양 사원

④ 민 대리, 박 사원

⑤ 최 대리, 양 사원

 생산지는 영문 알파벳 코드 바로 앞자리이므로 오 사원과 양 사원이 모두 3으로 중국에서 생산된 물품을 보관하고 있음을 확인할 수 있다.

Answer↪ 25.① 26.③

▌27~28▐ 다음은 R사에서 수입하는 가구류의 제품 코드 체계이다. 표를 보고 이어지는 질문에 답하시오.

예시) 2019년 12월에 생산된 미국 Hickory 사의 킹 사이즈 침대 104번째 입고 제품
 → 1912 - 1C - 02003 - 00104

생산 연월	공급자				입고 분류				입고품 수량
	원산지 코드		생산자 코드		제품 코드		용도별 코드		
	1	미국	A	LADD	01	의자	001	거실	
			B	Drexel			002	침실	
			C	Hickory	02	침대	003	킹	
	2	독일	D	Heritage			004	퀸	
			E	Easy wood			005	더블	
2018년 3월 – 1803	3	영국	F	LA-Z-BOY			006	트윈	00001부터 다섯 자리 시리얼 넘버가 부여됨.
			G	Joal			007	옷장	
	4	스웨덴	H	Larkswood	03	장	008	장식장	
2019년 10월 – 1910			I	Pinetree			009	코너장	
			J	Road-7			010	조명	
	5	이태리	K	QinQin	04	소품	011	촛대	
			L	Furniland			012	서랍장	
			M	Omphatic					
	6	프랑스	N	Nine-bed					
			O	Furni Fran					

27 R사는 입고 제품 중 원산지 마크 표기상의 문제를 발견하여 스웨덴에서 수입한 제품과 침대류 제품을 모두 재처리하고자 한다. 다음 중 재처리 대상 제품의 제품 코드가 아닌 것은 어느 것인가?

① 18054J03008100010

② 19012D0200600029

③ 18116N0401100603

④ 19054H0100202037

⑤ 18113G0200400035

 스웨덴에서 수입한 제품은 제품 코드 다섯 번째 자리로 4를 갖게 되며, 침대류는 일곱 번째와 여덟 번째 자리로 02를 갖게 된다. 따라서 이 두 가지 코드에 모두 해당되지 않는 18116N0401100603은 재처리 대상 제품이 아니다.

28 제품 코드가 19103F0401200115인 제품에 대한 설명으로 올바르지 않은 것은 어느 것인가?

① 해당 제품보다 먼저 입고된 제품은 100개 이상이다.

② 유럽에서 생산된 제품이다.

③ 봄에 생산된 제품이다.

④ 침대와 의자류 제품이 아니다.

⑤ 소품 중 서랍장 제품이다.

 생산 코드가 1910이므로 2019년 10월에 생산된 것이므로 봄에 생산된 것이 아니다.
① 115번째 입고 제품이므로 먼저 입고된 제품은 114개가 있다.
② 3F이므로 영국의 LA-Z-BOY사에서 생산된 제품이다.
④⑤ 소품(04)의 서랍장(012) 제품에 해당한다.

Answer↱ 27.③ 28.③

❚29~30❚ H 회사에 입사하여 시스템 모니터링 업무를 담당하게 되었다. 다음 시스템 매뉴얼을 확인한 후 각 물음에 답하시오.

〈입력 방법〉

항목	세부사항
Index ## of File @@	• 오류 문자 : 'Index' 뒤에 오는 문자 '##' • 오류 발생 위치 : File 뒤에 오는 문자 '@@'
Error Value	• 오류 문자와 오류 발생 위치를 의미하는 문자에 사용된 단어의 처음과 끝 알파벳을 아라비아 숫자(1, 2, 3 ~)에 대입한 합을 서로 비교하여 그 차이를 확인
Final Code	• Error Value를 통하여 시스템 상태 판단

* 'APPLE'의 Error Value 값은 A(1)+E(5)=6이다.

〈시스템 상태 판단 기준〉

판단 기준	Final Code
숫자에 대입한 두 합의 차이 = 0	raffle
0 < 숫자에 대입한 두 합의 차이 ≤ 5	acejin
5 < 숫자에 대입한 두 합의 차이 ≤ 10	macquin
10 < 숫자에 대입한 두 합의 차이 ≤ 15	phantus
15 < 숫자에 대입한 두 합의 차이	vuritam

29

> System is processing requests...
> System Code is S.
> Run...
>
> Error Found!
> Index RWDRIVE of File ACROBAT.
>
> Final Code? _____

① raffle　　　　　　　　② acejin

③ macquin　　　　　　　④ phantus

⑤ vuritam

 ② Error Value에 따라, RWDRIVE에서 18(R) + 5(E) = 23, ACROBAT에서 1(A) + 20(T) = 21이므로 그 차이는 2이다. 따라서 시스템 판단 기준에 따라 Final Code 값은 acejin이 된다.

30

> System is processing requests...
> System Code is S.
> Run...
>
> Error Found!
> Index STEDONAV of File QNTKSRYRHD.
>
> Final Code? _____

① raffle　　　　　　　　② acejin

③ macquin　　　　　　　④ phantus

⑤ vuritam

 ⑤ Error Value에 따라, STEDONAV에서 19(S) + 22(V) = 41, QNTKSRYRHD에서 17(Q) + 4(D) = 21이므로 그 차이는 20이다. 따라서 시스템 판단 기준에 따라 Final Code는 vuritam이 된다.

Answer 29.②　30.⑤

06 기술능력

※ (신입)발전설비운영(기계/전기/비파괴)
※ (별정직)5직급(갑)(송전)·5직급(을)(기계·전기·계측)

1 기술과 기술능력

(1) 기술과 과학

① 노하우(know-how)와 노와이(know-why)
   ㉠ 노하우 : 특허권을 수반하지 않는 과학자, 엔지니어 등이 가지고 있는 체화된 기술로 경험적이고 반복적인 행위에 의해 얻어진다.
   ㉡ 노와이 : 기술이 성립하고 작용하는가에 관한 원리적 측면에 중심을 둔 개념으로 이론적인 지식으로서 과학적인 탐구에 의해 얻어진다.

② 기술의 특징
   ㉠ 하드웨어나 인간에 의해 만들어진 비자연적인 대상, 혹은 그 이상을 의미한다.
   ㉡ 기술은 노하우(know-how)를 포함한다.
   ㉢ 기술은 하드웨어를 생산하는 과정이다.
   ㉣ 기술은 인간의 능력을 확장시키기 위한 하드웨어와 그것의 활용을 뜻한다.
   ㉤ 기술은 정의 가능한 문제를 해결하기 위해 순서화되고 이해 가능한 노력이다.

③ 기술과 과학 … 기술은 과학과 같이 추상적 이론보다는 실용성, 효용, 디자인을 강조하고 과학은 그 반대로 추상적 이론, 지식을 위한 지식, 본질에 대한 이해를 강조한다.

(2) 기술능력

① 기술능력과 기술교양 … 기술능력은 기술교양의 개념을 보다 구체화시킨 개념으로, 기술교양은 모든 사람들이 광범위한 관점에서 기술의 특성, 기술적 행동, 기술의 힘, 기술의 결과에 대해 어느 정도의 지식을 가지는 것을 의미한다.

② 기술능력이 뛰어난 사람의 특징
   ㉠ 실질적 해결을 필요로 하는 문제를 인식한다.
   ㉡ 인식된 문제를 위한 다양한 해결책을 개발하고 평가한다.
   ㉢ 실제적 문제를 해결하기 위해 지식이나 기타 자원을 선택·최적화시키며 적용한다.
   ㉣ 주어진 한계 속에서 제한된 자원을 가지고 일한다.
   ㉤ 기술적 해결에 대한 효용성을 평가한다.
   ㉥ 여러 상황 속에서 기술의 체계와 도구를 사용하고 배울 수 있다.

예제 1

Y그룹 기술연구소에 근무하는 정호는 연구 역량 강화를 위한 업계 워크숍에 참석해 기술 능력이 뛰어난 사람의 특징에 대해 기조 발표를 하려고 한다. 다음 중 정호가 발표에 포함시킬 내용으로 옳지 않은 것은?

① 기술의 체계와 같은 무형의 기술에 대한 능력과는 무관하다.
② 주어진 한계 속에서 제한된 자원을 가지고 일한다.
③ 기술적 해결에 대한 효용성을 평가한다.
④ 실질적 해결을 필요로 하는 문제를 인식한다.

[출제의도]
기술능력이 뛰어난 사람의 특징에 대해 묻는 문제로 문제의 길이가 길 경우 그 속에 포함된 핵심 어구를 찾는다면 쉽게 풀 수 있는 문제다.
[해설]
① 여러 상황 속에서 기술의 체계와 도구를 사용하고 배울 수 있다.

답 ①

③ 새로운 기술능력 습득방법

    ㉠ 전문 연수원을 통한 기술과정 연수

    ㉡ E-learning을 활용한 기술교육

    ㉢ 상급학교 진학을 통한 기술교육

    ㉣ OJT를 활용한 기술교육

(3) 분야별 유망 기술 전망

① 전기전자정보공학분야 … 지능형 로봇 분야

② 기계공학분야 … 하이브리드 자동차 기술

③ 건설환경공학분야 … 지속가능한 건축 시스템 기술

④ 화학생명공학분야 … 재생에너지 기술

(4) 지속가능한 기술

① 지속가능한 발전 … 지금 우리의 현재 욕구를 충족시키면서 동시에 후속 세대의 욕구 충족을 침해하지 않는 발전

② 지속가능한 기술

    ㉠ 이용 가능한 자원과 에너지를 고려하는 기술

    ㉡ 자원이 사용되고 그것이 재생산되는 비율의 조화를 추구하는 기술

    ㉢ 자원의 질을 생각하는 기술

    ㉣ 자원이 생산적인 방식으로 사용되는가에 주의를 기울이는 기술

(5) 산업재해

① 산업재해란 산업 활동 중의 사고로 인해 사망하거나 부상을 당하고, 또는 유해 물질에 의한 중독 등으로 직업성 질환에 걸리거나 신체적 장애를 가져오는 것을 말한다.

② 산업 재해의 기본적 원인

    ㉠ **교육적 원인** : 안전 지식의 불충분, 안전 수칙의 오해, 경험이나 훈련의 불충분과 작업관리자의 작업 방법의 교육 불충분, 유해 위험 작업 교육 불충분 등

    ㉡ **기술적 원인** : 건물 · 기계 장치의 설계 불량, 구조물의 불안정, 재료의 부적합, 생산 공정의 부적당, 점검 · 정비 · 보존의 불량 등

    ㉢ **작업 관리상 원인** : 안전 관리 조직의 결함, 안전 수칙 미제정, 작업 준비 불충분, 인원 배치 및 작업 지시 부적당 등

■ 예제 2

다음은 철재가 알아낸 산업재해 원인과 관련된 자료이다. 다음 자료에 해당하는 산업재해의 기본적인 원인은 무엇인가?

2015년 산업재해 현황분석 자료에 따른 사망자의 수

(단위 : 명)

사망원인	사망자 수
안전 지식의 불충분	120
안전 수칙의 오해	56
경험이나 훈련의 불충분	73
작업관리자의 작업방법 교육 불충분	28
유해 위험 작업 교육 불충분	91
기타	4

출처 : 고용노동부 2015 산업재해 현황분석

① 정책적 원인   ② 작업 관리상 원인
③ 기술적 원인   ④ 교육적 원인

[출제의도]
산업재해의 원인은 크게 기본적 원인과 직접적 원인으로 나눌 수 있고 이들 원인은 다시 여러 개의 세부 원인들로 나뉜다. 표에 나와 있는 각각의 원인들이 어디에 속하는지 잘 구분할 수 있어야 한다.

[해설]
④ 안전 지식의 불충분, 안전 수칙의 오해, 경험이나 훈련의 불충분, 작업관리자의 작업방법 교육 불충분, 유해 위험 작업 교육 불충분 등은 산업재해의 기본적 원인 중 교육적 원인에 해당한다.

답 ④

---

③ 산업 재해의 직접적 원인

    ㉠ **불안전한 행동** : 위험 장소 접근, 안전장치 기능 제거, 보호 장비의 미착용 및 잘못 사용, 운전 중인 기계의 속도 조작, 기계 · 기구의 잘못된 사용, 위험물 취급 부주의, 불안전한 상태 방치, 불안전한 자세와 동장, 감독 및 연락 잘못 등

    ㉡ **불안전한 상태** : 시설물 자체 결함, 전기 기설물의 누전, 구조물의 불안정, 소방기구의 미확보, 안전 보호 장치 결함, 복장 · 보호구의 결함, 시설물의 배치 및 장소 불량, 작업 환경 결함, 생산 공정의 결함, 경계 표시 설비의 결함 등

④ 산업 재해의 예방 대책

    ㉠ 안전 관리 조직 : 경영자는 사업장의 안전 목표를 설정하고, 안전 관리 책임자를 선정해야 하며, 안전 관리 책임자는 안전 계획을 수립하고, 이를 시행·후원·감독해야 한다.

    ㉡ 사실의 발견 : 사고 조사, 안전 점검, 현장 분석, 작업자의 제안 및 여론 조사, 관찰 및 보고서 연구, 면담 등을 통하여 사실을 발견한다.

    ㉢ 원인 분석 : 재해의 발생 장소, 재해 형태, 재해 정도, 관련 인원, 직원 감독의 적절성, 공구 및 장비의 상태 등을 정확히 분석한다.

    ㉣ 시정책의 선정 : 원인 분석을 토대로 적절한 시정책, 즉 기술적 개선, 인사 조정 및 교체, 교육, 설득, 호소, 공학적 조치 등을 선정한다.

    ㉤ 시정책 적용 및 뒤처리 : 안전에 대한 교육 및 훈련 실시, 안전시설과 장비의 결함 개선, 안전 감독 실시 등의 선정된 시정책을 적용한다.

2 기술능력을 구성하는 하위능력

(1) 기술이해능력

① 기술시스템

    ㉠ 개념 : 기술시스템은 인공물의 집합체만이 아니라 회사, 투자회사, 법적 제도, 정치, 과학, 자연자원을 모두 포함하는 것이기 때문에, 기술적인 것(the technical)과 사회적인 것(the social)이 결합해서 공존한다.

    ㉡ 기술시스템의 발전 단계 : 발명·개발·혁신의 단계→기술 이전의 단계→기술 경쟁의 단계→기술 공고화 단계

② 기술혁신

    ㉠ 기술혁신의 특성

- 기술혁신은 그 과정 자체가 매우 불확실하고 장기간의 시간을 필요로 한다.
- 기술혁신은 지식 집약적인 활동이다.
- 혁신 과정의 불확실성과 모호함은 기업 내에서 많은 논쟁과 갈등을 유발할 수 있다.
- 기술혁신은 조직의 경계를 넘나드는 특성을 갖고 있다.

ⓛ 기술혁신의 과정과 역할

기술혁신 과정	혁신 활동	필요한 자질과 능력
아이디어 창안	• 아이디어를 창출하고 가능성을 검증 • 일을 수행하는 새로운 방법 고안 • 혁신적인 진보를 위한 탐색	• 각 분야의 전문지식 • 추상화와 개념화 능력 • 새로운 분야의 일을 즐김
챔피언	• 아이디어의 전파 • 혁신을 위한 자원 확보 • 아이디어 실현을 위한 헌신	• 정력적이고 위험을 감수함 • 아이디어의 응용에 관심
프로젝트 관리	• 리더십 발휘 • 프로젝트의 기획 및 조직 • 프로젝트의 효과적인 진행 감독	• 의사결정 능력 • 업무 수행 방법에 대한 지식
정보 수문장	• 조직외부의 정보를 내부 구성원들에게 전달 • 조직 내 정보원 기능	• 높은 수준의 기술적 역량 • 원만한 대인 관계 능력
후원	• 혁신에 대한 격려와 안내 • 불필요한 제약에서 프로젝트 보호 • 혁신에 대한 자원 획득을 지원	• 조직의 주요 의사결정에 대한 영향력

(2) 기술선택능력

① 기술선택 … 기업이 어떤 기술을 외부로부터 도입하거나 자체 개발하여 활용할 것인가를 결정하는 것이다.

ⓖ 기술선택을 위한 의사결정
- 상향식 기술선택 : 기업 전체 차원에서 필요한 기술에 대한 체계적인 분석이나 검토 없이 연구자나 엔지니어들이 자율적으로 기술을 선택하는 것
- 하향식 기술선택 : 기술경영진과 기술기획담당자들에 의한 체계적인 분석을 통해 기업이 획득해야 하는 대상기술과 목표기술수준을 결정하는 것

ⓛ 기술선택을 위한 절차

```
        외부환경분석
           ↓
중장기 사업목표 설정 → 사업 전략 수립 → 요구기술 분석 → 기술전략 수립 → 핵심기술 선택
           ↓
        내부 역량 분석
```

- 외부환경분석 : 수요변화 및 경쟁자 변화, 기술 변화 등 분석
- 중장기 사업목표 설정 : 기업의 장기비전, 중장기 매출목표 및 이익목표 설정
- 내부 역량 분석 : 기술능력, 생산능력, 마케팅/영업능력, 재무능력 등 분석
- 사업 전략 수립 : 사업 영역결정, 경쟁 우위 확보 방안 수립
- 요구기술 분석 : 제품 설계/디자인 기술, 제품 생산공정, 원재료/부품 제조기술 분석
- 기술전략 수립 : 기술획득 방법 결정
ⓒ 기술선택을 위한 우선순위 결정
- 제품의 성능이나 원가에 미치는 영향력이 큰 기술
- 기술을 활용한 제품의 매출과 이익 창출 잠재력이 큰 기술
- 쉽게 구할 수 없는 기술
- 기업 간에 모방이 어려운 기술
- 기업이 생산하는 제품 및 서비스에 보다 광범위하게 활용할 수 있는 기술
- 최신 기술로 진부화될 가능성이 적은 기술

예제 3

주현은 건설회사에 근무하면서 프로젝트 관리를 한다. 얼마 전 대규모 프로젝트에 참가한 한 하청업체가 중간 보고회를 열고 다음과 같이 자신들이 이번 프로젝트의 성공적 마무리를 위해 노력하고 있음을 설명하고 있다. 다음 중 총괄 책임자로서 주현이 하청업체의 올바른 추진 방향으로 인정해 줘야 하는 부분으로 바르게 묶인 것은?

> ㉠ 정부 및 환경단체가 요구하는 성과평가의 실천 방안을 연구하여 반영하고 있습니다.
> ㉡ 이번 프로젝트 성공을 위해 기술적 효용과 함께 환경적 효용도 추구하고 있습니다.
> ㉢ 오염 예방을 위한 청정 생산기술을 진단하고 컨설팅하면서 협력회사와 연대하고 있습니다.
> ㉣ 환경영향평가에 대해서는 철저한 사후평가 방식으로 진행하고 있습니다.

① ㉠㉡㉢
② ㉠㉡㉣
③ ㉠㉢㉣
④ ㉡㉢㉣

[출제의도]
실제 현장에서 사용하는 기술들에 대해 바람직한 평가요소는 무엇인지 묻는 문제다.
[해설]
㉣ 환경영향평가에 대해서는 철저한 사전평가 방식으로 진행해야 한다.

답 ①

② 벤치마킹

　　⊙ 벤치마킹의 종류

기준	종류
비교대상에 따른 분류	• 내부 벤치마킹 : 같은 기업 내의 다른 지역, 타 부서, 국가 간의 유사한 활동을 비교대상으로 함 • 경쟁적 벤치마킹 : 동일 업종에서 고객을 직접적으로 공유하는 경쟁기업을 대상으로 함 • 비경쟁적 벤치마킹 : 제품, 서비스 및 프로세스의 단위 분야에 있어 가장 우수한 실무를 보이는 비경쟁적 기업 내의 유사 분야를 대상으로 함 • 글로벌 벤치마킹 : 프로세스에 있어 최고로 우수한 성과를 보유한 동일업종의 비경쟁적 기업을 대상으로 함
수행방식에 따른 분류	• 직접적 벤치마킹 : 벤치마킹 대상을 직접 방문하여 수행하는 방법 • 간접적 벤치마킹 : 인터넷 및 문서형태의 자료를 통해서 수행하는 방법

　　⊙ 벤치마킹의 주요 단계

　　　• 범위결정 : 벤치마킹이 필요한 상세 분야를 정의하고 목표와 범위를 결정하며 벤치마킹을 수행할 인력들을 결정

　　　• 측정범위 결정 : 상세분야에 대한 측정항목을 결정하고, 측정항목이 벤치마킹의 목표를 달성하는 데 적정한가를 검토

　　　• 대상 결정 : 비교분석의 대상이 되는 기업/기관들을 결정하고, 대상 후보별 벤치마킹 수행의 타당성을 검토하여 최종적인 대상 및 대상별 수행방식을 결정

　　　• 벤치마킹 : 직접 또는 간접적인 벤치마킹을 진행

　　　• 성과차이 분석 : 벤치마킹 결과를 바탕으로 성과차이를 측정항목별로 분석

　　　• 개선계획 수립 : 성과차이에 대한 원인 분석을 진행하고 개선을 위한 성과목표를 결정하며, 성과목표를 달성하기 위한 개선계획을 수립

　　　• 변화 관리 : 개선목표 달성을 위한 변화사항을 지속적으로 관리하고, 개선 후 변화사항과 예상했던 변화 사항을 비교

③ 매뉴얼 … 매뉴얼의 사전적 의미는 어떤 기계의 조작 방법을 설명해 놓은 사용 지침서이다.

　　⊙ 매뉴얼의 종류

　　　• 제품 매뉴얼 : 사용자를 위해 제품의 특징이나 기능 설명, 사용방법과 고장 조치방법, 유지 보수 및 A/S, 폐기까지 제품에 관련된 모든 서비스에 대해 소비자가 알아야 할 모든 정보를 제공하는 것

　　　• 업무 매뉴얼 : 어떤 일의 진행 방식, 지켜야할 규칙, 관리상의 절차 등을 일관성 있게 여러 사람이 보고 따라할 수 있도록 표준화하여 설명하는 지침서

ⓛ 매뉴얼 작성을 위한 Tip
- 내용이 정확해야 한다.
- 사용자가 알기 쉽게 쉬운 문장으로 쓰여야 한다.
- 사용자의 심리적 배려가 있어야 한다.
- 사용자가 찾고자 하는 정보를 쉽게 찾을 수 있어야 한다.
- 사용하기 쉬어야 한다.

(3) 기술적용능력

① 기술적용

ⓐ 기술적용 형태
- 선택한 기술을 그대로 적용한다.
- 선택한 기술을 그대로 적용하되, 불필요한 기술은 과감히 버리고 적용한다.
- 선택한 기술을 분석하고 가공하여 활용한다.

ⓑ 기술적용 시 고려 사항
- 기술적용에 따른 비용이 많이 드는가?
- 기술의 수명 주기는 어떻게 되는가?
- 기술의 전략적 중요도는 어떻게 되는가?
- 잠재적으로 응용 가능성이 있는가?

② 기술경영자와 기술관리자

ⓐ 기술경영자에게 필요한 능력
- 기술을 기업의 전반적인 전략 목표에 통합시키는 능력
- 빠르고 효과적으로 새로운 기술을 습득하고 기존의 기술에서 탈피하는 능력
- 기술을 효과적으로 평가할 수 있는 능력
- 기술 이전을 효과적으로 할 수 있는 능력
- 새로운 제품개발 시간을 단축할 수 있는 능력
- 크고 복잡하고 서로 다른 분야에 걸쳐 있는 프로젝트를 수행할 수 있는 능력
- 조직 내의 기술 이용을 수행할 수 있는 능력
- 기술 전문 인력을 운용할 수 있는 능력

다음은 기술경영자의 어떤 부분을 이야기하고 있는가?

> 어떤 일을 마무리하는 데 있어서 6개월의 시간이 걸린다면 그는 그 일을 한 달 안으로 끝낼 것을 원한다. 그에게 강한 밀어붙임을 경험한 사람들은 그에 대해 비판적인 입장을 취하기도 한다. 그의 직원 중 일부는 그 무게를 이겨내지 못하고, 다른 일부의 직원들은 그것을 스스로 더욱 열심히 할 수 있는 자극제로 사용한다고 말한다.

① 빠르고 효과적으로 새로운 기술을 습득하는 능력
② 기술 이전을 효과적으로 할 수 있는 능력
③ 기술 전문 인력을 운용할 수 있는 능력
④ 조직 내의 기술 이용을 수행할 수 있는 능력

[출제의도]
해당 사례가 기술경영자에게 필요한 능력 중 무엇에 해당하는 내용인지 묻는 문제로 각 능력에 대해 확실하게 이해하고 있어야 한다.
[해설]
③ 기술경영자는 기술 전문 인력을 운용함에 있어 강한 리더십을 발휘하고 직원 스스로 움직일 수 있게 이끌 수 있어야 한다.

답 ③

ⓛ 기술관리자에게 필요한 능력
- 기술을 운용하거나 문제 해결을 할 수 있는 능력
- 기술직과 의사소통을 할 수 있는 능력
- 혁신적인 환경을 조성할 수 있는 능력
- 기술적, 사업적, 인간적인 능력을 통합할 수 있는 능력
- 시스템적인 관점
- 공학적 도구나 지원방식에 대한 이해 능력
- 기술이나 추세에 대한 이해 능력
- 기술팀을 통합할 수 있는 능력

③ 네트워크 혁명

ⓣ 네트워크 혁명의 3가지 법칙
- 무어의 법칙 : 컴퓨터의 파워가 18개월마다 2배씩 증가한다는 법칙
- 메트칼피의 법칙 : 네트워크의 가치는 사용자 수의 제곱에 비례한다는 법칙
- 카오의 법칙 : 창조성은 네트워크에 접속되어 있는 다양한 지수함수로 비례한다는 법칙

ⓛ 네트워크 혁명의 역기능 : 디지털 격차(digital divide), 정보화에 따른 실업의 문제, 인터넷 게임과 채팅 중독, 범죄 및 반사회적인 사이트의 활성화, 정보기술을 이용한 감시 등

예제 5

직표는 J그룹의 기술연구팀에서 근무하고 있는데 하루는 공정 개선 워크숍이 열려 최근 사내에서 이슈로 떠오른 신 제조공법의 도입과 관련해 토론을 벌이고 있다. 신 제조공법 도입으로 인한 이해득실에 대해 의견이 분분한 가운데 직표가 할 수 있는 발언으로 옳지 않은 것은?

① "기술의 수명 주기뿐만 아니라 기술의 전략적 중요성과 잠재적 응용 가능성 등도 따져봐야 합니다."

② "다른 것은 그냥 넘어가도 되지만 기계 교체로 인한 막대한 비용만큼은 철저히 고려해야 합니다."

③ "신 제조공법 도입이 우리 회사의 어떤 시장 전략과 연관되어 있는지 궁금합니다."

④ "신 제조공법의 수명을 어떻게 예상하고 있는지 알고 싶군요."

[출제의도]
기술적용능력에 대해 포괄적으로 묻는 문제로 신기술 적용 시 중요하게 생각해야 할 요소로는 무엇이 있는지 파악하고 있어야 한다.

[해설]
② 기계 교체로 인한 막대한 비용뿐만 아니라 신 기술도입과 관련된 모든 사항에 대해 사전에 철저히 고려해야 한다.

답 ②

06 출제예상문제

※ (신입)발전설비운영(기계/전기/비파괴)
※ (별정직)5직급(갑)(송전) · 5직급(을)(기계 · 전기 · 계측)

1 다음 중 기술 혁신의 특징을 올바르게 파악하지 못한 것은 어느 것인가?

① 개발자에게 응분의 보상을 함으로써 그들의 개발의욕을 북돋아주어야 투입된 자금과 인력의 최대 효과를 기대할 수 있다.

② 기술 혁신은 노동 집약적인 활동이다.

③ 기술 혁신은 그 과정 자체가 매우 불확실하고 장기간의 시간을 필요로 한다.

④ 혁신 과정의 불확실성과 모호함은 기업 내에서 많은 논쟁과 갈등을 유발할 수 있다.

⑤ 기술 혁신은 조직의 경계를 넘나드는 특성을 갖고 있다.

 인간의 개별적인 지능과 창의성, 상호학습을 통해 새로운 지식과 경험은 빠른 속도로 축적되고 학습되지만, 기술개발에 참가한 엔지니어의 지식은 문서화되기 어렵기 때문에 다른 사람들에게 쉽게 전파될 수 없다. 따라서 연구개발에 참가한 연구원과 엔지니어들이 그 기업을 떠나는 경우 기술과 지식의 손실이 크게 발생하여 기술 개발을 지속할 수 없는 경우가 종종 발생하기 때문에 기술 혁신은 지식 집약적인 활동으로 보아야 한다.

2 기술이란 물리적인 것뿐만 아니라 사회적인 것으로서, 지적인 도구를 특정한 목적에 사용하는 지식체계를 의미한다. 다음 중 이러한 기술에 대한 설명으로 올바르지 않은 것은 어느 것인가?

① 기술 중 know-how는 특허권을 얻은 과학자, 엔지니어 등이 가지고 있는 체화된 기술로 어떻게 기술이 성립하고 작용하는가에 관한 원리적 측면에 중심을 두었다.

② 기술은 원래 know-how 개념이 강했으나 점차 know-why가 결합하게 되었다.

③ 현대적 기술은 주로 과학을 기반으로 하는 기술로 이루어져 있다.

④ 제품이나 용역을 생산하는 원료, 생산공정, 생산방법, 자본재 등에 관한 지식의 종합을 기술이라 한다.

⑤ know-how는 경험적이고 반복적인 행위에 의해 얻어진다.

 know-how는 특허권을 수반하지 않는 과학자, 엔지니어 등이 가지고 있는 체화된 기술을 말한다. know-why는 어떻게 기술이 성립하고 작용하는가에 관한 원리적 측면에 중심을 둔 개념이다.

3 사내 기술관리자로서 기술이나 추세에 대한 이해능력과 기술팀을 통합할 수 있는 능력을 겸비하고 있는 A씨가 기술경영자로 한 단계 도약을 하기 위하여 요구되는 능력을 다음에서 모두 고른 것은 어느 것인가?

> ㉠ 기술을 기업의 전략 목표에 통합시키는 능력
> ㉡ 기술을 효과적으로 평가할 수 있는 능력
> ㉢ 시스템적인 관점에서 인식하는 능력
> ㉣ 신제품 개발 시간을 단축할 수 있는 능력
> ㉤ 기술 전문 인력을 운용할 수 있는 능력

① ㉠, ㉡, ㉣
② ㉠, ㉡, ㉤
③ ㉡, ㉣, ㉤
④ ㉠, ㉣, ㉤
⑤ ㉠, ㉡, ㉣, ㉤

 ㉢의 내용은 기술관리자에게 요구되는 능력이며, 기술경영자에게는 시스템에만 의존하기보다 기술의 성격 및 이와 관련된 동향, 사업 환경 등을 이해하여 그에 따른 통합적인 문제해결과 함께 기술혁신을 달성할 수 있는 능력이 요구된다.

▌4~5▐ 다음은 어느 디지털 캠코더의 사용설명서이다. 이를 읽고 물음에 답하시오.

고장신고 전 확인사항

　캠코더에 문제가 있다고 판단될 시 다음 사항들을 먼저 확인해 보시고 그래도 문제해결이 되지 않을 경우 가까운 A/S센터를 방문해 주세요.

1. 배터리 관련

화면표시	원인	조치 및 확인사항
배터리 용량이 부족합니다.	배터리가 거의 소모되었습니다.	충전된 배터리로 교체하거나 전원 공급기를 연결하세요.
정품 배터리가 아닙니다.	배터리의 정품여부를 확인할 수 없습니다.	배터리가 정품인지 확인 후 새 배터리로 교체하세요.

2. 동영상 편집

화면표시	원인	조치 및 확인사항
다른 해상도는 선택할 수 없습니다.	서로 다른 해상도의 동영상은 합쳐지지 않습니다.	서로 다른 해상도의 동영상은 합치기 기능을 사용할 수 없습니다.
메모리 카드 공간이 충분하지 않습니다.	편집 시 사용할 메모리 카드의 공간이 부족합니다.	불필요한 파일을 삭제한 후 편집 기능을 실행하세요.
합치기를 위해 2개의 파일만 선택해 주세요.	합치기 기능은 2개의 파일만 가능합니다.	먼저 2개의 파일을 합친 후 나머지 파일을 합쳐주세요. 단, 총 용량이 1.8GB 이상일 경우 합치기는 불가능합니다.
파일의 크기가 1.8GB가 넘습니다.	총 용량이 1.8GB 이상인 파일은 합치기가 불가능합니다.	파일 나누기 기능을 실행하여 불필요한 부분을 제거한 후 합치기를 실행하세요.

3. 촬영관련

화면표시	원인	조치 및 확인사항
쓰기 실패하였습니다.	저장매체에 문제가 있습니다.	• 데이터 복구를 위해 기기를 껐다가 다시 켜세요. • 중요한 파일은 컴퓨터에 복사한 후 저장매체를 포맷하세요.
스마트 오토 기능을 해제해 주세요.	스마트 오토 기능이 실행 중일 때는 일부 기능을 수동으로 설정할 수 없습니다.	스마트 오토 모드를 해제하세요.

4 캠코더를 사용하다가 갑자기 화면에 '메모리 카드 공간이 충분하지 않습니다.'라는 문구가 떴다. 이를 해결하는 방법으로 가장 적절한 것은?

① 스마트 오토 모드를 해제한다.
② 불필요한 파일을 삭제한 후 편집기능을 실행한다.
③ 충전된 배터리로 교체하거나 전원공급기를 연결한다.
④ 중요한 파일은 컴퓨터에 복사한 후 저장매체를 포맷한다.
⑤ 파일 나누기 기능을 실행한다.

> (Tip) ② 화면에 '메모리 카드 공간이 충분하지 않습니다.'라는 문구가 떴을 때 취해야 할 방법은 불필요한 파일을 삭제한 후 편집기능을 실행하는 것이다.

5 캠코더 화면에 '쓰기 실패하였습니다.'라는 문구가 뜨면 어떻게 대처해야 하는가?

① 파일 나누기 기능을 실행하여 불필요한 부분을 제거한 후 합치기를 실행한다.
② 서로 다른 해상도의 동영상은 합치기 기능을 사용할 수 없다.
③ 배터리가 정품인지 확인 후 새 배터리로 교체한다.
④ 데이터 복구를 위해 기기를 껐다가 다시 켠다.
⑤ 스마트 오토 모드를 해제한다.

> (Tip) 캠코더 화면에 '쓰기 실패하였습니다.'라는 문구가 뜰 경우 대처 방법
> • 데이터 복구를 위해 기기를 껐다가 다시 켠다.
> • 중요한 파일은 컴퓨터에 복사한 후 저장매체를 포맷한다.

Answer⟶ 4.② 5.④

6 기술무역(Technology Trade)은 기술지식과 기술서비스 등과 관련된 국제적·상업적 비용의 지출 및 수입이 있는 거래를 지칭하는 것으로 특허 판매 및 사용료, 발명, 노하우의 전수, 기술지도, 엔지니어링 컨설팅, 연구개발 서비스 등이 여기에 포함된다. 다음 중 이러한 기술무역에 대한 올바른 설명이 아닌 것은 어느 것인가?

① 국가 간 기술 흐름과 해당 국가의 기술 및 산업구조 변화를 측정하는 중요한 지표로 활용될 수 있다.

② 기술무역을 통해 개발도상국의 경우 선진기술을 도입하고 흡수하여 자체개발 능력을 확충하고 산업구조를 고도화시켜 나갈 수 있다.

③ 기술개발의 결과물은 곧바로 상품수출로 이어질 수 있어 빠른 이익 창출을 기대할 수 있는 효과적인 무역 방법이다.

④ 우리나라는 외국의 선진기술을 빠르게 도입하여 상품을 제조·수출하여 발전해 왔으므로 기술무역수지 적자가 상품무역 흑자에 기여하는 측면이 있다.

⑤ 글로벌 기업의 경우 해외 생산 및 판매 거점을 만들면서 본국으로부터의 기술과 노하우의 이전 과정을 통해 부가가치를 창출할 수 있다.

 기술개발의 결과물은 상품 개발로 이어져 완성된 물품을 통한 기술수출이 이루어지까지는 상당한 기간이 지나야 하기 때문에 장기간의 시차가 발생하게 된다.
따라서 우리나라의 경우, 기술무역의 적자를 그대로 보기보다는 상품무역의 흑자와 연계하여 판단하는 것이 실질적인 기술무역 현황을 파악할 수 있는 방법이 되고 있다.

7 창조성은 네트워크에 접속되어 있는 다양한 지수함수로 비례한다는 네트워크 혁명의 법칙은?

① 무어의 법칙   ② 메트칼피의 법칙
③ 세이의 법칙   ④ 카오의 법칙
⑤ 메러비안의 법칙

 네트워크 혁명의 3가지 법칙
• 무어의 법칙 : 컴퓨터의 파워가 18개월마다 2배씩 증가한다는 법칙
• 메트칼피의 법칙 : 네트워크의 가치는 사용자 수의 제곱에 비례한다는 법칙
• 카오의 법칙 : 창조성은 네트워크에 접속되어 있는 다양한 지수함수로 비례한다는 법칙

8 급속히 발전하고 있는 기술변화의 모습에 적응하고자 많은 사람들이 기술 습득의 다양한 방법을 선택하고 있다. 다음 〈보기〉 중, 'OJT를 통한 기술교육'에 대한 설명을 모두 고른 것은 어느 것인가?

〈보기〉
㉠ 관련 산업체와의 프로젝트 활동이 가능하기 때문에 실무 중심의 기술교육이 가능하다.
㉡ 피교육자인 종업원이 업무수행의 중단되는 일이 없이 업무수행에 필요한 지식·기술·능력·태도를 교육훈련 받을 수 있다.
㉢ 원하는 시간과 장소에 교육받을 수 있어 시간, 공간적 측면에서 독립적이다.
㉣ 다년간에 걸친 연수 분야의 노하우에 의해 체계적이면서도 현장과 밀착된 교육이 가능하다.
㉤ 시간의 낭비가 적고 조직의 필요에 합치되는 교육훈련을 할 수 있다.

① ㉠, ㉢   ② ㉡, ㉣
③ ㉠, ㉤   ④ ㉡, ㉤
⑤ ㉢, ㉣

 OJT는 On the Job Training(직장 내 교육훈련)의 줄임말이며, 제시된 각 내용은 다음과 같은 교육 방법의 특징이다.
㉠ 실무 중심의 기술교육 가능→상급학교 진학을 통한 기술교육
㉡ 업무수행의 중단되는 일이 없이 교육훈련 가능→OJT를 통한 기술교육
㉢ 원하는 시간과 장소에서 교육이 가능→e-learning을 활용한 기술교육
㉣ 체계적이고 현장과 밀착된 교육이 가능→전문 연수원을 통한 기술과정 연수
㉤ 조직의 필요에 합치되는 교육이 가능→OJT를 통한 기술교육

9 다음은 벤치마킹 프로세스를 도식화한 자료이다. 빈 칸 ⊙, ⓛ에 들어갈 말이 순서대로 올바르게 짝지어진 것은 어느 것인가?

1단계 : 계획 단계	(⊙)
2단계 : 자료 수집 단계	벤치마킹 프로세스의 자료수집 단계에서는 내부 데이터 수집, 자료 및 문헌조사, 외부 데이터 수집이 포함된다.
3단계 : (ⓛ) 단계	데이터 분석, 근본 원인 분석, 결과 예측, 동인(enabler) 판단 등의 업무를 수행하여야 한다. 이 단계의 목적은 벤치마킹 수행을 위해 개선 가능한 프로세스 동인들을 확인하기 위한 것이다.
4단계 : 개선 단계	개선 단계의 궁극적인 목표는 자사의 핵심 프로세스를 개선함으로써 벤치마킹 결과를 현실화하는 것이다. 이 단계에서는 벤치마킹 연구를 통해 얻은 정보를 활용함으로써 향상된 프로세스를 조직에 적응시켜 지속적인 향상을 유도하여야 한다.

	⊙	ⓛ
①	벤치마킹의 방식 선정	정보화 단계
②	실행 가능 여부의 면밀한 검토	원인도출 단계
③	벤치마킹 파트너 선정에 필요한 요구조건 작성	분석 단계
④	벤치마킹의 필요성 재확인	비교 단계
⑤	벤치마킹 대상에 대한 적격성 심사	자료이용 단계

 벤치마킹의 4단계 절차는 1단계 계획 단계, 2단계 자료수집 단계, 3단계 분석 단계, 4단계 개선 단계로 이루어진다.

계획 단계에서 기업은 반드시 자사의 핵심 성공요인, 핵심 프로세스, 핵심 역량 등을 파악해야 하고, 벤치마킹 되어야 할 프로세스는 문서화되어야 하고 그 특성이 기술되어야 한다. 그리고 벤치마킹 파트너 선정에 필요한 요구조건도 작성되어야 한다.

10 개발팀의 팀장 B씨는 요즘 신입사원 D씨 때문에 고민이 많다. 입사 시에 높은 성적으로 입사한 D씨가 실제 업무를 담당하자마자 이곳저곳에서 불평이 들려오기 시작했다. 머리는 좋지만 실무경험이 없고 인간관계가 미숙하여 여러 가지 문제가 생겼던 것이다. 업무에 대한 기본적이고 일반적인 내용만을 교육하는 신입사원 집합교육은 부족하다 판단한 B씨는 D씨에게 추가적으로 기술교육을 시키기로 결심했다. 하지만 현재 개발팀은 고양이 손이라도 빌려야 할 정도로 바빠서 B씨는 고민 끝에 업무숙달도가 뛰어나고 사교성이 좋은 입사 5년차 대리 J씨에게 D씨의 교육을 일임하였다. 다음 중 J씨가 D씨를 교육하기 위해 선택할 방법으로 가장 적절한 것은?

① 전문 연수원을 통한 기술교육
② E-learning을 활용한 기술교육
③ 상급학교 진학을 통한 기술교육
④ OJT를 활용한 기술교육
⑤ 오리엔테이션을 통한 기술교육

 OJT란 조직 안에서 피교육자인 종업원이 직무에 종사하면서 받게 되는 교육 훈련방법으로 집합교육으로는 기본적·일반적 사항 밖에 훈련시킬 수 없어 피교육자인 종업원에게 '업무수행의 중단되는 일이 없이 업무수행에 필요한 지식·기술·능력·태도를 가르치는 것'을 말한다. 다른 말로 직장훈련·직장지도·직무상 지도 등이라고도 한다. OJT는 모든 관리자·감독자가 업무수행상의 지휘감독자이자 업무수행 과정에서 부하직원의 능력향상을 책임지는 교육자이어야 한다는 생각을 기반으로 직장 상사나 선배가 지도·조언을 해주는 형태로 훈련이 행하여지기 때문에, 교육자와 피교육자 사이에 친밀감을 조성하며 시간의 낭비가 적고 조직의 필요에 합치되는 교육훈련을 할 수 있다는 장점이 있다.

Answer ↳ 9.③ 10.④

11 다음은 어느 해의 산업재해로 인한 사망사고 건수이다. 다음 중 산업재해 사망건수에 가장 큰 영향을 끼치는 산업재해의 기본적 원인은?

〈표〉 20XX년도 산업재해 사망사고 원인별 분석

산업재해 발생원인	건수
작업준비 불충분	162
유해 · 위험작업 교육 불충분	76
건물 · 기계 · 장치의 설계 불량	61
안전 지식의 불충분	46
안전관리 조직의 결함	45
생산 공정의 부적당	43

① 기술적 원인
② 교육적 원인
③ 작업 관리상 원인
④ 불안전한 상태
⑤ 불안전한 행동

 주어진 발생원인 중 가장 많은 수를 차지한 기본적 원인은 작업 관리상 원인[안전관리 조직의 결함(45), 작업준비 불충분(162)]이다.

※ 산업재해의 기본적 원인

ⓐ 교육적 원인: 안전 지식의 불충분, 안전 수칙의 오해, 경험이나 훈련의 불충분, 작업 관리자의 작업 방법의 교육 불충분, 유해 · 위험 작업 교육 불충분 등

ⓑ 기술적 원인: 건물 · 기계 장치의 설계 불량, 구조물의 불안정, 재료의 부적합, 생산 공정의 부적당, 점검 · 정비 · 보존의 불량 등

ⓒ 작업 관리상 원인: 안전 관리 조직의 결함, 안전 수칙 미제정, 작업준비 불충분, 인원 배치 및 작업 지시 부적당 등

※ 산업재해의 직접적 원인

ⓐ 불안전한 행동: 위험 장소 접근, 안전장치 기능 제거, 보호 장비의 미착용 및 잘못된 사용, 운전 중인 기계의 속도 조작, 기계 · 기구의 잘못된 사용, 위험물 취급 부주의, 불안전한 상태 방치, 불안전한 자세와 동작, 감독 및 연락 잘못

ⓑ 불안전한 상태: 시설물 자체 결함, 전기 시설물의 누전, 구조물의 불안정, 소방기구의 미확보, 안전 보호 장치 결함, 복장 · 보호구의 결함, 시설물의 배치 및 장소 불량, 작업 환경 결함, 생산 공정의 결함, 경계 표시 설비의 결함 등

12 기술집약적인 사업을 영위하고 있는 L사는 다양한 분야의 기술 개발을 필요로 한다. 다음에 제시된 L사의 기술개발 사례들 중, 기술선택을 위한 의사결정의 방식에서 그 성격이 나머지와 다른 하나는 어느 것인가?

> ㉠ 새로운 생태계를 만들어 나가고자 하는 사장의 중점 추진사항을 수행하기 위해 과감한 투자를 실행하여 중소기업과의 동반성장 생태계 조성에 필요한 기술 인력을 지원하였으며, 개발된 기술을 바탕으로 산업 생태계의 중심에 위치하게 되었다.
>
> ㉡ 영업본부에서는 매번 해외영업 시 아쉬웠던 부분을 보완하기 위해 영업직원들의 경험에서 도출된 아이디어를 종합하여 생산 설비와 관련된 기술 개발을 국내 우수 업체들과 논의하게 되었고 그 결과 해외영업 성과의 현저한 개선이 이루어졌다.
>
> ㉢ 지금은 4차 산업혁명 시대를 맞이한 매우 중요한 시점에 놓여 있다는 경영진의 경영철학을 현장의 업무에서 구현하기 위해 신성장 기술본부에서는 신재생에너지 사업의 가시적인 효과를 위해 관련 분야의 전문 인력 100여 명을 추가로 채용하였고, 친환경적인 비전을 제시함으로써 정부로부터의 추가 지원 유치에 성공하였다.
>
> ㉣ 경영개선처에서는 회사의 경영슬로건 중 하나인 글로벌 리더로서의 위상을 세계시장에 구현하자는 목표를 가지고, 경영혁신에 필요한 선진기업의 노하우를 벤치마킹하고 그에 따른 선진경영기술을 도입하기 위하여 많은 인재들에게 현지 출장의 기회를 부여해왔고 현지의 전문가들을 본사로 초청해 강연회를 통한 경영기술 공유의 장을 마련하였다.
>
> ㉤ 회사 조직구성의 모토인 '수익성과 고용창출 중심의 해외사업'이라는 가치를 감안하여 해외전략금융처에서는 내년 하반기 본격 시행을 앞둔 획기적인 전략금융기법을 철저한 보안 속에 개발하고 있으며 해외 현지의 고용창출과 수익성 극대화라는 두 마리 토끼를 동시에 잡을 수 있을 것으로 기대하고 있다.

① ㉠ ② ㉡

③ ㉢ ④ ㉣

⑤ ㉤

 기술선택이란 기업이 어떤 기술을 외부로부터 도입하거나 자체 개발하여 활용할 것인가를 결정하는 것으로, 의사결정은 크게 다음과 같은 두 가지 방법이 있을 수 있다.
  • 상향식 기술선택(bottom up approach): 기업 전체 차원에서 필요한 기술에 대한 체계적인 분석이나 검토 없이 연구자나 엔지니어들이 자율적으로 기술을 선택하는 것이다.
  • 하향식 기술선택(top down approach): 기술경영진과 기술기획담당자들에 의한 체계적인 분석을 통해 기업이 획득해야 하는 대상기술과 목표기술수준을 결정하는 것이다.
제시된 보기의 ㉡은 상향식 기술선택, 나머지 네 개의 제시문은 모두 하향식 기술선택의 모습으로 볼 수 있다. 해외금융기법 개발도 금융기술로 볼 수 있다.

13 다음은 정부의 '식품사고' 위기에 대한 대응 매뉴얼 내용의 일부이다. 이에 대한 설명으로 올바르지 않은 것은 어느 것인가?

위기경보	수준
관심	• 해외에서 유해물질에 의한 식품사고가 발생하거나 발생할 우려가 있는 제품이 국내에 유통되고 있다는 정보 입수 • 수입, 통관, 유통단계에서 유해물질이 검출되거나 검출될 우려가 있는 제품이 국내에 유통되고 있다는 정보 입수 • 농·수·축산물 생산단계에서 유해물질이 검출되거나 검출될 우려가 있는 제품이 유통되고 있다는 정보 입수(풍수해, 유해화학물질 유출 등 재난 발생 정보 입수 포함) • 유해물질이 검출되거나 검출될 우려가 있는 제품이 제조, 가공, 유통된 경우(정보 입수 포함) • 50인 미만의 식중독 환자가 발생한 경우 • 국회, 소비자단체, 경찰 등 수사기관, 지자체 등에서 이슈가 제기된 경우(정보 입수 포함)
주의	• 관심 단계에서 입수된 정보가 실제로 발생한 경우 • 1개 지역에서 50인 이상 집단식중독 환자가 발생한 경우 • 제기된 이슈에 대해 2개 이상 언론사에서 부정적 언론을 보도한 경우
경계	• 주의 단계에서 발생한 사고 식품이 대량 유통되거나 관련 언론보도가 확산된 경우 • 2개 이상 지역에서 동일 원인으로 추정되는 100인 이상 집단식중독 환자가 발생한 경우 • 이슈 사항에 대하여 부정적인 언론보도가 지속적으로 반복되어 위기가 확산되는 경우
심각	• 주의 단계에서 발생한 사고 식품으로 인해 사망자 발생 등 심각하게 국민 불안감이 야기된 경우 • 원인불명에 의해 전국적으로 대규모 집단식중독 환자가 발생한 경우 • 이슈제기 사항에 대한 부정적 언론보도 확산으로 심각하게 국민 불안감이 야기된 경우

① A시와 B시에서 동일 원인에 의한 식중독 환자가 각각 40명과 70명 발생한 경우는 '경계' 단계에 해당된다.

② 사고 식품에 의한 사망자가 한 지역에서 3명 발생하였을 경우 '심각' 단계에 해당된다.

③ 환자나 사망자 없이 언론보도로 인한 불안감 증폭 시에도 위기경보 수준이 단계별로 변동될 수 있다.

④ 풍수해로 인한 농산물의 오염 시에는 최소 위기경보 수준이 '경계' 단계이다.

⑤ 언론을 통한 불안감 증폭이 없는 상황에서 실제로 환자가 발생하지 않을 경우, 위기경보 수준은 '관심' 단계를 유지하게 된다.

풍수해로 인한 재난발생 정보를 입수했을 때 '관심' 단계이며, 관심 단계에서 입수된 정보가 실제로 발생한 경우에 '주의' 단계가 된다. 따라서 풍수해로 이한 농산물 오염 시 최소 위기 경보 수준은 '주의' 단계이다.

① 2개 지역에서 총 100명 이상의 식중독 환자가 발생하였으므로 '경계' 단계에 해당된다.

② 사망자의 수는 제한을 두지 않고 있으므로 발생과 동시에 '심각' 단계가 된다.

③ 위기경보의 단계별 수준 내역에는 언론보도로 인한 불안감 증폭 수준의 변화도 기준으로 명시되어 있다.

⑤ 언론에 의한 불안감 증폭과 환자 발생 여부는 위기경보 단계 상향 조정의 원인이 되므로 언급된 원인이 없는 상황은 '관심' 단계에 해당된다.

14 다음에서 설명하고 있는 미래의 활용 기술을 일컫는 말은 어느 것인가?

• 재난 안전 관리 기관과 지하시설물 관리 기관, 지반정보 활용 기관에서 공유함으로써 안전 관리, 시설물 관리, 지하개발 등에 유용하게 활용한다.

• 국민의 실생활과 밀접한 건축, 토지, 부동산, 주택 거래, 아파트 관리 등 민원 행정업무 처리와 지하시설물 등 복잡하고 다양한 정보를 효과적으로 제공하기 위해 건축, 토지, 부동산, 주택, 도시계획 등의 업무 시스템을 구축, 운영할 수 있게 해 준다.

• 최근 다양한 산업과 융·복합해 새로운 부가가치를 창출하고 있는 핵심 정보로, 자율주행차 등 4차 산업혁명의 기반으로 수요가 계속 증가하고 있다.

---

① 딥러닝 알고리즘   ② 도시개발 정보

③ 빅 데이터   ④ 공간정보

⑤ ICT 융복합 정보

 '공간정보'에 대한 설명이다. 최근 정보화 패러다임 변화를 반영하고 국가정보화 기본 방향에 부합하도록 2015년 12월 수립된 '제2차 국토교통 정보화 기본계획 (2016~2020년)'에 따라 국토교통부는 공간정보 융·복합 제공, 안전관리 강화, 지능형 교통체계 구축 등을 목표로 정보화 사업을 추진하고 있다. 공간정보는 재난 시에 국가와 국민을 보호할 수 있는 매우 중요한 정보로 향후에도 그 수요가 꾸준히 증가할 것으로 예상된다.

Answer⌐→ 13.④ 14.④

15 다음 C그룹의 사례는 무엇에 대한 설명인가?

> 올 하반기에 출시한 C그룹의 스마트폰에 대한 매출 증대는 전 세계 스마트폰 시장에 새로운 계기를 마련할 것으로 기대된다. 앞서 C그룹의 올해 상반기 매출은 전년 대비 약 23% 줄어든 것으로 밝혀진 반면 같은 경쟁사인 B그룹의 올 상반기 매출은 전년 대비 약 35% 늘어 같은 업종에서도 기업별 실적 차이가 뚜렷이 나타난 것을 볼 수 있었다. 이는 C그룹이 최근 치열해진 스마트폰 경쟁에서 새로운 기술을 개발하지 못한 반면 B그룹은 작년 말 인수한 외국의 소프트웨어 회사를 토대로 새로운 기술을 선보인 결과라 할 수 있다. 뒤늦게 이러한 사실을 깨달은 C그룹은 B그룹의 신기술 개발을 응용해 자사만의 독특한 제품을 올 하반기에 선보여 스마트폰 경쟁에서 재도약을 꾀할 목표를 세웠고 이를 위해 기존에 있던 다수의 계열사들 중 실적이 저조한 일부 계열사를 매각하는 대신 외국의 경쟁력을 갖춘 소프트웨어 회사들을 잇달아 인수하여 새로운 신기술 개발에 박차를 가했다. 그 결과 C그룹은 세계 최초로 스마트폰을 이용한 결제시스템인 ○○페이와 더불어 홍채인식 보안프로그램을 탑재한 스마트폰을 출시하게 된 것이다.

① 글로벌 벤치마킹   ② 내부 벤치마킹
③ 비경쟁적 벤치마킹   ④ 경쟁적 벤치마킹
⑤ 간접적 벤치마킹

④ **경쟁적 벤치마킹** : 동일 업종에서 고객을 직접적으로 공유하는 경쟁기업을 대상으로 함
① **글로벌 벤치마킹** : 프로세스에 있어 최고로 우수한 성과를 보유한 동일업종의 비경쟁적 기업을 대상으로 함
② **내부 벤치마킹** : 같은 기업 내의 다른 지역, 타 부서, 국가 간의 유사한 활용을 비교 대상으로 함
③ **비경쟁적 벤치마킹** : 제품, 서비스 및 프로세스의 단위 분야에 있어 가장 우수한 실무를 보이는 비경쟁적 기업 내의 유사 분야를 대상으로 하는 방법임
⑤ **간접적 벤치마킹** : 인터넷 및 문서형태의 자료를 통해서 수행하는 방법임

|16~18| 다음은 어느 회사 로봇청소기의 〈고장신고 전 확인사항〉이다. 이를 보고 물음에 답하시오.

확인사항	조치방법
주행이 이상합니다.	• 센서를 부드러운 천으로 깨끗이 닦아주세요. • 초극세사 걸레를 장착한 경우라면 장착 상태를 확인해 주세요. • 주전원 스위치를 끈 후, 다시 켜주세요.
흡입력이 약해졌습니다.	• 흡입구에 이물질이 있는지 확인하세요. • 먼지통을 비워주세요. • 먼지통 필터를 청소해 주세요.
소음이 심해졌습니다.	• 먼지통이 제대로 장착되었는지 확인하세요. • 먼지통 필터가 제대로 장착되었는지 확인하세요. • 회전솔에 이물질이 끼어있는지 확인하세요. • Wheel에 테이프, 껌 등 이물이 묻었는지 확인하세요.
리모컨으로 작동시킬 수 없습니다.	• 배터리를 교환해 주세요. • 본체와의 거리가 3m 이하인지 확인하세요. • 본체 밑면의 주전원 스위치가 켜져 있는지 확인하세요.
회전솔이 회전하지 않습니다.	• 회전솔을 청소해 주세요. • 회전솔이 제대로 장착이 되었는지 확인하세요.
충전이 되지 않습니다.	• 충전대 주변의 장애물을 치워주세요. • 충전대에 전원이 연결되어 있는지 확인하세요. • 충전 단자를 마른 걸레로 닦아 주세요. • 본체를 충전대에 붙인 상태에서 충전대 뒷면에 있는 리셋버튼을 3초간 눌러주세요.
자동으로 충전대 탐색을 시작합니다. 자동으로 전원이 꺼집니다.	로봇청소기가 충전 중이지 않은 상태로 아무 동작 없이 10분이 경과되면 자동으로 충전대 탐색을 시작합니다. 충전대 탐색에 성공하면 충전을 시작하고 충전대를 찾지 못하면 처음위치로 복귀하여 10분 후에 자동으로 전원이 꺼집니다.

Answer → 15.④

06. 기술능력 » 211

16 로봇청소기 서비스센터에서 근무하고 있는 L씨는 고객으로부터 소음이 심해졌다는 문의전화를 받았다. 이에 대한 조치방법으로 L씨가 잘못 답변한 것은?

① 먼지통 필터가 제대로 장착되었는지 확인하세요.

② 회전솔에 이물질이 끼어있는지 확인하세요.

③ Wheel에 테이프, 껌 등 이물이 묻었는지 확인하세요.

④ 흡입구에 이물질이 있는지 확인하세요.

⑤ 먼지통이 제대로 장착되었는지 확인하세요.

> ④는 흡입력이 약해졌을 때의 조치방법이다.

17 로봇청소기가 충전 중이지 않은 상태로 아무 동작 없이 10분이 경과되면 자동으로 충전대 탐색을 시작하는데 충전대를 찾지 못하면 어떻게 되는가?

① 아무 동작 없이 그 자리에 멈춰 선다.

② 처음위치로 복귀하여 10분 후에 자동으로 전원이 꺼진다.

③ 계속 청소를 한다.

④ 계속 충전대를 찾아 돌아다닌다.

⑤ 그 자리에서 바로 전원이 꺼진다.

> 로봇청소기가 충전 중이지 않은 상태로 아무 동작 없이 10분이 경과되면 자동으로 충전대 탐색을 시작한다. 충전대 탐색에 성공하면 충전을 시작하고 충전대를 찾지 못하면 처음위치로 복귀하여 10분 후에 자동으로 전원이 꺼진다.

18 로봇청소기가 갑자기 주행이 이상해졌다. 고객이 시도해보아야 하는 조치방법으로 옳은 것은?

① 충전 단자를 마른 걸레로 닦는다.

② 회전솔을 청소한다.

③ 센서를 부드러운 천으로 깨끗이 닦는다.

④ 먼지통을 비운다.

⑤ 본체 밑면의 주전원 스위치를 켠다.

> ① 충전이 되지 않을 때의 조치방법이다.
> ② 회전솔이 회전하지 않을 때의 조치방법이다.
> ④ 흡입력이 약해졌을 때의 조치방법이다.
> ⑤ 리모컨으로 작동시킬 수 없을 때의 조치방법이다.

┃19~20┃ 효율적인 업무를 위해 새롭게 문서 세단기를 구입한 총무팀에서는 제품을 설치하여 사용 중이다. 문서 세단기 옆 벽면에는 다음과 같은 사용설명서가 게시되어 있다. 이어지는 물음에 답하시오.

〈사용 방법〉

1. 전원 코드를 콘센트에 연결해 주세요.
2. 기기의 프런트 도어를 연 후 전원 스위치를 켜 주세요.
3. 프런트 도어를 닫은 후 'OLED 표시부'에 '세단대기'가 표시되면 세단할 문서를 문서투입구에 넣어주세요.(CD 및 카드는 CD 투입구에 넣어주세요)
4. 절전모드 실행 중에는 전원버튼을 눌러 켠 후 문서를 넣어주세요.
5. 'OLED 표시부'에 부하량이 표시되면서 완료되면 '세단완료'가 표시됩니다.

〈사용 시 주의사항〉

1. 투입부에 종이 이외는 투입하지 마세요.
2. 부품에 물기가 묻지 않도록 주의하세요.
3. 넥타이 및 옷소매 등이 투입부에 말려들어가지 않도록 주의하세요.
4. 가스나 기타 인화물질 근처에서는 사용하지 마세요.
5. '파지비움' 표시의 경우 파지함을 비워주세요.
6. 세단량이 많을 경우 고장의 원인이 되므로 적정량을 투입하세요.
7. 세단량이 많아 '모터과열' 표시의 경우 모터 보호를 위해 정상적으로 멈추는 것이니 30분 정도 중지 후 다시 사용하세요.

〈고장신고 전 OLED 표시부 확인사항〉

증상	조치
1. 전원버튼을 눌러도 제품이 동작하지 않을 때 2. 전원스위치를 ON시켜도 동작하지 않을 때	◆ 전원코드가 꽂혀 있는지 확인합니다. ◆ 프런트 도어를 열고 전원스위치가 ON 되어 있는지 확인합니다.
3. 자동 역회전 후 '세단포기'가 표시되면서 제품이 정지했을 때	◆ 투입구에서 문서를 꺼낸 후 적정량만 투입합니다.
4. '모터과열'이 표시되면서 제품이 정지했을 때	◆ 과도한 투입 및 장시간 연속동작 시 모터가 과열되어 제품이 멈춘 상태이니 전원을 끄고 30분 후 사용합니다.

Answer ⤷ 16.④ 17.② 18.③

5. '파지비움'이 표시되면서 제품이 정지했을 때	◆ '프런트 도어'가 표시되면 프런트 도어를 열고 파지함을 비워줍니다. ◆ 파지함을 비워도 '파지비움' 표시가 없어지지 않으면 (파지 감지스위치에 이물질이 쌓여있을 수 있습니다.) 파지 감지판을 흔들어 이물질을 제거합니다.
6. 문서를 투입하지 않았는데 자동으로 제품이 동작될 경우	◆ 투입구 안쪽으로 문서가 걸려있는 경우 종이 2~3장을 여러 번 접어 안쪽에 걸려있는 문서를 밀어 넣습니다.
7. 전원을 켰을 때 '세단대기'가 표시되지 않고 세팅화면이 표시될 때	◆ 전원버튼을 길게 눌러 세팅모드에서 빠져 나옵니다.

19 다음 중 문세 세단기가 정상 작동하지 않는 원인이 아닌 것은 어느 것인가?

① 파지를 비우지 않아 파지함이 꽉 찼을 경우
② 투입구 안쪽에 문서가 걸려있을 경우
③ 절전모드에서 전원버튼을 눌렀을 경우
④ 문서투입구에 CD가 투입될 경우
⑤ 파지 감지스위치에 이물질이 쌓여있을 경우

 절전모드 실행 중에는 전원버튼을 눌러 켠 후 문서를 넣어 사용할 수 있으므로 정상 작동하지 않는 원인이라고 볼 수 없다.

20 다음의 OLED 표시부 표시 내용 중 성격이 나머지와 다른 것은 어느 것인가?

① 세단포기　　　　　　② 파지비움
③ 모터과열　　　　　　④ 프런트 도어
⑤ 세단대기

 '세단대기'는 세단할 문서를 문서투입구에 넣을 준비가 되어 있는 상태를 나타낸다.
① 문서가 과도하게 투입된 경우이다.
② 파지함에 파지가 꽉 찼거나 파지 감지스위치에 이물질이 쌓여있는 경우이다.
③ 과도한 투입 및 장시간 연속동작의 경우이다.
④ 프런트 도어를 열고 파지함을 비워야 하는 경우이다.

21 다음과 같은 스위치의 기능을 참고할 때, 〈보기〉와 같은 모양의 변화가 일어나기 위해서 세 번의 스위치를 눌렀다면, 순서대로 누른 스위치가 올바르게 짝지어진 것은 어느 것인가? (〈보기〉: 위에서부터 순서대로 1~4번 도형임)

스위치	기능
★	1번, 3번 도형을 시계 방향으로 90도 회전 후 1번만 색깔 변경
☆	2번, 4번 도형을 시계 방향으로 90도 회전 후 4번만 색깔 변경
▲	1번, 2번 도형을 시계 반대 방향으로 90도 회전 후 짝수만 색깔 변경
△	3번, 4번 도형을 시계 반대 방향으로 90도 회전 후 홀수만 색깔 변경

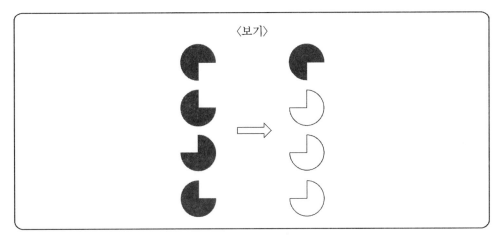

〈보기〉

① ☆, ☆, ▲

② ★, ▲, △

③ ▲, △, ★

④ ▲, ▲, ★

⑤ ▲, ☆, △

(Tip) ★, ▲, △ 스위치를 눌러서 다음과 같은 순서로 변화된 것이다.

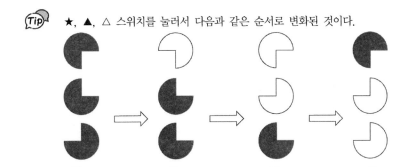

Answer 19.③ 20.⑤ 21.②

스위치		기 능
방향 조작	★	1번째, 3번째 기계를 시계 방향으로 90도 회전함
	☆	2번째, 4번째 기계를 시계 방향으로 90도 회전함
	▲	1번째, 2번째 기계를 시계 반대 방향으로 90도 회전함
	△	3번째, 4번째 기계를 시계 반대 방향으로 90도 회전함
운전 조작	▣	1번째와 3번째 기계 작동 / 정지
	◈	2번째와 3번째 기계 작동 / 정지
	◉	2번째와 4번째 기계 작동 / 정지
※ ●: 작동, ◗: 정지		※ 작동 중인 기계에 운전 조작 스위치를 한 번 더 누르면 해당 기계는 정지된다.

22 왼쪽과 같은 상태에서 다음과 같이 스위치를 누르면, 어떤 상태로 변하겠는가?

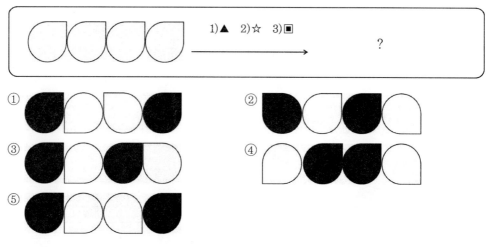

1)▲ 2)☆ 3)▣

?

① ② ③ ④ ⑤

(Tip) ② 세 번째에 누른 스위치(▣)를 먼저 고려하면 ②와 ③이 정답이 될 수 있다. 이 중 첫 번째 스위치(▲)와 두 번째 스위치(☆)에 의해 2번째 기계는 원래 모양대로 있게 되므로 ②가 정답이 된다.

23 시작 상태(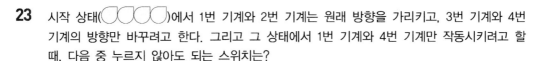)에서 1번 기계와 2번 기계는 원래 방향을 가리키고, 3번 기계와 4번 기계의 방향만 바꾸려고 한다. 그리고 그 상태에서 1번 기계와 4번 기계만 작동시키려고 할 때, 다음 중 누르지 않아도 되는 스위치는?

① ☆

② ▲

③ △

④ ▣

⑤ ◉

> (Tip) ③ 3, 4번 기계의 방향만 바꾸기 위해서는 ★, ☆, ▲를 누르면 된다(1, 2번 기계는 원위치로 돌아감). 또, 운전 조작 스위치 중 ▣, ◉를 누르면 모든 기계가 작동되는데, 이후 ◆를 누르면 작동되던 2, 3번 기계는 한 번 더 조작되었으므로 정지된다.

┃24~25┃ 다음은 그래프 구성 명령어 실행의 두 가지 예시이다. 이를 참고하여 이어지는 물음에 답하시오.

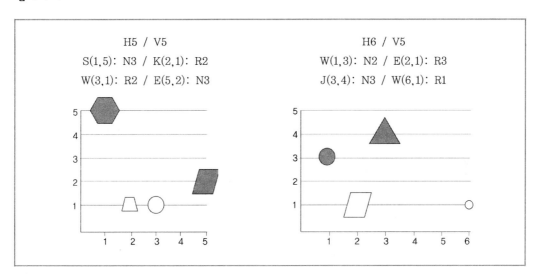

24 위의 그래프 구성 명령어 실행 예시를 통하여 알 수 있는 사항으로 올바르지 않은 것은 어느 것인가?

① S는 육각형을 의미하며, 항상 가장 큰 크기로 표시된다.
② 가로축과 세로축이 네 칸씩 있는 그래프는 H4 / V4로 표시된다.
③ N과 R은 도형의 내부 채색 여부를 의미한다.
④ 도형의 크기는 명령어의 가장 마지막에 표시된다.
⑤ 삼각형과 평행사변형은 각각 J와 E로 표시된다.

 S는 육각형을 의미하지만, 항상 가장 큰 크기로 표시되는 것이 아니며, 1, 2, 3 숫자에 의해 어떤 크기로도 표시될 수 있다.
② H는 Horizontal의 약자로 가로축을, V는 Vertical의 약자로 세로축을 의미하므로 네 칸씩 있는 그래프는 H4 / V4로 표시된다.
③ N은 내부 채색을, R은 내부 무채색을 의미한다.
④ 가장 마지막 N 또는 R 다음에 표시된 숫자가 도형의 크기를 의미한다.
⑤ 삼각형은 J, 평생사변형은 E, 마름모는 K, 타원은 W로 표시되는 것을 알 수 있다.

25 다음과 같은 그래프에 해당하는 그래프 구성 명령어로 올바른 것은 어느 것인가?

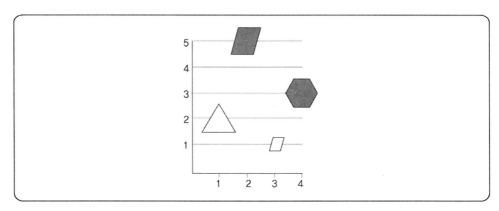

① H5 / V4   J(1,2): N3 / E(2,5): R3 / E(3,1): N2 / S(4,3): R3
② H4 / V5   J(1,2): R3 / E(2,5): W3 / E(3,1): R2 / S(4,3): W3
③ H5 / V4   J(1,2): W3 / E(2,5): N3 / E(3,1): W2 / S(4,3): N3
④ H4 / V5   J(1,2): N3 / E(2,5): R3 / E(3,1): N2 / S(4,3): R3
⑤ H4 / V5   J(1,2): R3 / E(2,5): N3 / E(3,1): R2 / S(4,3): N3

가로축이 네 칸, 세로축이 다섯 칸이므로 그래프는 H4 / V5의 형태가 된다.

삼각형, 평행사변형, 평행사변형, 육각형이 차례로 표시되어 있으므로 J, E, E, S가 도형의 모양을 나타내는 기호가 되며, 각 좌표를 괄호 안에 표시한다. 첫 번째와 세 번째 도형은 내부 무채색이므로 R, 두 번째와 네 번째 도형은 내부 채색이므로 N이 표시되며, 세 번째 도형은 2의 크기, 나머지 도형은 모두 3의 크기가 된다.

따라서 선택지 ⑤와 같은 명령어가 정답인 것을 알 수 있다.

26 다음 글을 통해 알 수 있는 '사회기술 시스템의 발전'의 가장 큰 시사점은 어느 것인가?

> - 기술 시스템은 인공물의 집합체만이 아니라 회사, 투자 회사, 법적 제도, 정치, 과학, 자연자원을 모두 포함하는 것이기 때문에, 기술 시스템에는 기술적인 것(the technical)과 사회적인 것(the social)이 결합해서 공존하고 있다. 이러한 의미에서 기술 시스템은 사회기술 시스템(sociotechnical system)이라고 불리기도 한다.
> - 기술 시스템은 경쟁 단계에서 기업가들의 역할이 더 중요시되며, 시스템이 공고해지면 자문 엔지니어와 금융전문가의 역할이 중요해진다.
> - 기술 시스템의 사회기술적 접근의 일례로, 경비원 대신 폐쇄회로 시스템을 설치하여 관리를 용이하게 한 어느 박물관의 경우, 수천 건에 달하는 침입 중 단지 5%만을 적발한 사례가 있는데 이는 경비원 간 상호작용을 무시한 설계로 소외와 단조로움을 유발한 것이 원인이라는 연구 결과가 있다.

① 사회기술 시스템은 기술만으로 완성되는 것이 아니다.
② 사회기술 시스템은 단계적인 발전을 거친다.
③ 사회기술 시스템은 기술과 사람의 혼합과 조정이 중요하다.
④ 기업가와 자금력은 사회기술 시스템의 핵심 요소이다.
⑤ 사회기술 시스템이 발전해도 과거의 모습은 유지해야 한다.

인간의 욕구와 창의성을 무시한 기술은 오히려 조직의 유효성과 성과를 떨어뜨리는 결과를 초래할 수 있으며, 기술의 진보는 조직과 근로자를 관심과 몰입으로 유도할 때 효과적인 것이다. 따라서 주어진 글의 가장 큰 시사점은 바로 '기술과 사람의 혼합, 조정을 통한 사회기술 시스템의 발전이 유의미하다는 것'이라고 볼 수 있다.

Answer → 24.① 25.⑤ 26.③

27 다음은 차세대 유망 기술로 각광받는 블록체인에 대한 글이다. 다음 글의 밑줄 친 ⑦~⑩ 중, 블록체인의 특징을 올바르게 설명하지 못한 것은 어느 것인가?

> 블록체인은 네트워크 내의 모든 참여자가 공동으로 거래 정보를 검증하고 기록·보관함으로써 ⑦공인된 제3자 없이도 거래 기록의 무결성 및 신뢰성을 확보하는 기술로서 해시(Hash), 전자서명(Digital Signature), 암호화(Cryptography) 등의 보안 기술을 활용한 ⑥분산형 네트워크 인프라를 기반으로 다양한 응용서비스를 구현할 수 있는 구조를 가지고 있다. 해시는 임의의 길이의 입력 메시지를 ⑥고정된 길이의 출력 값으로 압축시키는 기술로 데이터의 무결성 검증 및 메시지 인증에 사용된다.
>
> 블록체인의 가장 큰 특징은, 분산형 구조이기 때문에 P2P(Peer to Peer) 거래가 가능하다. ⑥이전에 비해 수수료가 다소 비싸긴 하지만, 신뢰성을 담보할 중앙집중적 조직이나 공인된 제3자가 필요 없다는 것은 큰 장점이다. 중앙집중적 조직이 필요 없기 때문에 현재의 중앙집중형 시스템의 운영과 유지보수, 보안, 금융 거래 등의 관리가 효율적으로 이루어질 수 있다. 또한 ⑩모든 사용자(노드)가 거래 장부를 가지고 있기 때문에 네트워크 일부에 문제가 생겨도 전체 블록체인에는 영향이 없다.

① ⑦

② ⑥

③ ⑥

④ ⑥

⑤ ⑩

 블록체인은 중앙집중적 조직이 필요 없고, 공인된 제3자가 필요 없는 분산형 네트워크 인프라에 기반을 둔 기술이므로 수수료 또한 절감되는 효과를 거둘 수 있다.
블록체인이란 데이터를 거래할 때 중앙집중형 서버에 기록을 보관하는 기존 방식과 달리 거래 참가자 모두에게 내용을 공개하는 분산원장 기술이다. 분산원장은 인터넷에서 서로 알지 못하는 다수의 상대방과 거래를 할 때 공인된 제3자 기관의 개입 없이 서로 신뢰할 수 있도록 만들어주는 탈중앙화된 정보공유 저장 기술이다.

28 기술능력이라 함은 통상적으로 직업에 종사하기 위해 모든 사람들이 필요로 하는 능력을 의미하는데 다음의 내용은 기술능력의 중요성에 대해 설명하는 어느 기술명장에 관한 것이다. 이를 기초로 하여 기술능력이 뛰어난 사람이 갖추는 요소를 잘못 설명하고 있는 항목을 고르면?

> △△중공업 ○○○ 명장은 고졸의 학력에도 불구하고 끊임없는 노력과 열정으로 국내 최다 국가기술자격증 보유, 5개 국어 구사, 업계 최초의 기술명장으로 인정을 받고 있다. 김규환 명장은 고졸이라는 학력 때문에 정식사원으로 입사를 하지 못하고 사환으로 입사를 시작하였으나, 새벽 5시에 출근하여 기계의 워밍업을 하는 등 남다른 성실함으로 정식기능공, 반장 등으로 승진을 하여 현재의 위치에 오르게 되었다.
>
> 하루는 무서운 선배 한명이 세제로 기계를 모두 닦아 놓으라는 말에 2612개나 되는 모든 기계를 다 분리하여 밤새 닦아서 놓았다. 그 후에도 남다른 실력으로 서로 다른 기계를 봐 달라고 하는 사람들이 점점 늘어났다. 또한 정밀기계 가공 시 1℃변할 때 쇠가 얼마나 변하는지 알기 위해 국내외 많은 자료를 찾아보았지만 구할 수 없어 공장 바닥에 모포를 깔고 2년 6개월간 연구를 한 끝에 재질, 모형, 종류, 기종별로 X-bar값을 구해 1℃ 변할 때 얼마나 변하는지 온도 치수가공조견표를 만들었다. 이를 산업인력공단의 〈기술시대〉에 기고하였으며 이 자료는 기계가공 분야의 대혁명을 가져올 수 있는 자료로 인정을 받았다.

① 기술적인 해결에 대한 효용성을 평가한다.
② 인식된 문제를 위한 다양한 해결책을 개발하고 평가한다.
③ 여러 가지 상황 속에서 기술의 체계 및 도구 등을 사용하고 배울 수 있다.
④ 주어진 한계 속에서, 그리고 무한한 자원을 가지고 일한다.
⑤ 실제적인 문제해결을 위해 지식이나 기타 자원 등을 선택, 최적화시키며, 이를 적용한다.

(Tip) 기술능력이 뛰어난 사람은 주어진 한계 속에서, 그리고 제한된 자원을 가지고 일한다.

Answer⟳ 27.④ 28.④

29 기술은 새로운 발명 및 혁신 등을 통해서 인간의 삶을 윤택하게 바꾸어 준다. 이를 기반으로 하였을 때 아래에 제시된 사례를 통해 글쓴이가 말하고자 하는 것은?

> 성수대교는 길이 1,161m, 너비 19.4m(4차선)로 1977년 4월에 착공해서 1979년 10월에 준공한, 한강에 11번째로 건설된 다리였다. 성수대교는 15년 동안 별 문제없이 사용되다가 1994년 10월 21일 오전 7시 40분경 다리의 북단 5번째와 6번째 교각 사이 상판 50여 미터가 내려앉는 사고가 발생하였으며, 당시 학교와 직장에 출근하던 시민 32명이 사망하고 17명이 부상을 입었다. 이 사고는 오랫동안 별 문제없이 서 있던 다리가 갑자기 붕괴했고, 이후 삼풍백화점 붕괴사고, 지하철 공사장 붕괴사고 등 일련의 대형 참사의 서곡을 알린 사건으로 국민들에게 충격을 안겨주었다.
>
> 이후 전문가 조사단은 오랜 조사를 통해 성수대교의 붕괴의 원인을 크게 두 가지로 밝혔다. 첫 번째는 부실시공이었고, 두 번째는 서울시의 관리 소홀이었다. 부실시공에 관리 불량이 겹쳐서 발생한 성수대교 붕괴사고는 일단 짓고 보자는 식의 급속한 성장만을 추구하던 우리나라의 단면을 상징적으로 잘 보여준 것이다.

① 정부의 안일한 대처를 말하고 있다.
② 많은 비용을 들여 외국으로부터의 빠른 기술도입을 말하고 있다.
③ 기술적 실패 또는 실패한 기술이 우리 사회에 미치는 영향을 말하고 있다.
④ 기술적 발전은 천천히 이루어져야 함을 역설하고 있다.
⑤ 부실시공으로 인한 많은 예산의 투입이 이루어지고 있음을 말하고 있다.

 새로운 기술은 전에는 없던 규모로 사람을 살상하고, 환경을 오염시키고, 새로운 위험과 불확실성을 만들어내고, 기타 각종 범죄의 도구로 사용되기도 한다는 것을 인식하도록 하여 새로운 기술의 문제점에 경각심을 가지도록 하고 있다.

30 아래의 내용을 통해 구체적으로 알 수 있는 사실은?

> P화학 약품 생산 공장에 근무하고 있는 M대리. 퇴근 후 가족과 뉴스를 보다가 자신이 근무하고 있는 화학 약품 생산 공장에서 발생한 대형화재에 대한 뉴스를 보게 되었다. 수십 명의 사상자를 발생시킨 이 화재의 원인은 노후된 전기 설비로 인한 누전 때문으로 추정된다고 하였다. 불과 몇 시간 전까지 같이 근무했던 사람들의 사망소식에 M대리는 어찌할 바를 모른다. 그렇지 않아도 공장장에게 노후한 전기설비를 교체하지 않으면 큰 일이 날지도 모른다고 늘 강조해왔는데 결국에는 돌이킬 수 없는 대형사고를 터트리고 만 것이다.
>
> "사전에 조금만 주의를 기울였다면 이러한 대형 사고는 충분히 막을 수 있었을 텐데...." "내가 더 적극적으로 공장장을 설득하여 전기설비를 교체했더라면 오늘과 같이 소중한 동료들을 잃는 일은 없었을 텐데...."라며 자책하고 있는 M대리.
>
> 이와 같은 대형 사고는 사전에 위험 요소에 대한 조그만 관심만 있었더라면 충분히 예방할 수 있는 경우가 매우 많다. 그럼에도 불구하고 끊임없이 반복하여 발생하는 이유는 무엇일까?

① 산업재해는 무조건 예방이 가능하다.
② 산업재해는 어느 정도의 예측이 가능하며 이로 인한 예방이 가능하다.
③ 산업재해는 어떠한 경우라도 예방이 불가능하다.
④ 산업재해는 전문가만이 예방할 수 있다.
⑤ 산업재해는 근무자가 아닌 의사결정자들이 항상 예의주시해야 한다.

 문제에 제시된 사례는 예측이 가능했던 사고임에도 불구하고 적절하게 대처를 하지 못해 많은 피해를 입히게 된 내용이다. 이러한 사례를 통해 산업재해는 어느 정도 예측이 가능하며, 그에 따라 예방이 가능함을 알 수 있다.

07 조직이해능력

※ (신입)경영 · 회계 · 사무(전산)
※ (별정직)5직급(갑)(송전) · 5직급(을)(기계 · 전기 · 계측) · 6직급(일반행정)

1 조직과 개인

(1) 조직

① 조직과 기업

    ㉠ 조직 : 두 사람 이상이 공동의 목표를 달성하기 위해 의식적으로 구성된 상호작용과 조정을 행하는 행동의 집합체

    ㉡ 기업 : 노동, 자본, 물자, 기술 등을 투입하여 제품이나 서비스를 산출하는 기관

② 조직의 유형

기준	구분	예
공식성	공식조직	조직의 규모, 기능, 규정이 조직화된 조직
	비공식조직	인간관계에 따라 형성된 자발적 조직
영리성	영리조직	사기업
	비영리조직	정부조직, 병원, 대학, 시민단체
조직규모	소규모 조직	가족 소유의 상점
	대규모 조직	대기업

(2) 경영

① 경영의 의미 … 경영은 조직의 목적을 달성하기 위한 전략, 관리, 운영활동이다.

② 경영의 구성요소

    ㉠ 경영목적 : 조직의 목적을 달성하기 위한 방법이나 과정

    ㉡ 인적자원 : 조직의 구성원 · 인적자원의 배치와 활용

    ㉢ 자금 : 경영활동에 요구되는 돈 · 경영의 방향과 범위 한정

    ㉣ 경영전략 : 변화하는 환경에 적응하기 위한 경영활동 체계화

③ 경영자의 역할

대인적 역할	정보적 역할	의사결정적 역할
• 조직의 대표자	• 외부환경 모니터	• 문제 조정
• 조직의 리더	• 변화전달	• 대외적 협상 주도
• 상징자, 지도자	• 정보전달자	• 분쟁조정자, 자원배분자, 협상가

(3) 조직체제 구성요소

① 조직목표 … 전체 조직의 성과, 자원, 시장, 인력개발, 혁신과 변화, 생산성에 대한 목표

② 조직구조 … 조직 내의 부문 사이에 형성된 관계

③ 조직문화 … 조직구성원들 간에 공유하는 생활양식이나 가치

④ 규칙 및 규정 … 조직의 목표나 전략에 따라 수립되어 조직구성원들이 활동범위를 제약하고 일관성을 부여하는 기능

예제 1

주어진 글의 빈칸에 들어갈 말로 가장 적절한 것은?

> 조직이 지속되게 되면 조직구성원들 간 생활양식이나 가치를 공유하게 되는데 이를 조직의 (㉠)라고 한다. 이는 조직구성원들의 사고와 행동에 영향을 미치며 일체감과 정체성을 부여하고 조직이 (㉡)으로 유지되게 한다. 최근 이에 대한 중요성이 부각되면서 긍정적인 방향으로 조성하기 위한 경영층의 노력이 이루어지고 있다.

① ㉠ : 목표, ㉡ : 혁신적   ② ㉠ : 구조, ㉡ : 단계적
③ ㉠ : 문화, ㉡ : 안정적   ④ ㉠ : 규칙, ㉡ : 체계적

[출제의도]
본 문항은 조직체계의 구성요소들의 개념을 묻는 문제이다.
[해설]
조직문화란 조직구성원들 간에 공유하게 되는 생활양식이나 가치를 말한다. 이는 조직구성원들의 사고와 행동에 영향을 미치며 일체감과 정체성을 부여하고 조직이 안정적으로 유지되게 한다.

답 ③

---

(4) 조직변화의 과정

환경변화 인지 → 조직변화 방향 수립 → 조직변화 실행 → 변화결과 평가

(5) 조직과 개인

	지식, 기술, 경험 →	
개인		조직
	← 연봉, 성과급, 인정, 칭찬, 만족감	

2 조직이해능력을 구성하는 하위능력

(1) 경영이해능력

① 경영 … 경영은 조직의 목적을 달성하기 위한 전략, 관리, 운영활동이다.

　㉠ 경영의 구성요소 : 경영목적, 인적자원, 자금, 전략

　㉡ 경영의 과정

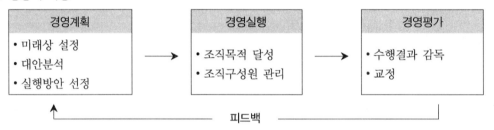

　㉢ 경영활동 유형

　　• 외부경영활동 : 조직외부에서 조직의 효과성을 높이기 위해 이루어지는 활동이다.

　　• 내부경영활동 : 조직내부에서 인적, 물적 자원 및 생산기술을 관리하는 것이다.

② 의사결정과정

　㉠ 의사결정의 과정

　　• 확인 단계 : 의사결정이 필요한 문제를 인식한다.

　　• 개발 단계 : 확인된 문제에 대하여 해결방안을 모색하는 단계이다.

　　• 선택 단계 : 해결방안을 마련하며 실행가능한 해결안을 선택한다.

　㉡ 집단의사결정의 특징

　　• 지식과 정보가 더 많아 효과적인 결정을 할 수 있다.

　　• 다양한 견해를 가지고 접근할 수 있다.

　　• 결정된 사항에 대하여 의사결정에 참여한 사람들이 해결책을 수월하게 수용하고, 의사
　　　소통의 기회도 향상된다.

　　• 의견이 불일치하는 경우 의사결정을 내리는데 시간이 많이 소요된다.

• 특정 구성원에 의해 의사결정이 독점될 가능성이 있다.

③ 경영전략

㉠ 경영전략 추진과정

전략목표설정	환경분석	경영전략 도출	경영전략 실행	평가 및 피드백
• 비전 설정 • 미션 설정	• 내부환경 분석 • 외부환경 분석 (SWOT 등)	• 조직전략 • 사업전략 • 부문전략	• 경영목적 달성	• 경영전략 결과 평가 • 전략목표 및 경영전략 재조명

㉡ 마이클 포터의 본원적 경쟁전략

		전략적 우위 요소	
		고객들이 인식하는 제품의 특성	원가우위
전략적 목표	산업전체	차별화	원가우위
	산업의 특정부문	집중화	
		(차별화 + 집중화)	(원가우위 + 집중화)

예제 2

다음은 경영전략을 세우는 방법 중 하나인 SWOT에 따른 어느 기업의 분석결과이다. 다음 중 주어진 기업 분석 결과에 대응하는 전략은?

강점(Strength)	• 차별화된 맛과 메뉴 • 폭넓은 네트워크
약점(Weakness)	• 매출의 계절적 변동폭이 큼 • 딱딱한 기업 이미지
기회(Opportunity)	• 소비자의 수요 트랜드 변화 • 가계의 외식 횟수 증가 • 경기회복 가능성
위협(Threat)	• 새로운 경쟁자의 진입 가능성 • 과도한 가계부채

내부환경 외부환경	강점(Strength)	약점(Weakness)
기회 (Opportunity)	① 계절 메뉴 개발을 통한 분기 매출 확보	② 고객의 소비패턴을 반영한 광고를 통한 이미지 쇄신
위협 (Threat)	③ 소비 트렌드 변화를 반영한 시장 세분화 정책	④ 고급화 전략을 통한 매출 확대

[출제의도]
본 문항은 조직이해능력의 하위능력인 경영관리능력을 측정하는 문제이다. 기업에서 경영전략을 세우는데 많이 사용되는 SWOT분석에 대해 이해하고 주어진 분석표를 통해 가장 적절한 경영전략을 도출할 수 있는지를 확인할 수 있다.

[해설]
② 딱딱한 이미지를 현재 소비자의 수요 트렌드라는 환경 변화에 대응하여 바꿀 수 있다.

답 ②

④ 경영참가제도
  ㉠ 목적
    • 경영의 민주성을 제고할 수 있다.
    • 공동으로 문제를 해결하고 노사 간의 세력 균형을 이룰 수 있다.
    • 경영의 효율성을 제고할 수 있다.
    • 노사 간 상호 신뢰를 증진시킬 수 있다.
  ㉡ 유형
    • 경영참가 : 경영자의 권한인 의사결정과정에 근로자 또는 노동조합이 참여하는 것
    • 이윤참가 : 조직의 경영성과에 대하여 근로자에게 배분하는 것
    • 자본참가 : 근로자가 조직 재산의 소유에 참여하는 것

예제 3

다음은 중국의 H사에서 시행하는 경영참가제도에 대한 기사이다. 밑줄 친 이 제도는 무엇인가?

> H사는 '사람' 중심의 수평적 기업문화가 발달했다. H사는 이 제도의 시행을 통해 직원들이 경영에 간접적으로 참여할 수 있게 하였는데 이에 따라 자연스레 기업에 대한 직원들의 책임 의식도 강화됐다. 참여주주는 8만2471명이다. 모두 H사의 임직원이며, 이 중 창립자인 CEO R은 개인주주로 총 주식의 1.18%의 지분과 퇴직연금으로 주식총액의 0.21%만을 보유하고 있다.

① 노사협의회제도   ② 이윤분배제도
③ 종업원지주제도   ④ 노동주제도

[출제의도]
경영참가제도는 조직원이 자신이 속한 조직에서 주인의식을 갖고 조직의 의사결정과정에 참여할 수 있도록 하는 제도이다. 본 문항은 경영참가제도의 유형을 구분해낼 수 있는가를 묻는 질문이다.
[해설]
종업원지주제도 … 기업이 자사 종업원에게 특별한 조건과 방법으로 자사 주식을 분양·소유하게 하는 제도이다. 이 제도의 목적은 종업원에 대한 근검저축의 장려, 공로에 대한 보수, 자사에의 귀속의식 고취, 자사에의 일체감 조성 등이 있다.

답 ③

---

(2) 체제이해능력

① 조직목표 : 조직이 달성하려는 장래의 상태
  ㉠ 조직목표의 기능
    • 조직이 존재하는 정당성과 합법성 제공
    • 조직이 나아갈 방향 제시
    • 조직구성원 의사결정의 기준
    • 조직구성원 행동수행의 동기유발
    • 수행평가 기준
    • 조직설계의 기준

ⓛ 조직목표의 특징

- 공식적 목표와 실제적 목표가 다를 수 있음
- 다수의 조직목표 추구 가능
- 조직목표 간 위계적 상호관계가 있음
- 가변적 속성
- 조직의 구성요소와 상호관계를 가짐

② 조직구조

ⓗ 조직구조의 결정요인 : 전략, 규모, 기술, 환경

ⓛ 조직구조의 유형과 특징

유형	특징
기계적 조직	• 구성원들의 업무가 분명하게 규정 • 엄격한 상하 간 위계질서 • 다수의 규칙과 규정 존재
유기적 조직	• 비공식적인 상호의사소통 • 급변하는 환경에 적합한 조직

③ 조직문화

ⓗ 조직문화 기능

- 조직구성원들에게 일체감, 정체성 부여
- 조직몰입 향상
- 조직구성원들의 행동지침 : 사회화 및 일탈행동 통제
- 조직의 안정성 유지

ⓛ 조직문화 구성요소(7S) : 공유가치(Shared Value), 리더십 스타일(Style), 구성원(Staff), 제도 · 절차(System), 구조(Structure), 전략(Strategy), 스킬(Skill)

④ 조직 내 집단

ⓗ 공식적 집단 : 조직에서 의식적으로 만든 집단으로 집단의 목표, 임무가 명확하게 규정되어 있다.

예 임시위원회, 작업팀 등

ⓛ 비공식적 집단 : 조직구성원들의 요구에 따라 자발적으로 형성된 집단이다.

예 스터디모임, 봉사활동 동아리, 각종 친목회 등

(3) 업무이해능력

① 업무 : 업무는 상품이나 서비스를 창출하기 위한 생산적인 활동이다.
  ㉠ 업무의 종류

부서	업무(예)
총무부	주주총회 및 이사회개최 관련 업무, 의전 및 비서업무, 집기비품 및 소모품의 구입과 관리, 사무실 임차 및 관리, 차량 및 통신시설의 운영, 국내외 출장 업무 협조, 복리후생 업무, 법률자문과 소송관리, 사내외 홍보 광고업무
인사부	조직기구의 개편 및 조정, 업무분장 및 조정, 인력수급계획 및 관리, 직무 및 정원의 조정 종합, 노사관리, 평가관리, 상벌관리, 인사발령, 교육체계 수립 및 관리, 임금제도, 복리후생제도 및 지원업무, 복무관리, 퇴직관리
기획부	경영계획 및 전략 수립, 전사기획업무 종합 및 조정, 중장기 사업계획의 종합 및 조정, 경영정보 조사 및 기획보고, 경영진단업무, 종합예산수립 및 실적관리, 단기사업계획 종합 및 조정, 사업계획, 손익추정, 실적관리 및 분석
회계부	회계제도의 유지 및 관리, 재무상태 및 경영실적 보고, 결산 관련 업무, 재무제표 분석 및 보고, 법인세, 부가가치세, 국세 지방세 업무자문 및 지원, 보험가입 및 보상업무, 고정자산 관련 업무
영업부	판매 계획, 판매예산의 편성, 시장조사, 광고 선전, 견적 및 계약, 제조지시서의 발행, 외상매출금의 청구 및 회수, 제품의 재고 조절, 거래처로부터의 불만처리, 제품의 애프터서비스, 판매원가 및 판매가격의 조사 검토

다음은 I기업의 조직도와 팀장님의 지시사항이다. H씨가 팀장님의 심부름을 수행하기 위해 연락해야 할 부서로 옳은 것은?

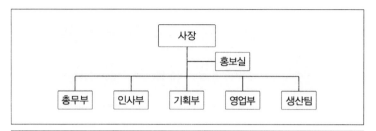

H씨! 내가 지금 너무 바빠서 그러는데 부탁 좀 들어줄래요? 다음 주 중에 사장님 모시고 클라이언트와 만나야 할 일이 있으니까 사장님 일정을 확인해주시구요. 이번 달에 신입사원 교육 · 훈련계획이 있었던 것 같은데 정확한 시간이랑 날짜를 확인해주세요.

① 총무부, 인사부
② 총무부, 홍보실
③ 기획부, 총무부
④ 영업부, 기획부

[출제의도]
조직도와 부서의 명칭을 보고 개략적인 부서의 소관 업무를 분별할 수 있는지를 묻는 문항이다.
[해설]
사장의 일정에 관한 사항은 비서실에서 관리하나 비서실이 없는 회사의 경우 총무부(또는 팀)에서 비서업무를 담당하기도 한다. 또한 신입사원 관리 및 교육은 인사부에서 관리한다.

답 ①

ⓛ 업무의 특성
 • 공통된 조직의 목적 지향
 • 요구되는 지식, 기술, 도구의 다양성
 • 다른 업무와의 관계, 독립성
 • 업무수행의 자율성, 재량권

② 업무수행 계획
 ㉠ 업무지침 확인 : 조직의 업무지침과 나의 업무지침을 확인한다.
 ㉡ 활용 자원 확인 : 시간, 예산, 기술, 인간관계
 ㉢ 업무수행 시트 작성
 • 간트 차트 : 단계별로 업무의 시작과 끝 시간을 바 형식으로 표현
 • 워크 플로 시트 : 일의 흐름을 동적으로 보여줌
 • 체크리스트 : 수행수준 달성을 자가점검

Point 》 간트 차트와 플로 차트

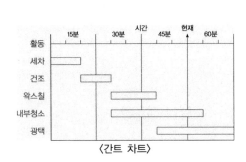
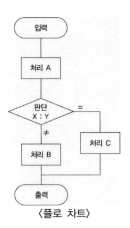

〈간트 차트〉   〈플로 차트〉

예제 5

다음 중 업무수행 시 단계별로 업무를 시작해서 끝나는 데까지 걸리는 시간을 바 형식으로 표시하여 전체 일정 및 단계별로 소요되는 시간과 각 업무활동 사이의 관계를 볼 수 있는 업무수행 시트는?

① 간트 차트
② 워크 플로 차트
③ 체크리스트
④ 퍼트 차트

[출제의도]
업무수행 계획을 수립할 때 간트 차트, 워크 플로 시트, 체크리스트 등의 수단을 이용하면 효과적으로 계획하고 마지막에 급하게 일을 처리하지 않고 주어진 시간 내에 끝마칠 수 있다. 본 문항은 그러한 수단이 되는 차트들의 이해도를 묻는 문항이다.
[해설]
② 일의 절차 처리의 흐름을 표현하기 위해 기호를 써서 도식화한 것
③ 업무를 세부적으로 나누고 각 활동별로 수행수준을 달성했는지를 확인하는 데 효과적
④ 하나의 사업을 수행하는 데 필요한 다수의 세부사업을 단계와 활동으로 세분하여 관련된 계획 공정으로 묶고, 각 활동의 소요시간을 낙관시간, 최가능시간, 비관시간 등 세 가지로 추정하고 이를 평균하여 기대시간을 추정

답 ①

---

③ 업무 방해요소

ㄱ 다른 사람의 방문, 인터넷, 전화, 메신저 등

ㄴ 갈등관리

ㄷ 스트레스

(4) 국제감각

① 세계화와 국제경영

　㉠ **세계화** : 3Bs(국경 ; Border, 경계 ; Boundary, 장벽 ; Barrier)가 완화되면서 활동범위가 세계로 확대되는 현상이다.

　㉡ **국제경영** : 다국적 내지 초국적 기업이 등장하여 범지구적 시스템과 네트워크 안에서 기업 활동이 이루어지는 것이다.

② **이문화 커뮤니케이션** ⋯ 서로 상이한 문화 간 커뮤니케이션으로 직업인이 자신의 일을 수행하는 가운데 문화배경을 달리하는 사람과 커뮤니케이션을 하는 것이 이에 해당한다. 이문화 커뮤니케이션은 언어적 커뮤니케이션과 비언어적 커뮤니케이션으로 구분된다.

③ 국제 동향 파악 방법

　㉠ 관련 분야 해외사이트를 방문해 최신 이슈를 확인한다.

　㉡ 매일 신문의 국제면을 읽는다.

　㉢ 업무와 관련된 국제잡지를 정기구독 한다.

　㉣ 고용노동부, 한국산업인력공단, 산업통상자원부, 중소벤처기업부, 대한상공회의소, 산업별인적자원개발협의체 등의 사이트를 방문해 국제동향을 확인한다.

　㉤ 국제학술대회에 참석한다.

　㉥ 업무와 관련된 주요 용어의 외국어를 알아둔다.

　㉦ 해외서점 사이트를 방문해 최신 서적 목록과 주요 내용을 파악한다.

　㉧ 외국인 친구를 사귀고 대화를 자주 나눈다.

④ 대표적인 국제매너

　㉠ 미국인과 인사할 때에는 눈이나 얼굴을 보는 것이 좋으며 오른손으로 상대방의 오른손을 힘주어 잡았다가 놓아야 한다.

　㉡ 러시아와 라틴아메리카 사람들은 인사할 때에 포옹을 하는 경우가 있는데 이는 친밀함의 표현이므로 자연스럽게 받아주는 것이 좋다.

　㉢ 명함은 받으면 꾸기거나 계속 만지지 않고 한 번 보고나서 탁자 위에 보이는 채로 대화하거나 명함집에 넣는다.

　㉣ 미국인들은 시간 엄수를 중요하게 생각하므로 약속시간에 늦지 않도록 주의한다.

　㉤ 스프를 먹을 때에는 몸쪽에서 바깥쪽으로 숟가락을 사용한다.

　㉥ 생선요리는 뒤집어 먹지 않는다.

　㉦ 빵은 스프를 먹고 난 후부터 디저트를 먹을 때까지 먹는다.

※ (신입)경영 · 회계 · 사무(전산)
※ (별정직)5직급(갑)(송전) · 5직급(을)(기계 · 전기 · 계측) · 6직급(일반행정)

1 조직의 개념을 다음과 같이 구분할 때, 비공식 조직(A)과 비영리 조직(B)을 알맞게 짝지은 것은 어느 것인가?

> 조직은 공식화 정도에 따라 공식조직과 비공식조직으로 구분할 수 있다. 공식조직은 조직의 구조, 기능, 규정 등이 조직화되어 있는 조직을 의미하며, 비공식조직은 개인들의 협동과 상호작용에 따라 형성된 자발적인 집단 조직이다. 즉, 비공식조직은 인간관계에 따라 형성된 것으로, 조직이 발달해 온 역사를 보면 비공식조직으로부터 공식화가 진행되어 공식조직으로 발전해 왔다.
>
> 또한 조직은 영리성을 기준으로 영리조직과 비영리조직으로 구분할 수 있다. 영리조직은 기업과 같이 이윤을 목적으로 하는 조직이며, 비영리조직은 공익을 추구하는 기관이나 단체 등이 해당한다.
>
> 조직을 규모로 구분하여 보았을 때, 가족 소유의 상점과 같이 소규모 조직도 있지만, 대기업과 같이 대규모 조직도 있으며, 최근에는 다국적 기업도 증가하고 있다. 다국적 기업이란 동시에 둘 이상의 국가에서 법인을 등록하고 경영활동을 벌이는 기업을 의미한다.

	(A)	(B)
①	사기업	시민 단체
②	병원	대학
③	계모임	종교 단체
④	대기업	소규모 빵집
⑤	정부조직	노동조합

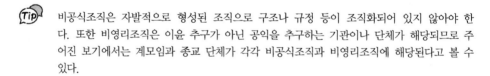 비공식조직은 자발적으로 형성된 조직으로 구조나 규정 등이 조직화되어 있지 않아야 한다. 또한 비영리조직은 이윤 추구가 아닌 공익을 추구하는 기관이나 단체가 해당되므로 주어진 보기에서는 계모임과 종교 단체가 각각 비공식조직과 비영리조직에 해당된다고 볼 수 있다.

2 다음 중 밑줄 친 (개)와 (내)에 대한 설명으로 적절하지 않은 것은 어느 것인가?

> 조직 내에서는 (개)<u>개인이 단독으로 의사결정을 내리는 경우</u>도 있지만 집단이 의사결정을 하기도 한다. 조직에서 여러 문제가 발생하면 직업인은 의사결정과정에 참여하게 된다. 이때 조직의 의사결정은 (내)<u>집단적으로 이루어지는 경우</u>가 많으며, 여러 가지 제약요건이 존재하기 때문에 조직의 의사결정에 적합한 과정을 거쳐야 한다. 조직의 의사결정은 개인의 의사결정에 비해 복잡하고 불확실하다. 따라서 대부분 기존의 결정을 조금씩 수정해나가는 방향으로 이루어진다.

① (내)가 보다 효과적인 결정을 내릴 확률이 높다.
② (개)는 결정된 사항에 대하여 의사결정에 참여한 사람들이 해결책을 수월하게 수용하지 않을 수도 있다.
③ (개)는 의사결정을 신속히 내릴 수 있다.
④ (내)는 다양한 시각과 견해를 가지고 의사결정에 접근할 수 있다.
⑤ (개)는 특정 구성원에 의해 의사결정이 독점될 가능성이 있다.

 집단의사결정은 한 사람이 가진 지식보다 집단이 가지고 있는 지식과 정보가 더 많아 효과적인 결정을 할 수 있다. 또한 다양한 집단구성원이 갖고 있는 능력은 각기 다르므로 각자 다른 시각으로 문제를 바라봄에 따라 다양한 견해를 가지고 접근할 수 있다. 집단의사결정을 할 경우 결정된 사항에 대하여 의사결정에 참여한 사람들이 해결책을 수월하게 수용하고, 의사소통의 기회도 향상되는 장점이 있다. 반면에 의견이 불일치하는 경우 의사결정을 내리는 데 시간이 많이 소요되며, 특정 구성원에 의해 의사결정이 독점될 가능성이 있다.

Answer ↱ 1.③ 2.⑤

3 다음 중 A사가 새롭게 도입하게 된 경영참가제도를 운영함에 있어 나타날 현상으로 보기에 적절하지 않은 것은 어느 것인가?

① 노사 양측의 공동 참여로 인해 신속하지만 부실한 의사결정 우려

② 근로자의 경영능력 부족에 따른 부작용

③ 노조의 고유 기능인 단체 교섭력 약화 우려

④ 제도에 참여하는 근로자가 모든 근로자의 권익을 효과적으로 대변할 수 있는 지 여부

⑤ 경영자 고유 권한인 경영권 약화 우려

 경영참가제도의 문제점
- 경영능력이 부족한 근로자가 경영에 참여할 경우 의사결정이 늦어지고 합리적으로 일어날 수 없다.
- 대표로 참여하는 근로자가 조합원들의 권익을 지속적으로 보장할 수 있는가의 문제.
- 경영자의 고유한 권리인 경영권 약화
- 경영참가제도를 통해 분배문제를 해결함으로써 노동조합의 단체교섭 기능이 약화
따라서 신속한 의사 결정을 기대하는 것은 경영참가제도에 대한 적절한 판단으로 보기 어렵다.

4 다음 글의 빈 칸에 들어갈 적절한 말은 어느 것인가?

> 하나의 조직이 조직의 목적을 달성하기 위해서는 이를 관리, 운영하는 활동이 요구된다. 이러한 활동은 조직이 수립한 목적을 달성하기 위하여 계획을 세우고 실행하고 그 결과를 평가하는 과정이다. 직업인은 조직의 한 구성원으로서 자신이 속한 조직이 어떻게 운영되고 있으며, 어떤 방향으로 흘러가고 있는지, 현재 운영체제의 문제는 무엇이고 생산성을 높이기 위해 어떻게 개선되어야 하는지 등을 이해하고 자신의 업무 영역에 맞게 적용하는 (   )이 요구된다.

① 체제이해능력
② 경영이해능력
③ 업무이해능력
④ 자기개발능력
⑤ 업무활용능력

 경영은 한마디로 조직의 목적을 달성하기 위한 전략, 관리, 운영활동이다. 즉, 경영은 경영의 대상인 조직과 조직의 목적, 경영의 내용인 전략, 관리, 운영으로 이루어진다. 과거에는 경영(administration)을 단순히 관리(management)라고 생각하였다. 관리는 투입되는 자원을 최소화하거나 주어진 자원을 이용하여 추구하는 목표를 최대한 달성하기 위한 활동이다.

5 '조직몰입'에 대한 다음 설명을 참고할 때, 조직몰입의 유형에 대한 설명으로 적절하지 않은 것은 어느 것인가?

> 몰입이라는 용어는 사회학에서 주로 다루어져 왔는데 사전적 의미에서 몰입이란 "감성적 또는 지성적으로 특정의 행위과정에서 빠지는 것"이므로 몰입은 타인, 집단, 조직과의 관계를 포함하며, 조직몰입은 종업원이 자신이 속한 조직에 대해 얼마만큼의 열정을 가지고 몰두하느냐 하는 정도를 가리키는 개념이다. 즉, 조직에 대한 충성 동일화 및 참여의 견지에서 조직구성원이 가지는 조직에 대한 성향을 의미한다. 또한 조직몰입은 조직의 목표와 가치에 대한 강한 신념과 조직을 위해 상당한 노력을 하고자 하는 의지 및 조직의 구성원으로 남기를 바라는 강한 욕구를 의미하기도 한다. 최근에는 직무만족보다 성과나 이직 등의 조직현상에 대한 설명력이 높다는 관점에서 조직에 대한 조직구성원의 태도를 나타내는 조직몰입은 많은 연구의 관심사가 되고 있다.

① '도덕적 몰입'은 비영리적 조직에서 찾아볼 수 있는 조직몰입 형태이다.

② 조직과 구성원 간의 관계가 타산적이고 합리적일 때의 유형은 '계산적 몰입'에 해당된다.

③ 조직과 구성원 간의 관계가 부정적, 착취적 상태인 몰입의 유형은 '소외적 몰입'에 해당된다.

④ '도덕적 몰입'은 몰입의 정도가 가장 낮다고 할 수 있다.

⑤ '계산적 몰입'은 공인적 조직에서 찾아볼 수 있으며 단순한 참여와 근속만을 의미한다.

- 도덕적 몰입 : 비영리적 조직에서 찾아볼 수 있는 조직몰입 형태로 도덕적이며 규범적 동기에서 조직에 참가하는 것으로 조직몰입의 강도가 제일 높으며 가장 긍정적 조직으로의 지향을 나타낸다.
- 계산적 몰입 : 조직과 구성원 간의 관계가 타산적이고 합리적일 때의 유형으로 몰입의 정도는 중간 정도를 보이게 되며, 몰입 방향은 긍정적 혹은 부정적 방향으로 나타날 수 있다. 이러한 몰입은 공인적 조직에서 찾아볼 수 있으며 단순한 참여와 근속만을 의미한다.
- 소외적 몰입 : 주로 교도소, 포로수용소 등 착취적인 관계에서 볼 수 있는 것으로 조직과 구성원 간의 관계가 부정적 상태인 몰입이다.

Answer⟶ 3.① 4.② 5.④

6 다음과 같은 팀장의 지시 사항을 수행하기 위하여 업무협조를 구해야 할 조직의 명칭이 순서대로 올바르게 나열된 것은 어느 것인가?

> 다들 사장님 보고 자료 때문에 정신이 없는 모양인데 이건 자네가 좀 처리해줘야겠군. 다음 주에 있을 기자단 간담회 자료가 필요한데 옆 부서 박 부장한테 말해 두었으니 오전 중에 좀 가져다주게나. 그리고 내일 사장님께서 보고 직전에 외부에서 오신다던데 어디서 오시는 건지 일정 좀 확인해서 알려주고, 이틀 전 퇴사한 엄 차장 퇴직금 처리가 언제 마무리 될지도 알아봐 주게나. 아, 그리고 말이야, 자네는 아직 사원증이 발급되지 않았나? 확인해 보고 얼른 요청해서 걸고 다니게.

① 기획실, 경영관리실, 총무부, 비서실
② 영업2팀, 홍보실, 회계팀, 물류팀
③ 총무부, 구매부, 비서실, 인사부
④ 경영관리실, 회계팀, 기획실, 총무부
⑤ 홍보실, 비서실, 인사부, 총무부

Tip 일반적으로 기자들을 상대하는 업무는 홍보실, 사장의 동선 및 일정 관리는 비서실, 퇴직 및 퇴직금 관련 업무는 인사부, 사원증 제작은 총무부에서 관장하는 업무로 분류된다.

7 다음 글을 참고할 때, 조직문화의 기능을 적절하게 설명하지 못한 것은 어느 것인가?

> 서로의 조직문화가 확연히 다른 두 기업 간의 합병은 기업문화에 어떤 영향을 미칠까. 1998년 독일의 다임러벤츠는 미국의 크라이슬러 자동차를 인수 합병했다. 그러나 꿈의 결합이 추락하는 건 시간 문제였다. 왜냐하면 서로의 조직문화가 너무 달라서 그들은 늘 충돌했기 때문이다.
> 자유분방한 분위기의 크라이슬러 직원들은 독일 특유의 수직적 기업문화를 이해하지 못했고, 두 조직의 결합은 시너지 효과는 고사하고 심각한 문화적 충돌만 일으켰다. 결국 이들의 합병은 엄청난 손해를 발생시키며, 매각을 통해 다시 결별하게 되었다. 기업이 가진 조직문화와 눈에 띄지 않는 공유 가치, 신념 등은 모두가 중요한 요소임을 깨달을 수 있는 국제적 사건이었던 것이다.

① 조직 구성원들에게 일체감과 정체성을 부여해 준다.
② 조직의 업무에 몰입할 수 있도록 해 준다.
③ 조직 구성원들의 행동지침으로 작용하여 일탈행동을 통제해 주는 역할을 한다.
④ 중장기적으로 조직의 안정성을 유지해 줄 수 있다.
⑤ 뿌리 깊은 굳건한 조직 문화는 조직원의 의견수렴과 조직의 유연한 변신에 긍정적인 역할을 한다.

조직 문화의 기능으로는 조직구성원들에게 일체감, 정체성을 부여하고, 조직몰입을 향상시켜 주며, 조직구성원들의 행동지침으로서 사회화 및 일탈행동을 통제하는 기능을 하고, 조직의 안정성을 유지시켜 준다고 볼 수 있다. 그러나 강한 조직문화는 다양한 조직구성원들의 의견을 받아들일 수 없거나, 조직이 변화해야 할 시기에 장애요인으로 작용하기도 한다.

8 다음 '갑' 기업과 '을' 기업에 대한 설명 중 적절하지 않은 것은 어느 것인가?

> '갑' 기업은 다양한 사외 기관, 단체들과의 상호 교류 등 업무가 잦아 관련 업무를 전담하는 조직이 갖춰져 있다. 전담 조직의 인원이 바뀌는 일은 가끔 있지만, 상설 조직이 있어 매번 발생하는 유사 업무를 효율적으로 수행한다.
> '을' 기업은 사내 당구 동호회가 구성되어 있어 동호회에 가입한 직원들은 정기적으로 당구장을 찾아 쌓인 스트레스를 풀곤 한다. 가입과 탈퇴가 자유로우며 당구를 좋아하는 직원은 누구든 참여가 가능하다. 당구 동호회에 가입한 직원은 직급이 아닌 당구 실력으로만 평가 받으며, 언제 어디서 당구를 즐기든 상사의 지시를 받지 않아도 된다.

① '갑' 기업의 상설 조직은 의도적으로 만들어진 집단이다.
② '갑' 기업 상설 조직의 임무는 보통 명확하지 않고 즉흥적인 성격을 띤다.
③ '을 '기업 당구 동호회는 공식적인 임무 이외에도 다양한 요구들에 의해 구성되는 경우가 많다.
④ '갑' 기업 상설 조직의 구성원은 인위적으로 참여한다.
⑤ '을' 기업 당구 동호회의 활동은 자발적이며 행위에 대한 보상은 '보람'이다.

 '갑' 기업의 상설 조직은 공식적, '을' 기업의 당구 동호회는 비공식적 집단이다. 공식적인 집단은 조직의 공식적인 목표를 추구하기 위해 조직에서 의도적으로 만든 집단이다. 따라서 공식적인 집단의 목표나 임무는 비교적 명확하게 규정되어 있으며, 여기에 참여하는 구성원들도 인위적으로 결정되는 경우가 많다.

Answer → 6.⑤ 7.⑤ 8.②

9 다음 그림과 같은 형태의 조직체계를 유지하고 있는 기업에 대한 설명으로 적절한 것은 어느 것인가?

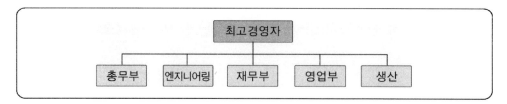

① 다양한 프로젝트를 수행해야 할 필요성이 커짐에 따라 조직 간의 유기적인 협조체제를 구축하였다.

② 의사결정 권한이 분산되어 더욱 전문적인 업무 처리가 가능하다.

③ 각 부서 간 내부 경쟁을 유발할 수 있다.

④ 조직 내 내부 효율성을 확보할 수 있는 조직 구조이다.

⑤ 의사결정까지 시간이 오래 걸리기 때문에 각 부서장의 역할이 매우 중요한 조직 구조이다.

 그림과 같은 조직 구조는 하나의 의사결정권자의 지시와 부서별 업무 분화가 명확해, 전문성은 높아지고 유연성 및 유기성은 떨어지는 조직 구조라고 볼 수 있다. 또한 의사결정권자가 한 명으로 집중되면서 내부 효율성이 확보된다.
① 조직의 유기적인 협조체제가 구축된 구조는 아니다.
② 의사결정 권한이 집중된 조직 구조이다.
③ 유사한 업무를 통한 내부 경쟁을 유발할 수 있는 구조는 사업별 조직구조이다.
⑤ 의사결정권자가 한 명이기 때문에 시간이 오래 걸리지 않는 구조에 해당한다.

10 다음 〈보기〉에 제시되고 있는 활동들은 기업 경영에 필요한 전략을 설명하고 있다. 설명된 전략들에 해당하는 것은 어느 것인가?

〈보기〉
• 모든 고객을 만족시킬 수는 없다는 것과 회사가 모든 역량을 가질 수는 없다는 것을 전제로 선택할 수 있는 전략이다.
• 기업이 고유의 독특한 내부 역량을 보유하고 있는 경우에 더욱 효과적인 전략이다.
• 사업 목표와 타당한 틈새시장을 찾아야 한다.
• 다양한 분류의 방법을 동원하여 고객을 세분화한다.

① 차별화 전략　　　　　　　　② 집중화 전략
③ 비교우위 전략　　　　　　　④ 원가우위 전략
⑤ 고객본위 전략

차별화 전략과 원가우위 전략이 전체 시장을 상대로 하는 전략인 반면, 집중화 전략은 특정 시장을 대상으로 한다. 따라서 고객층을 세분화하여 타깃 고객층에 맞는 맞춤형 전략을 세울 필요가 있다. 타깃 고객층에 자사가 가진 특정 역량이 발휘되어 판매를 늘릴 수 있는 전략이라고 할 수 있다.

11 직무만족에 대한 다음 글을 참고할 때, 직무만족의 중요성과 영향 요인에 대한 적절한 설명이 아닌 것은 어느 것인가?

> 기업성과의 한 지표로서 직무만족은 기업 운영의 관점에서 특히 중요하다. 직무만족이 기업의 원활한 운영에 주요기준이 될 수 있었던 것은 직무만족은 조직종업원의 측면에서 보면 사람의 가치관에 중요한 부분이고, 기업의 입장에서 본다면 직무만족이 기업성과를 유발하기 때문에 주요한 의미를 갖기 때문이다.
> 직무만족에 대한 정의는 매우 다양하다. 일반적으로 직무란 조직의 종업원에게 각각 구분된 직무의 기술적 단위 또는 직무의 총체이고, 만족이란 선택된 대체안에 대해서 선택자의 신념과 어느 정도 맞는가에 대한 평가이다. 직무만족(job satisfaction)은 직무의 다양한 측면에 대한 정서적 또는 감정적 반응이다. 이러한 정의는 직무만족이 동일한 개념이 아님을 말한다. 사람들은 업무의 한 측면에 대해서는 만족하면서도 다른 측면에 대해서는 불만족할 수 있다.

① 가치 판단적인 면에서 중요성을 갖는다.
② 정신 건강적인 측면에서 파급효과를 갖는다.
③ 신체적 건강에도 밀접한 관계를 갖게 된다.
④ 개인의 경력을 개발하는 데에 효과적이다.
⑤ 업무 생산성 향상에 많은 도움이 된다.

 직장인의 대부분은 대부분의 시간을 일터에서 보내므로 일터에서의 삶이 보다 쾌적하고 충족된 것이기를 바랄 것이다. 또한, 생활의 한 부분이 불만족스러우면 그것이 전이 효과를 가져와 그와 관련 없는 다른 생활도 불만족스럽게 보는 경향을 보이게 된다. 일에 만족을 느끼는 직장인은 불만과 스트레스로부터 해방될 수 있어 신체적 건강 유지에 도움을 받을 수 있으며, 직무만족감이야말로 업무 생산성을 향상시킬 수 있는 가장 중요한 요소일 것이다.
직무만족은 개인과 직장의 발전에 기여할 수 있는 중요한 요소이나, 개인의 경력을 개발하는 일은 직무만족과 다른 문제이다.

Answer 9.④ 10.② 11.④

12 다음 조직의 경영자에 대한 정의를 참고할 때, 경영자의 역할로 적절하지 않은 것은 어느 것 인가?

> 조직의 경영자는 조직의 전략, 관리 및 운영활동을 주관하며, 조직구성원들과 의사결 정을 통해 조직이 나아갈 방향을 제시하고 조직의 유지와 발전에 대해 책임을 지는 사 람이며, 조직의 변화방향을 설정하는 리더이며, 조직구성원들이 조직의 목표에 부합된 활동을 할 수 있도록 이를 결합시키고 관리하는 관리자이다.

① 대외 협상을 주도하기 위한 자문위원을 선발한다.
② 외부환경 변화를 주시하며 조직의 변화 방향을 설정한다.
③ 우수한 인재를 뽑기 위한 구체적이고 개선된 채용 기준을 마련한다.
④ 미래전략을 연구하기 위해 기획조정실과의 회의를 주도한다.
⑤ 외국의 유사 기관 기관장 일행의 방문을 맞이하여 업무협약서 체결을 지시한다.

 우수한 인재를 채용하고자 하는 등의 기본 방침을 설정하는 일은 조직 경영자로서의 역할 이라 할 수 있으나, 그에 따른 구체적인 채용 기준을 마련하는 일은 해당 산하 조직의 역 할이라고 보아야 한다.

13 다음 〈보기〉와 같은 조직문화의 형태와 그 특징에 대한 설명 중 적절한 것만을 모두 고른 것 은 어느 것인가?

> 〈보기〉
> ㉠ 위계를 지향하는 조직문화는 조직원 개개인의 능력과 개성을 존중한다.
> ㉡ 과업을 지향하는 조직문화는 업무 수행의 효율성을 강조한다.
> ㉢ 혁신을 지향하는 조직문화는 조직의 유연성과 외부 환경에의 적응에 초점을 둔다.
> ㉣ 관계를 지향하는 조직문화는 구성원들의 상호 신뢰와 인화 단결을 중요시한다.

① ㉡, ㉢, ㉣   ② ㉠, ㉢, ㉣
③ ㉠, ㉡, ㉣   ④ ㉠, ㉡, ㉢
⑤ ㉠, ㉡, ㉢, ㉣

 위계를 강조하는 조직문화 하에서는 조직 내부의 안정적이고 지속적인 통합, 조정을 바탕으 로 일사불란한 조직 운영의 효율성을 추구하게 되는 특징이 있다. 조직원 개개인의 능력과 개성을 존중하는 모습은 혁신과 관계를 지향하는 조직문화에서 찾아볼 수 있는 특징이다.

14 다음은 조직문화의 구성 요소를 나타낸 7S 모형이다. ㉠과 ㉡에 들어갈 요소를 올바르게 짝지은 것은 어느 것인가?

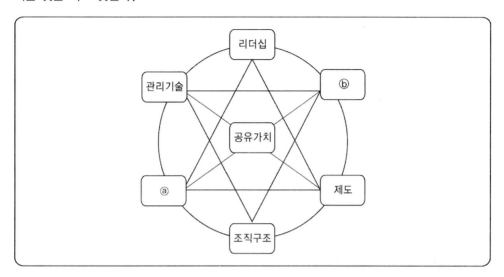

	㉠	㉡
①	구성원	전략
②	구성원	만족도
③	용이성	단절성
④	전략	응답성
⑤	전략	유용성

 7S모형은 조직을 이루는 7개의 각 구성요소들이 연결되는 강도에 따라 조직문화가 달라짐을 설명하는 데 유용한 도구이다. 조직의 전체적인 관점에서 조직문화를 이해하고, 바람직한 방향으로 조직을 개선해 나가는 데 중요한 기준을 제공한다.

조직진단 7S 모형은 조직의 핵심적 역량요소를 공유가치(shared value), 전략(strategy), 조직구조(structure), 제도(system), 구성원(staff), 관리기술(skill), 리더십 스타일(style) 등 영문자 'S'로 시작하는 단어 7개로 구성되어 있다.

Answer → 12.③ 13.① 14.①

15 다음과 같은 '갑사의 위임전결규칙을 참고할 때, 다음 중 적절한 행위로 볼 수 없는 것은 어느 것인가?

업무내용(소요예산 기준)	전결권자				이사장
	팀원	팀장	국(실)장	이사	
가. 공사 도급					
3억 원 이상					○
1억 원 이상				○	
1억 원 미만			○		
1,000만 원 이하		○			
나. 물품(비품, 사무용품 등) 제조/구매 및 용역					
3억 원 이상					○
1억 원 이상				○	
1억 원 미만			○		
1,000만 원 이하		○			
다. 자산의 임(대)차 계약					
1억 원 이상					○
1억 원 미만				○	
5,000만 원 미만			○		
라. 물품수리					
500만 원 이상			○		
500만 원 미만		○			
마. 기타 사업비 예산집행 기본품의					
1,000만 원 이상			○		
1,000만 원 미만		○			

① 국장이 부재 중일 경우, 소요예산 5,000만 원인 공사 도급 계약은 팀장이 전결권자가 된다.

② 소요예산이 800만 원인 인쇄물의 구매 건은 팀장의 전결 사항이다.

③ 이사장이 부재 중일 경우, 소요예산이 2억 원인 자산 임대차 계약 건은 국장이 전결권자가 된다.

④ 소요예산이 600만 원인 물품수리 건은 이사의 결재가 필요하지 않다.

⑤ 기타 사업비 관련 품의서는 금액에 관계없이 국장이 전결권자가 된다.

 차상위자가 전결권자가 되어야 하므로 이사장의 차상위자인 이사가 전결권자가 되어야 한다.
① 차상위자가 전결권을 갖게 되므로 팀장이 전결권자가 되며, 국장이 업무 복귀 시 반드시 사후 결재를 득하여야 한다.

위임전결규정

- 결재를 받으려는 업무에 대해서는 최고결재권자(대표이사)를 포함한 이하 직책자의 결재를 받아야 한다.
- '전결'이라 함은 회사의 경영활동이나 관리활동을 수행함에 있어 의사 결정이나 판단을 요하는 일에 대하여 최고결재권자의 결재를 생략하고, 자신의 책임 하에 최종적으로 의사 결정이나 판단을 하는 행위를 말한다.
- 전결사항에 대해서도 위임 받은 자를 포함한 이하 직책자의 결재를 받아야 한다.
- 표시내용: 결재를 올리는 자는 최고결재권자로부터 전결 사항을 위임받은 자가 있는 경우 결재란에 전결이라고 표시하고 최종 결재권자란에 위임 받은 자를 표시한다. 다만, 결재가 불필요한 직책자의 결재란은 상향대각선으로 표시한다.
- 최고결재권자의 결재사항 및 최고결재권자로부터 위임된 전결사항은 아래의 표에 따른다.
- 본 규정에서 정한 전결권자가 유고 또는 공석 시 그 직급의 직무 권한은 직상급직책자가 수행함을 원칙으로 하며, 각 직급은 긴급을 요하는 업무처리에 있어서 상위 전결권자의 결재를 득할 수 없을 경우 차상위자의 전결로 처리하며, 사후 결재권자의 결재를 득해야 한다.

업무내용		결재권자			
		사장	부사장	본부장	팀장
주간업무보고					○
팀장급 인수인계			○		
일반예산 집행	잔업수당	○			
	회식비			○	
	업무활동비			○	
	교육비		○		
	해외연수비	○			
	시내교통비			○	
	출장비	○			
	도서인쇄비				○
	법인카드사용		○		
	소모품비				○
	접대비(식대)			○	
	접대비(기타)				○
이사회 위원 위촉		○			
임직원 해외 출장		○(임원)		○(직원)	
임직원 휴가		○(임원)		○(직원)	
노조관련 협의사항			○		

Answer ➔ 15.③

* 100만 원 이상의 일반예산 집행과 관련한 내역은 사전 사장 품의를 득해야 하며, 품의서에 경비 집행 내역을 포함하여 준비한다. 출장계획서는 품의서를 대체한다.
* 위의 업무내용에 필요한 결재서류는 다음과 같다.
- 품의서, 주간업무보고서, 인수인계서, 예산집행내역서, 위촉장, 출장보고서(계획서), 휴가신청서, 노조협의사항 보고서

16 다음 중 위의 위임전결규정을 잘못 설명한 것은 어느 것인가?

① 전결권자 공석 시의 최종결재자는 차상위자가 된다.

② 전결권자 업무 복귀 시, 부재 중 결재 사항에 대하여 반드시 사후 결재를 받아두어야 한다.

③ 팀장이 새로 부임하면 부사장 전결의 인수인계서를 작성하게 된다.

④ 전결권자가 해외 출장으로 자리를 비웠을 경우에는 차상위자가 직무 권한을 위임 받는다.

⑤ 거래처에 식사 제공을 한 비용 처리는 본부장 전결로 결재를 득한다.

 전결권자가 자리를 비웠을 경우, '직무 권한'은 차상위자가 아닌 직상급직책자가 수행하게 되며, 차상위자가 전결권자가 되는 경우에도 '직무 권한' 자체의 위임이 되는 것은 아니다.
① 차상위자가 필요한 경우, 최종결재자(전결권자)가 될 수 있다.
② 부재 중 결재사항은 전결권자 업무 복귀 시 사후 결재를 받는 것으로 규정하고 있다.
③ 팀장의 업무 인수인계는 부사장의 전결 사항이다.
⑤ 식비를 접대비로 지출하는 경우에는 본부장의 전결로 이루어질 수 있다.

17 영업팀 김 대리는 부산으로 교육을 받으러 가기 위해 교육비용 신청을 위한 문서를 작성하고자 한다. 김 대리가 작성한 결재 양식으로 올바른 것은 어느 것인가?

①

출장내역서					
결 재	담당	팀장	본부장	부사장	사장

②

교육비집행내역서					
결 재	담당	팀장	본부장	부사장	사장
				╱	부사장

③

교육비집행내역서					
결 재	담당	팀장	본부장	부사장	사장
					╱

④

업무활동비집행내역서					
결 재	담당	팀장	본부장	부사장	전결
				╱	부사장

⑤

교육비집행내역서					
결 재	담당	팀장	본부장	부사장	전결
					╱

(Tip) 교육비용을 신청하고자 하므로 교육비를 지출해야 한다. 따라서 김 대리가 작성해야 할 결재 문서는 교육비집행내역서이다. 예산집행내역서는 부사장 전결 사항이므로 부사장의 결재란이 맨 오른쪽 '전결'란에 위치하도록 하며, 원래의 부사장 란은 대각선 표시를 한다.

Answer⤳ 16.④ 17.②

18 다음과 같은 문서 결재 양식을 보고 알 수 있는 사항이 아닌 것은 어느 것인가?

결재	담당	팀장	본부장	부사장	사장
출장보고서					
	박 사원 서명	강 팀장 서명	전결		본부장

(표 제목: 출장보고서, 부사장 칸에는 사선 표시)

① 박 사원 출장을 다녀왔으며, 전체 출장 인원수는 알 수 없다.
② 출장자에 강 팀장은 포함되어 있지 않다.
③ 팀장 이하 출장자의 출장보고서 전결권자는 본부장이다.
④ 부사장은 결재할 필요가 없는 문서이다.
⑤ 본부장은 가장 오른쪽 결재란에 서명을 하게 된다.

 일반적인 경우, 팀장과 팀원의 동반 출장 시의 출장보고서는 팀원이 작성하여 담당→팀장의 결재 절차를 거치게 된다. 따라서 제시된 출장보고서는 박 사원 단독 출장의 경우로 볼 수도 있고 박 사원과 강 팀장의 동반 출장의 경우로 볼 수도 있으므로 반드시 출장자에 강 팀장이 포함되어 있지 않다고 말할 수는 없다.

19 조직체제 안에는 조직을 이루는 여러 집단이 있다. 다음 중 '집단'의 특징을 적절하게 설명하지 못한 것은 어느 것인가?

① 비공식적으로 구성된 집단은 조직구성원들의 요구에 따라 자발적으로 형성되었으며, 봉사활동 동아리, 친목 동호회 등이 있다.
② 조직 내에서는 한정된 자원을 가지고 상반된 목표를 추구하기 때문에 경쟁이 발생하기도 한다.
③ 조직 내 집단은 일반적으로 이익 집단과 감독 집단으로 나뉜다.
④ 집단 간의 적절한 갈등은 응집성이 강화되고 집단의 활동이 더욱 조직화되는 장점이 있다.
⑤ 직업인들은 자신이 속한 집단에서 소속감을 느끼며, 필요한 정보를 획득하고, 인간관계를 확장하는 등의 요구를 충족할 수 있게 된다.

 조직 내 집단은 공식적인 집단과 비공식적인 집단으로 구분할 수 있다. 공식적인 집단은 조직의 공식적인 목표를 추구하기 위해 조직에서 의도적으로 만든 집단이다. 반면에, 비공식적인 집단은 조직구성원들의 요구에 따라 자발적으로 형성된 집단이다. 이는 공식적인 업무수행 이외에 다양한 요구들에 의해 이루어진다.

20 어느 조직이나 일정한 인원이 함께 근무하는 경우 '조직문화'가 생기게 된다. 다음 중 조직문화의 기능과 구성요소에 대하여 적절하게 설명한 것이 아닌 것은 어느 것인가?

① 조직문화의 구성요소로는 공유가치, 리더십 스타일, 예산, 관리 기술, 전략, 제도 및 절차, 구성원이 있다.

② 조직문화는 조직 구성원에게 일체감과 정체성을 부여하지만 타 조직과의 융합에 걸림돌로 작용하기도 한다.

③ 조직의 통합과 안정성을 중시하고 서열화된 조직 구조를 추구하는 관리적 조직문화, 실적을 중시하고 직무에 몰입하며 미래를 위한 계획 수립을 강조하는 과업지향적 조직문화 등이 있다.

④ 조직문화의 기능으로 구성원의 사회화 도모 및 일탈 행동을 통제하는 측면도 기대할 수 있다.

⑤ 조직의 목표는 조직문화에 반영될 수 있으며, 조직원들에게 동기 부여와 수행 평가의 기준이 되기도 한다.

 조직문화의 7가지 구성요소는 공유가치, 리더십 스타일, 구조, 관리 기술, 전략, 제도 및 절차, 구성원이며 예산은 조직문화 구성요소에 포함되지 않는다.
② 이 밖에도 조직문화는 구성원의 몰입도를 향상시키고 조직의 안정성을 유지시켜 주는 기능도 포함한다.
③ 관리적 조직문화, 과업지향적 조직문화 등과 함께 관계지향적 조직문화, 유연한 조직문화 등이 있다.

21 '경영전략'은 많은 기업들이 경영활동에 참고하는 지침이 되고 있다. 마이클 포터의 경영전략을 설명하는 다음 글에서 빈 칸 (A), (B), (C)에 들어갈 적절한 말을 찾아 순서대로 나열한 것은 어느 것인가?

> 조직의 경영전략은 경영자의 경영이념이나 조직의 특성에 따라 다양하다. 이 중 대표적인 경영전략으로 마이클 포터(Michael E. Porter)의 본원적 경쟁전략이 있다. 본원적 경쟁전략은 해당 사업에서 경쟁우위를 확보하기 위한 전략이며 다음과 같다.
>
> （ A ） 전략은 조직의 생산품이나 서비스를 고객에게 가치가 있고 독특한 것으로 인식되도록 하는 전략이다. 이러한 전략을 활용하기 위해서는 연구개발이나 광고를 통하여 기술, 품질, 서비스, 브랜드 이미지를 개선할 필요가 있다. （ B ） 전략을 위해서는 대량생산을 하거나 새로운 생산기술을 개발할 필요가 있다. 여기에는 70년대 우리나라의 섬유업체나 신발업체, 가발업체 등이 미국시장에 진출할 때 취한 전략이 해당한다.
>
> （ C ） 전략은 특정 시장이나 고객에게 한정된 전략으로, 다른 전략이 산업 전체를 대상으로 하는 것에 비해 특정 산업을 대상으로 한다는 특징이 있다. 즉, 경쟁조직들이 소홀히 하고 있는 한정된 시장을 차별화된 전략을 써서 집중적으로 공략하는 방법이다.

① 차별화, 집중화, 원가우위
② 집중화, 차별화, 원가우위
③ 집중화, 원가우위, 차별화
④ 차별화, 원가우위, 집중화
⑤ 원가우위, 차별화, 집중화

 차별화 전략, 원가우위 전략, 집중화 전략은 다음과 같은 특징이 있다.
- 차별화 전략 : 소비자들이 널리 인정해주는 독특한 기업 특성을 내세워 경쟁하는 경쟁전략을 말하며, 고품질, 탁월한 서비스, 혁신적 디자인, 기술력, 브랜드 이미지 등 무엇으로든 해당 산업에서 다른 경쟁기업들과 차별화할 수 있는 특성을 위주로 전략을 펴게 된다.
- 원가우위 전략 : 낮은 비용은 경쟁우위의 중요한 원천의 하나이며 비용우위 전략에서는 비용 면에서 '경쟁회사보다도 낮은 비용을 실현한다.'는 것이 기본 테마가 된다. 물론 낮은 비용이라고 해서 품질이나 서비스와는 상관이 없다는 것이 아니지만 기본적으로 비용을 중심으로 경쟁우위를 확립한다.
- 집중화 전략 : 기업이 사업을 전개하는 과정에서 산업 전반에 걸쳐 경쟁하지 않고 고객이나 제품, 서비스 등의 측면에서 독자적 특성이 있는 특정 세분시장만을 상대로 원가우위나 차별화를 꾀하는 사업 수준의 경쟁전략이다. 비록 전체 시장에서 차별화나 원가우위를 누릴 능력을 갖지 못한 기업일지라도 세분시장을 집중 공략한다면 수익을 낼 수 있다고 판단하고 구사하는 경쟁전략의 하나다.

22 다음 그림과 같은 두 개의 조직도 (가), (나)의 특징을 적절하게 설명하지 못한 것은 어느 것인가? (전체 인원수는 같다고 가정함)

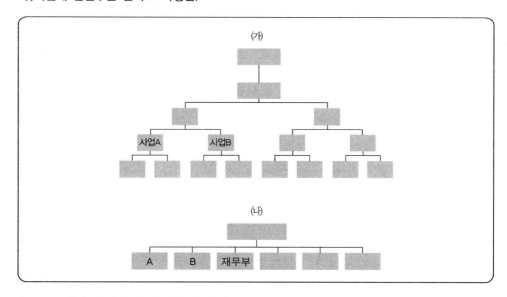

① (가)는 결재 단계가 많아 신속한 의사결정이 (나)보다 어렵다.

② (나)는 중간 관리자층이 얇아 다양한 검증을 거친 의견 수렴이 (가)보다 어렵다.

③ 동일한 방식으로 여러 종류의 아이템을 생산하는 조직은 (나)와 같은 구조를 많이 활용한다.

④ (가)는 소집단만의 조직문화가 형성될 수 있어 조직 간 경쟁체제를 유지할 수 있다.

⑤ (나)는 회사가 안정적이거나 일상적인 기술을 사용할 때 혹은 조직의 내부 효율성을 중요시하며 기업의 규모가 작을 때 주로 볼 수 있는 기능적인 구조이다.

 환경이 안정적이거나 일상적인 기술, 조직의 내부 효율성을 중요시하며 기업의 규모가 작을 때에는 업무의 내용이 유사하고 관련성이 있는 것들을 결합해서 (나)와 같이 기능적 조직구조 형태를 이룬다. 반면, 급변하는 환경변화에 효과적으로 대응하고 제품, 지역, 고객별 차이에 신속하게 적응하기 위해서는 (가)와 같이 분권화된 의사결정이 가능한 사업별 조직구조 형태를 이룰 필요가 있다. 사업별 조직구조는 개별 제품, 서비스, 제품그룹, 주요 프로젝트나 프로그램 등에 따라 조직화된다. 즉, 그림과 같이 제품에 따라 조직이 구성되고 각 사업별 구조 아래 생산, 판매, 회계 등의 역할이 이루어진다.

Answer→ 21.④ 22.③

23 다음에서 설명하고 있는 마케팅 기법을 일컫는 말로 적절한 것은 어느 것인가?

> • 앨빈 토플러 등 미래학자들이 예견한 상품 개발 주체에 관한 개념
> • 소비자의 아이디어가 신제품 개발에 직접 관여
> • 기업이 소비자의 아이디어를 수용해 고객만족을 최대화시키는 전략
> • 국내에서도 컴퓨터, 가구, 의류회사 등에서 공모 작품을 통해 적극적 수용

① 코즈 마케팅
② 니치 마케팅
③ 플래그십 마케팅
④ 노이즈 마케팅
⑤ 프로슈머 마케팅

 프로슈머 마케팅은 단순히 제품이나 서비스를 구매하는 입장에 그치지 않고, 직접 제품 개발
을 요구하거나 아이디어를 제공하는 등 생산에 영향을 미치는 적극적인 소비자를 의미한다.
• 코즈 마케팅 : 상호 이익을 위하여 기업이나 브랜드를 사회적 명분이나 이슈에 전략적으로
연계시키는 것.
• 니치 마케팅 : 이미 시장에 마니아들이 형성되어 있지만 대중적으로 사람들에게 널리 알려
지지 않은 틈새를 이용하는 마케팅
• 플래그십 마케팅 : 시장에서 성공을 거둔 특정 상품 브랜드를 중심으로 마케팅 활동을 집
중하는 것
• 노이즈 마케팅 : 각종 이슈를 요란스럽게 치장해 구설수에 오르도록 하거나, 화젯거리를
만들어 소비자들의 이목을 현혹시켜 인지도를 늘리는 마케팅 기법

24 다음 ㉠~㉫ 중 조직 경영에 필요한 요소에 대한 설명을 모두 고른 것은 어느 것인가?

> ㉠ 조직의 목적 달성을 위해 경영자가 수립하는 것으로 보다 구체적인 방법과 과정이 담겨있다.
> ㉡ 조직에서 일하는 구성원으로, 경영은 이들의 직무수행에 기초하여 이루어지기 때문에 이들의 배치 및 활용이 중요하다.
> ㉢ 생산자가 상품 또는 서비스를 소비자에게 유통시키는 데 관련된 모든 체계적 경영활동이다.
> ㉣ 특정의 경제적 실체에 관해 이해관계에 있는 사람들에게 합리적이고 경제적인 의사결정을 하는 데 있어 유용한 재무적 정보를 제공하기 위한 것으로, 이러한 일련의 과정 또는 체계를 뜻한다.
> ㉤ 경영을 하는 데 사용할 수 있는 돈으로 이것이 충분히 확보되는 정도에 따라 경영의 방향과 범위가 정해지게 된다.
> ㉥ 조직이 변화하는 환경에 적응하기 위하여 경영활동을 체계화하는 것으로 목표달성을 위한 수단이다.

① ㉠, ㉢, ㉤

② ㉡, ㉢, ㉣

③ ㉠, ㉢, ㉣, ㉥

④ ㉠, ㉡, ㉢, ㉣

⑤ ㉠, ㉡, ㉤, ㉥

(Tip) 조직 경영에 필요한 4대 요소는 경영목적, 인적자원, 자금, 경영전략이다.
㉠ 경영목적, ㉡ 인적자원, ㉤ 자금, ㉥ 경영전략
㉢은 마케팅에 관한 설명이며, ㉣은 회계 관리를 설명하고 있다.

25 경영참가는 경영자의 권한인 의사결정 과정에 근로자 또는 노동조합이 참여하는 것을 말한다. 다음 중 경영참가 제도의 특징으로 보기 어려운 것은 어느 것인가?

① 근로자들의 참여권한이 점차 확대되면 노사 간 서로 의견을 교환하여 토론하며 협의하는 단계를 거친다. 이 단계에서 이루어진 협의결과에 대한 시행은 경영자들에게 달려있다.

② 근로자와 경영자가 공동으로 결정하고 결과에 대하여 공동의 책임을 지는 결정참가 단계에서는 경영자의 일방적인 경영권은 인정되지 않는다.

③ 경영참가는 본래 경영자와 근로자의 공동 권한인 의사결정과정에 근로자 또는 노동조합이 참여하는 것이다.

④ 제대로 운영되지 못할 경우 경영자의 고유한 권리인 경영권을 약화시키고, 오히려 경영참가제도를 통해 분배문제를 해결함으로써 노동조합의 단체교섭 기능이 약화될 수 있다.

⑤ 경영능력이 부족한 근로자가 경영에 참여할 경우 의사결정이 늦어지고 합리적인 의사결정이 일어날 수 없다.

> (Tip) 경영참가는 경영자의 고유 권한(경영자와 근로자의 공동 권한이 아닌)인 의사결정과정에 근로자 또는 노동조합이 참여하는 것이다.
> 경영참가의 초기단계에서는 경영자 층이 경영 관련 정보를 근로자에게 제공하고 근로자들은 의견만을 제출하는 정보 참가 단계를 가진다. 정보참가 단계보다 근로자들의 참여권한이 확대되면 노사 간 서로 의견을 교환하여 토론하며 협의하는 협의 참가 단계를 거친다. 다만 이 단계에서 이루어진 협의결과에 대한 시행은 경영자들에게 달려있다. 마지막은 근로자와 경영자가 공동으로 결정하고 결과에 대하여 공동의 책임을 지는 결정참가 단계이다. 이 단계에서는 경영자의 일방적인 경영권은 인정되지 않는다.
> 경영능력이 부족한 근로자가 경영에 참여할 경우 의사결정이 늦어지고 합리적으로 일어날 수 없으며, 대표로 참여하는 근로자가 조합원들의 권익을 지속적으로 보장할 수 있는가도 문제가 된다. 또한 경영자의 고유한 권리인 경영권을 약화시키고, 오히려 경영참가제도를 통해 분배문제를 해결함으로써 노동조합의 단체교섭 기능이 약화될 수 있다.

26 국제 감각을 끌어올리기 위한 방법을 찾기 위해 고민 중에 있는 L씨에게 조언해 줄 수 있는 적절한 방안으로 보기 어려운 것은 어느 것인가?

① 매일 받아보는 해외 기사들의 단순 번역에 만족하지 말고, 분석과 진행 과정 등도 검토해 본다.

② 관련 분야 해외사이트를 방문하여 최신 이슈를 확인한다.

③ 영어에만 만족하지 말고 일본어, 중국어 등 추가 외국어 공부를 시작해 본다.

④ 노동부, 한국산업인력공단, 산업자원부, 중소기업청, 상공회의소 등 국내의 유용한 사이트들을 방문해 국제동향을 확인한다.

⑤ 주말이나 업무 외의 시간을 이용해 외국인 친구를 사귀고 대화를 자주 나누어 본다.

 '국제 감각'을 향상시키기 위한 방안으로 가장 쉽게 생각할 수 있는 것이 외국어 능력을 키우거나 해외 체류 경험을 통해 다양한 외국 문화를 습득하는 일이다. 그러나 국제 감각은 단순히 외국어 능력을 키운다고 생기는 것이 아니며, 외국 문화의 이해뿐 아니라, 관련 업무의 국제적인 동향을 이해하고 이를 업무에 적용하는 능력이다. 구체적으로는 각종매체(신문, 잡지, 인터넷 등)를 활용하여 국제적인 동향을 파악하는 능력, 조직의 업무와 관련된 국제적인 법규나 규정을 숙지하기, 특정 국가의 관련업무 동향 점검하기, 국제적인 상황변화에 능동적으로 대처하는 능력 등이 요구된다.

Answer 25.③ 26.③

▌27~28▐ 수당과 관련한 다음 글을 보고 이어지는 물음에 답하시오.

〈수당 지급〉

◆ 자녀학비보조수당
• 지급 대상 : 초등학교 · 중학교 또는 고등학교에 취학하는 자녀가 있는 직원(부부가 함께 근무하는 경우 한 쪽에만 지급)
• 지급범위 및 지급액
  (범위) 수업료와 학교운영지원비(입학금은 제외)
  (지급액) 상한액 범위 내에서 공납금 납입영수증 또는 공납금 납입고지서에 기재된 학비 전액
            지급하며 상한액은 자녀 1명당 월 60만 원

◆ 육아휴직수당
• 지급 대상 : 만 8세 이하의 자녀를 양육하기 위하여 필요하거나 여직원이 임신 또는 출산하게 된 때로 30일 이상 휴직한 남 · 녀 직원
• 지급액 : 휴직 개시일 현재 호봉 기준 월 봉급액의 40퍼센트
  (휴직 중) 총 지급액에서 15퍼센트에 해당하는 금액을 뺀 나머지 금액
  ※ 월 봉급액의 40퍼센트에 해당하는 금액이 100만 원을 초과하는 경우에는 100만 원을, 50만 원 미만일 경우에는 50만 원을 지급
  (복직 후) 총 지급액의 15퍼센트에 해당하는 금액
  ※ 복직하여 6개월 이상 계속하여 근무한 경우 7개월째 보수지급일에 지급함. 다만, 복직 후 6개월 경과 이전에 퇴직하는 경우에는 지급하지 않음
• 지급기간 : 휴직일로부터 최초 1년 이내

◆ 위험근무수당
• 지급 대상 : 위험한 직무에 상시 종사하는 직원
• 지급 기준
  1) 직무의 위험성은 각 부문과 등급별에서 정한 내용에 따름.
  2) 상시 종사란 공무원이 위험한 직무를 일정기간 또는 계속 수행하는 것을 의미. 따라서 일시적 · 간헐적으로 위험한 직무에 종사하는 경우는 지급대상에 포함될 수 없음.
  3) 직접 종사란 해당 부서 내에서도 업무 분장 상에 있는 위험한 작업 환경과 장소에 직접 노출되어 위험한 업무를 직접 수행하는 것을 의미.
• 지급방법 : 실제 위험한 직무에 종사한 기간에 대하여 일할 계산하여 지급함.

---

27 다음 중 위의 수당 관련 설명을 잘못 이해한 내용은 어느 것인가?

① 위험한 직무에 3일간 근무한 것은 위험근무수당 지급 대상이 되지 않는다.

② 자녀학비보조수당은 수업료와 입학금 등 정상적인 학업에 관한 일체의 비용이 포함된다.

③ 육아휴직수당은 휴직일로부터 최초 1년이 경과하면 지급받을 수 없다.

④ 부부가 함께 근무해도 자녀학비보조수당은 부부 중 한 쪽에게만 지급된다.

⑤ 초등학교 고학년에 재학 중인 자녀가 있는 부모에게는 육아휴직수당이 지급되지 않는다.

 자녀학비보조수당은 수업료와 학교운영지원비를 포함하며 입학금은 제외된다고 명시되어 있다.
① 위험근무수당은 위험한 직무에 상시 종사한 직원에게 지급된다.
③ 육아휴직수당은 휴직일로부터 최초 1년 이내에만 지급된다.
⑤ 육아휴직수당은 만 8세 이하의 자녀를 양육하기 위하여 필요한 경우 지급된다.

28 월 급여액 200만 원인 C대리가 육아휴직을 받게 되었다. 이에 대한 다음의 설명 중 올바른 것은 어느 것인가?

① 3월 1일부로 복직을 하였다면, 8월에 육아휴직수당 잔여분을 지급받게 된다.

② 육아휴직수당의 총 지급액은 100만 원이다.

③ 복직 후 3개월째에 퇴직을 할 경우, 휴가 중 지급받은 육아휴직수당을 회사에 반환해야 한다.

④ 복직 후에 육아휴직수당 총 지급액 중 12만 원을 지급받을 수 있다.

⑤ 육아휴직일수가 한 달이 되지 않는 경우는 일할 계산하여 지급한다.

 월 급여액이 200만 원이므로 총 지급액은 200만 원의 40퍼센트인 80만 원이며, 이는 50~100만 원 사이의 금액이므로 80만 원의 15퍼센트에 해당하는 금액인 12만 원이 복직 후에 지급된다.
① 3월 1일부로 복직을 하였다면, 6개월을 근무하고 7개월째인 9월에 육아휴직수당 잔여분을 지급받게 된다.
② 육아휴직수당의 총 지급액은 80만 원이다.
③ 복직 후 3개월째에 퇴직을 할 경우, 복직 후 지급받을 15퍼센트가 지급되지 않으며 휴가 중 지급받은 육아휴직수당을 회사에 반환할 의무 규정은 없다.
⑤ 육아휴직수당의 지급대상은 30일 이상 휴직한 남·녀 직원이다.

Answer 27.② 28.④

29 조직문화는 흔히 관계지향 문화, 혁신지향 문화, 위계지향 문화, 과업지향 문화의 네 가지로 분류된다. 다음 글에서 제시된 ㉠~㉤과 같은 특징 중 과업지향 문화에 해당하는 것은 어느 것인가?

> ㉠ A팀은 무엇보다 엄격한 통제를 통한 결속과 안정성을 추구하는 분위기이다. 분명한 명령계통으로 조직의 통합을 이루는 일을 제일의 가치로 삼는다.
>
> ㉡ B팀은 업무 수행의 효율성을 강조하며 목표 달성과 생산성 향상을 위해 전 조직원이 산출물 극대화를 위해 노력하는 문화가 조성되어 있다.
>
> ㉢ C팀은 자율성과 개인의 책임을 강조한다. 고유 업무뿐 아니라 근태, 잔업, 퇴근 후 시간활용 등에 있어서도 정해진 흐름을 배제하고 개인의 자율과 그에 따른 책임을 강조한다.
>
> ㉣ D팀은 직원들 간의 응집력과 사기 진작을 위한 방안을 모색 중이다. 인적자원의 가치를 개발하기 위해 직원들 간의 관계에 초점을 둔 조직문화가 D팀의 특징이다.
>
> ㉤ E팀은 직원들에게 창의성과 기업가 정신을 강조한다. 또한, 조직의 유연성을 통해 외부 환경에의 적응력에 비중을 둔 조직문화를 가지고 있다.

① ㉠   ② ㉡
③ ㉢   ④ ㉣
⑤ ㉤

 조직 문화의 분류와 그 특징은 다음과 같은 표로 정리될 수 있다. ㉢과 같이 개인의 자율성을 추구하는 경우는 조직문화의 고유 기능과 거리가 멀다고 보아야 한다.

관계지향 문화	- 조직 내 가족적인 분위기의 창출과 유지에 가장 큰 역점을 둠. - 조직 구성원들의 소속감, 상호 신뢰, 인화/단결 및 팀워크, 참여 등이 이 문화유형의 핵심가치로 자리 잡음.
혁신지향 문화	- 조직의 유연성을 강조하는 동시에 외부 환경에의 적응성에 초점을 둠. - 따라서 이러한 적응과 조직성장을 뒷받침할 수 있는 적절한 자원획득이 중요하고, 구성원들의 창의성 및 기업가정신이 핵심 가치로 강조됨.
위계지향 문화	- 조직 내부의 안정적이고 지속적인 통합/조정을 바탕으로 조직효율성을 추구함. - 이를 위해 분명한 위계질서와 명령계통, 그리고 공식적인 절차와 규칙을 중시하는 문화임.
과업지향 문화	- 조직의 성과 달성과 과업 수행에 있어서의 효율성을 강조함. - 따라서 명확한 조직목표의 설정을 강조하며, 합리적 목표 달성을 위한 수단으로서 구성원들의 전문능력을 중시하며, 구성원들 간의 경쟁을 주요 자극제로 활용함.

30 업무를 수행할 때는 업무지침과 활용자원을 확인하여 구체적인 업무수행 계획을 수립하게 된다. 이러한 업무수행을 계획하는 다음과 같은 형식의 자료를 지칭하는 이름은 어느 것인가?

업 무	6월	7월	8월	9월
설계				
자료수집	▓▓▓▓▓			
기본설계		▓▓▓		
타당성 조사 및 실시설계			▓	
시공				
시공			▓▓▓	
결과 보고				▓▓▓

① 워크 플로 시트(work flow sheet)

② 간트 차트(Gantt chart)

③ 체크리스트(check list)

④ 대차대조표

⑤ 타당성 조사표

 간트 차트는 미국의 간트(Henry Laurence Gantt)가 1919년에 창안한 작업진도 도표로, 단계별로 업무를 시작해서 끝나는 데 걸리는 시간을 바(bar) 형식으로 표시할한 것이다. 이는 전체 일정을 한눈에 볼 수 있고, 단계별로 소요되는 시간과 각 업무활동 사이의 관계를 보여줄 수 있다.
워크 플로 시트는 일의 흐름을 동적으로 보여주는 데 효과적이다. 특히 워크 플로 시트에 사용하는 도형을 다르게 표현함으로써 주된 작업과 부차적인 작업, 혼자 처리할 수 있는 일과 다른 사람의 협조를 필요로 하는 일, 주의해야 할 일, 컴퓨터와 같은 도구를 사용해서 할 일 등을 구분해서 표현할 수 있다.

PART

III

인성검사

01 인성검사 개요

1 인성(성격)검사의 개념과 목적

인성(성격)이란 개인을 특징짓는 평범하고 일상적인 사회적 이미지, 즉 지속적이고 일관된 공적 성격(Public-personality)이며, 환경에 대응함으로써 선천적·후천적 요소의 상호작용으로 결정화된 심리적·사회적 특성 및 경향을 의미한다.

인성검사는 직무적성검사를 실시하는 대부분의 기업체에서 병행하여 실시하고 있으며, 인성검사만 독자적으로 실시하는 기업도 있다.

기업체에서는 인성검사를 통하여 각 개인이 어떠한 성격 특성이 발달되어 있고, 어떤 특성이 얼마나 부족한지, 그것이 해당 직무의 특성 및 조직문화와 얼마나 맞는지를 알아보고 이에 적합한 인재를 선발하고자 한다. 또한 개인에게 적합한 직무 배분과 부족한 부분을 교육을 통해 보완하도록 할 수 있다.

인성검사의 측정요소는 검사방법에 따라 차이가 있다. 또한 각 기업체들이 사용하고 있는 인성검사는 기존에 개발된 인성검사방법에 각 기업체의 인재상을 적용하여 자신들에게 적합하게 재개발하여 사용하는 경우가 많다. 그러므로 기업체에서 요구하는 인재상을 파악하여 그에 따른 대비책을 준비하는 것이 바람직하다. 본서에서 제시된 인성검사는 크게 '특성'과 '유형'의 측면에서 측정하게 된다.

2 성격의 특성

(1) 정서적 측면

정서적 측면은 평소 마음의 당연시하는 자세나 정신상태가 얼마나 안정하고 있는지 또는 불안정한지를 측정한다.

정서의 상태는 직무수행이나 대인관계와 관련하여 태도나 행동으로 드러난다. 그러므로, 정서적 측면을 측정하는 것에 의해, 장래 조직 내의 인간관계에 어느 정도 잘 적응할 수 있을까(또는 적응하지 못할까)를 예측하는 것이 가능하다. 그렇기 때문에, 정서적 측면의 결과는 채용시에 상당히 중시된다. 아무리 능력이 좋아도 장기적으로 조직 내의 인간관계에 잘 적응할 수 없다고 판단되는 인재는 기본적으로는 채용되지 않는다.

일반적으로 인성(성격)검사는 채용과는 관계없다고 생각하나 정서적으로 조직에 적응하지 못하는 인재는 채용단계에서 가려내지는 것을 유의하여야 한다.

① 민감성(신경도) … 꼼꼼함, 섬세함, 성실함 등의 요소를 통해 일반적으로 신경질적인지 또는 자신의 존재를 위협받는다라는 불안을 갖기 쉬운지를 측정한다.

EXAMPLE

질문	그렇다	약간 그렇다	그저 그렇다	별로 그렇지 않다	그렇지 않다
• 배려적이라고 생각한다. • 어질러진 방에 있으면 불안하다. • 실패 후에는 불안하다. • 세세한 것까지 신경쓴다. • 이유 없이 불안할 때가 있다.					

▶ **측정결과**

㉠ '그렇다'가 많은 경우(상처받기 쉬운 유형) : 사소한 일에 신경쓰고 다른 사람의 사소한 한마디 말에 상처를 받기 쉽다.
  • 면접관의 심리 : '동료들과 잘 지낼 수 있을까?', '실패할 때마다 위축되지 않을까?'
  • 면접대책 : 다소 신경질적이라도 능력을 발휘할 수 있다는 평가를 얻도록 한다. 주변과 충분한 의사소통이 가능하고, 결정한 것을 실행할 수 있다는 것을 보여주어야 한다.
㉡ '그렇지 않다'가 많은 경우(정신적으로 안정적인 유형) : 사소한 일에 신경 쓰지 않고 금방 해결하며, 주위 사람의 말에 과민하게 반응하지 않는다.
  • 면접관의 심리 : '계약할 때 필요한 유형이고, 사고 발생에도 유연하게 대처할 수 있다.'
  • 면접대책 : 일반적으로 '민감성'의 측정치가 낮으면 플러스 평가를 받으므로 더욱 자신감 있는 모습을 보여준다.

② **자책성(과민도)** … 자신을 비난하거나 책망하는 정도를 측정한다.

EXAMPLE

질문	그렇다	약간 그렇다	그저 그렇다	별로 그렇지 않다	그렇지 않다
• 후회하는 일이 많다. • 자신을 하찮은 존재로 생각하는 경우가 있다. • 문제가 발생하면 자기의 탓이라고 생각한다. • 무슨 일이든지 끙끙대며 진행하는 경향이 있다. • 온순한 편이다.					

▶**측정결과**

㉠ '그렇다'가 많은 경우(자책하는 유형) : 비관적이고 후회하는 유형이다.
 • 면접관의 심리 : '끙끙대며 괴로워하고, 일을 진행하지 못할 것 같다.'
 • 면접대책 : 기분이 저조해도 항상 의욕을 가지고 생활하는 것과 책임감이 강하다는 것을 보여준다.
㉡ '그렇지 않다'가 많은 경우(낙천적인 유형) : 기분이 항상 밝은 편이다.
 • 면접관의 심리 : '안정된 대인관계를 맺을 수 있고, 외부의 압력에도 흔들리지 않는다.'
 • 면접대책 : 일반적으로 '자책성'의 측정치가 낮으면 플러스 평가를 받으므로 자신감을 가지고 임한다.

③ **기분성(불안도)** … 기분의 굴곡이나 감정적인 면의 미숙함이 어느 정도인지를 측정하는 것이다.

EXAMPLE

질문	그렇다	약간 그렇다	그저 그렇다	별로 그렇지 않다	그렇지 않다
• 다른 사람의 의견에 자신의 결정이 흔들리는 경우가 많다. • 기분이 쉽게 변한다. • 종종 후회한다. • 다른 사람보다 의지가 약한 편이라고 생각한다. • 금방 싫증을 내는 성격이라는 말을 자주 듣는다.					

▶**측정결과**

㉠ '그렇다'가 많은 경우(감정의 기복이 많은 유형) : 의지력보다 기분에 따라 행동하기 쉽다.
 • 면접관의 심리 : '감정적인 것에 약하며, 상황에 따라 생산성이 떨어지지 않을까?'
 • 면접대책 : 주변 사람들과 항상 협조한다는 것을 강조하고 한결같은 상태로 일할 수 있다는 평가를 받도록 한다.
㉡ '그렇지 않다'가 많은 경우(감정의 기복이 적은 유형) : 감정의 기복이 없고, 안정적이다.
 • 면접관의 심리 : '안정적으로 업무에 임할 수 있다.'
 • 면접대책 : 기분성의 측정치가 낮으면 플러스 평가를 받으므로 자신감을 가지고 면접에 임한다.

④ **독자성**(개인도) ··· 주변에 대한 견해나 관심, 자신의 견해나 생각에 어느 정도의 속박감을 가지고 있는지를 측정한다.

EXAMPLE

질문	그렇다	약간 그렇다	그저 그렇다	별로 그렇지 않다	그렇지 않다
• 창의적 사고방식을 가지고 있다.					
• 융통성이 있는 편이다.					
• 혼자 있는 편이 많은 사람과 있는 것보다 편하다.					
• 개성적이라는 말을 듣는다.					
• 교제는 번거로운 것이라고 생각하는 경우가 많다.					
• 다른 사람의 의견을 따르는 것이 속편하다.					
• 자신의 주장을 내세우지 않는 편이다.					

▶ **측정결과**

㉠ '그렇다'가 많은 경우 : 자기의 관점을 중요하게 생각하는 유형으로, 주위의 상황보다 자신의 느낌과 생각을 중시한다.
  • 면접관의 심리 : '제멋대로 행동하지 않을까?'
  • 면접대책 : 주위 사람과 협조하여 일을 진행할 수 있다는 것과 상식에 얽매이지 않는다는 인상을 심어준다.

㉡ '그렇지 않다'가 많은 경우 : 상식적으로 행동하고 주변 사람의 시선에 신경을 쓴다.
  • 면접관의 심리 : '다른 직원들과 협조하여 업무를 진행할 수 있겠다.'
  • 면접대책 : 협조성이 요구되는 기업체에서는 플러스 평가를 받을 수 있다.

⑤ **자신감(자존심도)** … 자기 자신에 대해 얼마나 긍정적으로 평가하는지를 측정한다.

EXAMPLE

질문	그렇다	약간 그렇다	그저 그렇다	별로 그렇지 않다	그렇지 않다
• 다른 사람보다 능력이 뛰어나다고 생각한다. • 다소 반대의견이 있어도 나만의 생각으로 행동할 수 있다. • 나는 다른 사람보다 기가 센 편이다. • 동료가 나를 모욕해도 무시할 수 있다. • 대개의 일을 목적한 대로 헤쳐나갈 수 있다고 생각한다.					

▸**측정결과**

㉠ '그렇다'가 많은 경우 : 자기 능력이나 외모 등에 자신감이 있고, 비판당하는 것을 좋아하지 않는다.
 • 면접관의 심리 : '자만하여 지시에 잘 따를 수 있을까?'
 • 면접대책 : 다른 사람의 조언을 잘 받아들이고, 겸허하게 반성하는 면이 있다는 것을 보여주고, 동료들과 잘 지내며 리더의 자질이 있다는 것을 강조한다.
㉡ '그렇지 않다'가 많은 경우 : 자신감이 없고 다른 사람의 비판에 약하다.
 • 면접관의 심리 : '패기가 부족하지 않을까?', '쉽게 좌절하지 않을까?'
 • 면접대책 : 극도의 자신감 부족으로 평가되지는 않는다. 그러나 마음이 약한 면은 있지만 의욕적으로 일을 하겠다는 마음가짐을 보여준다.

⑥ **고양성(분위기에 들뜨는 정도)** … 자유분방함, 명랑함과 같이 감정(기분)의 높고 낮음의 정도를 측정한다.

EXAMPLE

질문	그렇다	약간 그렇다	그저 그렇다	별로 그렇지 않다	그렇지 않다
• 침착하지 못한 편이다. • 다른 사람보다 쉽게 우쭐해진다. • 모든 사람이 아는 유명인사가 되고 싶다. • 모임이나 집단에서 분위기를 이끄는 편이다. • 취미 등이 오랫동안 지속되지 않는 편이다.					

▸**측정결과**

㉠ **'그렇다'가 많은 경우** : 자극이나 변화가 있는 일상을 원하고 기분을 들뜨게 하는 사람과 친밀하게 지내는 경향이 강하다.
  • 면접관의 심리 : '일을 진행하는 데 변덕스럽지 않을까?'
  • 면접대책 : 밝은 태도는 플러스 평가를 받을 수 있지만, 착실한 업무능력이 요구되는 직종에서는 마이너스 평가가 될 수 있다. 따라서 자기조절이 가능하다는 것을 보여준다.
㉡ **'그렇지 않다'가 많은 경우** : 감정이 항상 일정하고, 속을 드러내 보이지 않는다.
  • 면접관의 심리 : '안정적인 업무 태도를 기대할 수 있겠다.'
  • 면접대책 : '고양성'의 낮음은 대체로 플러스 평가를 받을 수 있다. 그러나 '무엇을 생각하고 있는지 모르겠다' 등의 평을 듣지 않도록 주의한다.

⑦ **허위성(진위성)** … 필요 이상으로 자기를 좋게 보이려 하거나 기업체가 원하는 '이상형'에 맞춘 대답을 하고 있는지, 없는지를 측정한다.

EXAMPLE

질문	그렇다	약간 그렇다	그저 그렇다	별로 그렇지 않다	그렇지 않다
• 약속을 깨뜨린 적이 한 번도 없다. • 다른 사람을 부럽다고 생각해 본 적이 없다. • 꾸지람을 들은 적이 없다. • 사람을 미워한 적이 없다. • 화를 낸 적이 한 번도 없다.					

▸**측정결과**

㉠ **'그렇다'가 많은 경우** : 실제의 자기와는 다른, 말하자면 원칙으로 해답할 가능성이 있다.
  • 면접관의 심리 : '거짓을 말하고 있다.'
  • 면접대책 : 조금이라도 좋게 보이려고 하는 '거짓말쟁이'로 평가될 수 있다. '거짓을 말하고 있다.'는 마음 따위가 전혀 없다해도 결과적으로는 정직하게 답하지 않는다는 것이 되어 버린다. '허위성'의 측정 질문은 구분되지 않고 다른 질문 중에 섞여 있다. 그러므로 모든 질문에 솔직하게 답하여야 한다. 또한 자기 자신과 너무 동떨어진 이미지로 답하면 좋은 결과를 얻지 못한다. 그리고 면접에서 '허위성'을 기본으로 한 질문을 받게 되므로 당황하거나 또다른 모순된 답변을 하게 된다. 겉치레를 하거나 무리한 욕심을 부리지 말고 '이런 사회인이 되고 싶다.'는 현재의 자신보다, 조금 성장한 자신을 표현하는 정도가 적당하다.
㉡ **'그렇지 않다'가 많은 경우** : 냉정하고 정직하며, 외부의 압력과 스트레스에 강한 유형이다. '대쪽 같음'의 이미지가 굳어지지 않도록 주의한다.

(2) 행동적인 측면

행동적 측면은 인격 중에 특히 행동으로 드러나기 쉬운 측면을 측정한다. 사람의 행동 특징 자체에는 선도 악도 없으나, 일반적으로는 일의 내용에 의해 원하는 행동이 있다. 때문에 행동적 측면은 주로 직종과 깊은 관계가 있는데 자신의 행동 특성을 살려 적합한 직종을 선택한다면 플러스가 될 수 있다.

행동 특성에서 보이는 특징은 면접장면에서도 드러나기 쉬운데 본서의 모의 TEST의 결과를 참고하여 자신의 태도, 행동이 면접관의 시선에 어떻게 비치는지를 점검하도록 한다.

① **사회적 내향성** … 대인관계에서 나타나는 행동경향으로 '낯가림'을 측정한다.

EXAMPLE

질문	선택
A : 파티에서는 사람을 소개받은 편이다. B : 파티에서는 사람을 소개하는 편이다.	
A : 처음 보는 사람과는 어색하게 시간을 보내는 편이다. B : 처음 보는 사람과는 즐거운 시간을 보내는 편이다.	
A : 친구가 적은 편이다. B : 친구가 많은 편이다.	
A : 자신의 의견을 말하는 경우가 적다. B : 자신의 의견을 말하는 경우가 많다.	
A : 사교적인 모임에 참석하는 것을 좋아하지 않는다. B : 사교적인 모임에 항상 참석한다.	

▸**측정결과**

㉠ 'A'가 많은 경우 : 내성적이고 사람들과 접하는 것에 소극적이다. 자신의 의견을 말하지 않고 조심스러운 편이다.
  • 면접관의 심리 : '소극적인데 동료와 잘 지낼 수 있을까?'
  • 면접대책 : 대인관계를 맺는 것을 싫어하지 않고 의욕적으로 일을 할 수 있다는 것을 보여준다.
㉡ 'B'가 많은 경우 : 사교적이고 자기의 생각을 명확하게 전달할 수 있다.
  • 면접관의 심리 : '사교적이고 활동적인 것은 좋지만, 자기주장이 너무 강하지 않을까?'
  • 면접대책 : 협조성을 보여주고, 자기 주장이 너무 강하다는 인상을 주지 않도록 주의한다.

② 내성성(침착도) … 자신의 행동과 일에 대해 침착하게 생각하는 정도를 측정한다.

EXAMPLE

질문	선택
A : 시간이 걸려도 침착하게 생각하는 경우가 많다. B : 짧은 시간에 결정을 하는 경우가 많다.	
A : 실패의 원인을 찾고 반성하는 편이다. B : 실패를 해도 그다지(별로) 개의치 않는다.	
A : 결론이 도출되어도 몇 번 정도 생각을 바꾼다. B : 결론이 도출되면 신속하게 행동으로 옮긴다.	
A : 여러 가지 생각하는 것이 능숙하다. B : 여러 가지 일을 재빨리 능숙하게 처리하는 데 익숙하다.	
A : 여러 가지 측면에서 사물을 검토한다. B : 행동한 후 생각을 한다.	

▶ **측정결과**

㉠ 'A'가 많은 경우 : 행동하기 보다는 생각하는 것을 좋아하고 신중하게 계획을 세워 실행한다.
  • 면접관의 심리 : '행동으로 실천하지 못하고, 대응이 늦은 경향이 있지 않을까?'
  • 면접대책 : 발로 뛰는 것을 좋아하고, 일을 더디게 한다는 인상을 주지 않도록 한다.

㉡ 'B'가 많은 경우 : 차분하게 생각하는 것보다 우선 행동하는 유형이다.
  • 면접관의 심리 : '생각하는 것을 싫어하고 경솔한 행동을 하지 않을까?'
  • 면접대책 : 계획을 세우고 행동할 수 있는 것을 보여주고 '사려 깊다'라는 인상을 남기도록 한다.

③ 신체활동성 … 몸을 움직이는 것을 좋아하는가를 측정한다.

질문	선택
A : 민첩하게 활동하는 편이다. B : 준비행동이 없는 편이다.	
A : 일을 척척 해치우는 편이다. B : 일을 더디게 처리하는 편이다.	
A : 활발하다는 말을 듣는다. B : 얌전하다는 말을 듣는다.	
A : 몸을 움직이는 것을 좋아한다. B : 가만히 있는 것을 좋아한다.	
A : 스포츠를 하는 것을 즐긴다. B : 스포츠를 보는 것을 좋아한다.	

▶ 측정결과
㉠ 'A'가 많은 경우 : 활동적이고, 몸을 움직이게 하는 것이 컨디션이 좋다.
• 면접관의 심리 : '활동적으로 활동력이 좋아 보인다.'
• 면접대책 : 활동하고 얻은 성과 등과 주어진 상황의 대응능력을 보여준다.
㉡ 'B'가 많은 경우 : 침착한 인상으로, 차분하게 있는 타입이다.
• 면접관의 심리 : '좀처럼 행동하려 하지 않아 보이고, 일을 빠르게 처리할 수 있을까?'

④ 지속성(노력성) … 무슨 일이든 포기하지 않고 끈기 있게 하려는 정도를 측정한다.

질문	선택
A : 일단 시작한 일은 시간이 걸려도 끝까지 마무리한다. B : 일을 하다 어려움에 부딪히면 단념한다.	
A : 끈질긴 편이다. B : 바로 단념하는 편이다.	
A : 인내가 강하다는 말을 듣는다. B : 금방 싫증을 낸다는 말을 듣는다.	
A : 집념이 깊은 편이다. B : 담백한 편이다.	
A : 한 가지 일에 구애되는 것이 좋다고 생각한다. B : 간단하게 체념하는 것이 좋다고 생각한다.	

> ▶ 측정결과
> ㉠ 'A'가 많은 경우 : 시작한 것은 어려움이 있어도 포기하지 않고 인내심이 높다.
> • 면접관의 심리 : '한 가지의 일에 너무 구애되고, 업무의 진행이 원활할까?'
> • 면접대책 : 인내력이 있는 것은 플러스 평가를 받을 수 있지만 집착이 강해 보이기도 한다.
> ㉡ 'B'가 많은 경우 : 뒤끝이 없고 조그만 실패로 일을 포기하기 쉽다.
> • 면접관의 심리 : '질리는 경향이 있고, 일을 정확히 끝낼 수 있을까?'
> • 면접대책 : 지속적인 노력으로 성공했던 사례를 준비하도록 한다.

⑤ 신중성(주의성) … 자신이 처한 주변상황을 즉시 파악하고 자신의 행동이 어떤 영향을 미치는지를 측정한다.

EXAMPLE

질문	선택
A : 여러 가지로 생각하면서 완벽하게 준비하는 편이다. B : 행동할 때부터 임기응변적인 대응을 하는 편이다.	
A : 신중해서 타이밍을 놓치는 편이다. B : 준비 부족으로 실패하는 편이다.	
A : 자신은 어떤 일에도 신중히 대응하는 편이다. B : 순간적인 충동으로 활동하는 편이다.	
A : 시험을 볼 때 끝날 때까지 재검토하는 편이다. B : 시험을 볼 때 한 번에 모든 것을 마치는 편이다.	
A : 일에 대해 계획표를 만들어 실행한다. B : 일에 대한 계획표 없이 진행한다.	

> ▶ 측정결과
> ㉠ 'A'가 많은 경우 : 주변 상황에 민감하고, 예측하여 계획있게 일을 진행한다.
> • 면접관의 심리 : '너무 신중해서 적절한 판단을 할 수 있을까?', '앞으로의 상황에 불안을 느끼지 않을까?'
> • 면접대책 : 예측을 하고 실행을 하는 것은 플러스 평가가 되지만, 너무 신중하면 일의 진행이 정체될 가능성을 보이므로 추진력이 있다는 강한 의욕을 보여준다.
> ㉡ 'B'가 많은 경우 : 주변 상황을 살펴보지 않고 착실한 계획 없이 일을 진행시킨다.
> • 면접관의 심리 : '사려 깊지 않고, 실패하는 일이 많지 않을까?', '판단이 빠르고 유연한 사고를 할 수 있을까?'
> • 면접대책 : 사전준비를 중요하게 생각하고 있다는 것 등을 보여주고, 경솔한 인상을 주지 않도록 한다. 또한 판단력이 빠르거나 유연한 사고 덕분에 일 처리를 잘 할 수 있다는 것을 강조한다.

(3) 의욕적인 측면

의욕적인 측면은 의욕의 정도, 활동력의 유무 등을 측정한다. 여기서의 의욕이란 우리들이 보통 말하고 사용하는 '하려는 의지'와는 조금 뉘앙스가 다르다. '하려는 의지'란 그 때의 환경이나 기분에 따라 변화하는 것이지만, 여기에서는 조금 더 변화하기 어려운 특징, 말하자면 정신적 에너지의 양으로 측정하는 것이다.

의욕적 측면은 행동적 측면과는 다르고, 전반적으로 어느 정도 점수가 높은 쪽을 선호한다. 모의검사의 의욕적 측면의 결과가 낮다면, 평소 일에 몰두할 때 조금 의욕 있는 자세를 가지고 서서히 개선하도록 노력해야 한다.

① 달성의욕 … 목적의식을 가지고 높은 이상을 가지고 있는지를 측정한다.

EXAMPLE

질문	선택
A : 경쟁심이 강한 편이다. B : 경쟁심이 약한 편이다.	
A : 어떤 한 분야에서 제1인자가 되고 싶다고 생각한다. B : 어느 분야에서든 성실하게 임무를 진행하고 싶다고 생각한다.	
A : 규모가 큰 일을 해보고 싶다. B : 맡은 일에 충실히 임하고 싶다.	
A : 아무리 노력해도 실패한 것은 아무런 도움이 되지 않는다. B : 가령 실패했을 지라도 나름대로의 노력이 있었으므로 괜찮다. A : 높은 목표를 설정하여 수행하는 것이 의욕적이다. B : 실현 가능한 정도의 목표를 설정하는 것이 의욕적이다.	

▶**측정결과**
㉠ 'A'가 많은 경우 : 큰 목표와 높은 이상을 가지고 승부욕이 강한 편이다.
• 면접관의 심리 : '열심히 일을 해줄 것 같은 유형이다.'
• 면접대책 : 달성의욕이 높다는 것은 어떤 직종이라도 플러스 평가가 된다.
㉡ 'B'가 많은 경우 : 현재의 생활을 소중하게 여기고 비약적인 발전을 위해 기를 쓰지 않는다.
• 면접관의 심리 : '외부의 압력에 약하고, 기획입안 등을 하기 어려울 것이다.'
• 면접대책 : 일을 통하여 하고 싶은 것들을 구체적으로 어필한다.

---

② **활동의욕** … 자신에게 잠재된 에너지의 크기로, 정신적인 측면의 활동력이라 할 수 있다.

EXAMPLE

질문	선택
A : 하고 싶은 일을 실행으로 옮기는 편이다. B : 하고 싶은 일을 좀처럼 실행할 수 없는 편이다.	
A : 어려운 문제를 해결해 가는 것이 좋다. B : 어려운 문제를 해결하는 것을 잘하지 못한다.	
A : 일반적으로 결단이 빠른 편이다. B : 일반적으로 결단이 느린 편이다.	
A : 곤란한 상황에도 도전하는 편이다. B : 사물의 본질을 깊게 관찰하는 편이다.	
A : 시원시원하다는 말을 잘 듣는다. B : 꼼꼼하다는 말을 잘 듣는다.	

▶**측정결과**

㉠ 'A'가 많은 경우 : 꾸물거리는 것을 싫어하고 재빠르게 결단해서 행동하는 타입이다.
 • 면접관의 심리 : '일을 처리하는 솜씨가 좋고, 일을 척척 진행할 수 있을 것 같다.'
 • 면접대책 : 활동의욕이 높은 것은 플러스 평가가 된다. 사교성이나 활동성이 강하다는 인상을 준다.
㉡ 'B'가 많은 경우 : 안전하고 확실한 방법을 모색하고 차분하게 시간을 아껴서 일에 임하는 타입이다.
 • 면접관의 심리 : '재빨리 행동을 못하고, 일의 처리속도가 느린 것이 아닐까?'
 • 면접대책 : 활동성이 있는 것을 좋아하고 움직임이 더디다는 인상을 주지 않도록 한다.

3 성격의 유형

(1) 인성검사유형의 4가지 척도

정서적인 측면, 행동적인 측면, 의욕적인 측면의 요소들은 성격 특성이라는 관점에서 제시된 것들로 각 개인의 장·단점을 파악하는 데 유용하다. 그러나 전체적인 개인의 인성을 이해하는 데는 한계가 있다.

성격의 유형은 개인의 '성격적인 특색'을 가리키는 것으로, 사회인으로서 적합한지, 아닌지를 말하는 관점과는 관계가 없다. 따라서 채용의 합격 여부에는 사용되지 않는 경우가 많으며, 입사 후의 적정 부서 배치의 자료가 되는 편이라 생각하면 된다. 그러나 채용과 관계가 없다고 해서 아무런 준비도 필요없는 것은 아니다. 자신을 아는 것은 면접 대책의 밑거름이 되므로 모의검사 결과를 충분히 활용하도록 하여야 한다.

본서에서는 4개의 척도를 사용하여 기본적으로 16개의 패턴으로 성격의 유형을 분류하고 있다. 각 개인의 성격이 어떤 유형인지 재빨리 파악하기 위해 사용되며, '적성'에 맞는지, 맞지 않는지의 관점에 활용된다.

- 흥미·관심의 방향 : 내향형 ←————→ 외향형
- 사물에 대한 견해 : 직관형 ←————→ 감각형
- 판단하는 방법 : 감정형 ←————→ 사고형
- 환경에 대한 접근방법 : 지각형 ←————→ 판단형

---

(2) 성격유형

① **흥미·관심의 방향(내향⇆외향)** … 흥미·관심의 방향이 자신의 내면에 있는지, 주위환경 등 외면에 향하는 지를 가리키는 척도이다.

EXAMPLE

질문	선택
A : 내성적인 성격인 편이다. B : 개방적인 성격인 편이다.	
A : 항상 신중하게 생각을 하는 편이다. B : 바로 행동에 착수하는 편이다.	
A : 수수하고 조심스러운 편이다. B : 자기표현력이 강한 편이다.	
A : 다른 사람과 함께 있으면 침착하지 않다. B : 혼자서 있으면 침착하지 않다.	

▶측정결과

㉠ 'A'가 많은 경우(내향) : 관심의 방향이 자기 내면에 있으며, 조용하고 낯을 가리는 유형이다. 행동력은 부족하나 집중력이 뛰어나고 신중하고 꼼꼼하다.

㉡ 'B'가 많은 경우(외향) : 관심의 방향이 외부환경에 있으며, 사교적이고 활동적인 유형이다. 꼼꼼함이 부족하여 대충하는 경향이 있으나 행동력이 있다.

② 일(사물)을 보는 **방법**(직감⇆감각) … 일(사물)을 보는 법이 직감적으로 형식에 얽매이는지, 감각적으로 상식적인지를 가리키는 척도이다.

EXAMPLE

질문	선택
A : 현실주의적인 편이다. B : 상상력이 풍부한 편이다. A : 정형적인 방법으로 일을 처리하는 것을 좋아한다. B : 만들어진 방법에 변화가 있는 것을 좋아한다. A : 경험에서 가장 적합한 방법으로 선택한다. B : 지금까지 없었던 새로운 방법을 개척하는 것을 좋아한다. A : 성실하다는 말을 듣는다. B : 호기심이 강하다는 말을 듣는다.	

▶**측정결과**
㉠ 'A'가 **많은 경우**(감각) : 현실적이고 경험주의적이며 보수적인 유형이다.
㉡ 'B'가 **많은 경우**(직관) : 새로운 주제를 좋아하며, 독자적인 시각을 가진 유형이다.

③ 판단하는 **방법**(감정⇆사고) … 일을 감정적으로 판단하는지, 논리적으로 판단하는지를 가리키는 척도이다.

EXAMPLE

질문	선택
A : 인간관계를 중시하는 편이다. B : 일의 내용을 중시하는 편이다. A : 결론을 자기의 신념과 감정에서 이끌어내는 편이다. B : 결론을 논리적 사고에 의거하여 내리는 편이다. A : 다른 사람보다 동정적이고 눈물이 많은 편이다. B : 다른 사람보다 이성적이고 냉정하게 대응하는 편이다. A : 머리로는 이해해도 심정상 받아들일 수 없을 때가 있다. B : 마음은 알지만 받아들일 수 없을 때가 있다.	

▶**측정결과**
㉠ 'A'가 **많은 경우**(감정) : 일을 판단할 때 마음·감정을 중요하게 여기는 유형이다. 감정이 풍부하고 친절하나 엄격함이 부족하고 우유부단하며, 합리성이 부족하다.
㉡ 'B'가 **많은 경우**(사고) : 일을 판단할 때 논리성을 중요하게 여기는 유형이다. 이성적이고 합리적이나 타인에 대한 배려가 부족하다.

④ 환경에 대한 접근방법 … 주변상황에 어떻게 접근하는지, 그 판단기준을 어디에 두는지를 측정한다.

EXAMPLE

질문	선택
A : 사전에 계획을 세우지 않고 행동한다. B : 반드시 계획을 세우고 그것에 의거해서 행동한다.	
A : 자유롭게 행동하는 것을 좋아한다. B : 조직적으로 행동하는 것을 좋아한다.	
A : 조직성이나 관습에 속박당하지 않는다. B : 조직성이나 관습을 중요하게 여긴다.	
A : 계획 없이 낭비가 심한 편이다. B : 예산을 세워 물건을 구입하는 편이다.	

▶ **측정결과**

㉠ 'A'가 많은 경우(지각) : 일의 변화에 융통성을 가지고 유연하게 대응하는 유형이다. 낙관적이며 질서보다는 자유를 좋아하나 임기응변식의 대응으로 무계획적인 인상을 줄 수 있다.

㉡ 'B'가 많은 경우(판단) : 일의 진행시 계획을 세워서 실행하는 유형이다. 순차적으로 진행하는 일을 좋아하고 끈기가 있으나 변화에 대해 적절하게 대응하지 못하는 경향이 있다.

(3) 성격유형의 판정

성격유형은 합격 여부의 판정보다는 배치를 위한 자료로써 이용된다. 즉, 기업은 입사시험 단계에서 입사 후에도 사용할 수 있는 정보를 입수하고 있다는 것이다. 성격검사에서는 어느 척도가 얼마나 고득점이었는지에 주시하고 각각의 측면에서 반드시 하나씩 고르고 편성한다. 편성은 모두 16가지가 되나 각각의 측면을 더 세분하면 200가지 이상의 유형이 나온다.

여기에서는 16가지 편성을 제시한다. 성격검사에 어떤 정보가 게재되어 있는지를 이해하면서 자기의 성격유형을 파악하기 위한 실마리로 활용하도록 한다.

① 내향 – 직관 – 감정 – 지각(TYPE A) : 관심이 내면에 향하고 조용하고 소극적이다. 사물에 대한 견해는 새로운 것에 대해 호기심이 강하고, 독창적이다. 감정은 좋아하는 것과 싫어하는 것의 판단이 확실하고, 감정이 풍부하고 따뜻한 느낌이 있는 반면, 합리성이 부족한 경향이 있다. 환경에 접근하는 방법은 순응적이고 상황의 변화에 대해 유연하게 대응하는 것을 잘한다.

② 내향 – 직관 – 감정 – 사고(TYPE B) : 관심이 내면으로 향하고 조용하고 쑥스러움을 잘 타는 편이다. 사물을 보는 관점은 독창적이며, 자기 나름대로 궁리하며 생각하는 일이 많다. 좋고 싫음으로 판단하는 경향이 강하고 타인에게는 친절한 반면, 우유부단하기 쉬운 편이다. 환경 변화에 대해 유연하게 대응하는 것을 잘한다.

③ 내향 – 직관 – 사고 – 지각(TYPE C) : 관심이 내면으로 향하고 얌전하고 교제범위가 좁다. 사물을 보는 관점은 독창적이며, 현실에서 먼 추상적인 것을 생각하기를 좋아한다. 논리적으로 생각하고 판단하는 경향이 강하고 이성적이지만, 남의 감정에 대해서는 무반응인 경향이 있다. 환경의 변화에 순응적이고 융통성 있게 임기응변으로 대응할 수가 있다.

④ 내향 – 직관 – 사고 – 판단(TYPE D) : 관심이 내면으로 향하고 주의 깊고 신중하게 행동을 한다. 사물을 보는 관점은 독창적이며 논리를 좋아해서 이치를 따지는 경향이 있다. 논리적으로 생각하고 판단하는 경향이 강하고, 객관적이지만 상대방의 마음에 대한 배려가 부족한 경향이 있다. 환경에 대해서는 순응하는 것보다 대응하며, 한 번 정한 것은 끈질기게 행동하려 한다.

⑤ 내향 – 감각 – 감정 – 지각(TYPE E) : 관심이 내면으로 향하고 조용하며 소극적이다. 사물을 보는 관점은 상식적이고 그대로의 것을 좋아하는 경향이 있다. 좋음과 싫음으로 판단하는 경향이 강하고 타인에 대해서 동정심이 많은 반면, 엄격한 면이 부족한 경향이 있다. 환경에 대해서는 순응적이고, 예측할 수 없다해도 태연하게 행동하는 경향이 있다.

⑥ 내향 – 감각 – 감정 – 판단(TYPE F) : 관심이 내면으로 향하고 얌전하며 쑥스러움을 많이 탄다. 사물을 보는 관점은 상식적이고 논리적으로 생각하는 것보다도 경험을 중요시하는 경향이 있다. 좋고 싫음으로 판단하는 경향이 강하고 사람이 좋은 반면, 개인적 취향이나 소원에 영향을 받는 일이 많은 경향이 있다. 환경에 대해서는 영향을 받지 않고, 자기 페이스대로 꾸준히 성취하는 일을 잘한다.

⑦ 내향 – 감각 – 사고 – 지각(TYPE G) : 관심이 내면으로 향하고 얌전하고 교제범위가 좁다. 사물을 보는 관점은 상식적인 동시에 실천적이며, 틀에 박힌 형식을 좋아한다. 논리적으로 판단하는 경향이 강하고 침착하지만 사람에 대해서는 엄격하여 차가운 인상을 주는 일이 많다. 환경에 대해서 순응적이고, 계획적으로 행동하지 않으며 자유로운 행동을 좋아하는 경향이 있다.

⑧ 내향 – 감각 – 사고 – 판단(TYPE H) : 관심이 내면으로 향하고 주의 깊고 신중하게 행동을 한다. 사물을 보는 관점이 상식적이고 새롭고 경험하지 못한 일에 대응을 잘 하지 못한다. 논리적으로 생각하고 판단하는 경향이 강하고, 공평하지만 상대방의 감정에 대해 배려가 부족할 때가 있다. 환경에 대해서는 작용하는 편이고, 질서 있게 행동하는 것을 좋아한다.

⑨ 외향 – 직관 – 감정 – 지각(TYPE I) : 관심이 외향으로 향하고 밝고 활동적이며 교제범위가 넓다. 사물을 보는 관점은 독창적이고 호기심이 강하며 새로운 것을 생각하는 것을 좋아한다. 좋음 싫음으로 판단하는 경향이 강하다. 사람은 좋은 반면 개인적 취향이나 소원에 영향을 받는 일이 많은 편이다.

⑩ 외향 – 직관 – 감정 – 판단(TYPE J) : 관심이 외향으로 향하고 개방적이며 누구와도 쉽게 친해질 수 있다. 사물을 보는 관점은 독창적이고 자기 나름대로 궁리하고 생각하는 면이 많다. 좋음과 싫음으로 판단하는 경향이 강하고, 타인에 대해 동정적이기 쉽고 엄격함이 부족한 경향이 있다. 환경에 대해서는 작용하는 편이고 질서 있는 행동을 하는 것을 좋아한다.

⑪ 외향 – 직관 – 사고 – 지각(TYPE K) : 관심이 외향으로 향하고 태도가 분명하며 활동적이다. 사물을 보는 관점은 독창적이고 현실과 거리가 있는 추상적인 것을 생각하는 것을 좋아한다. 논리적으로 생각하고 판단하는 경향이 강하고, 공평하지만 상대에 대한 배려가 부족할 때가 있다.

⑫ 외향 – 직관 – 사고 – 판단(TYPE L) : 관심이 외향으로 향하고 밝고 명랑한 성격이며 사교적인 것을 좋아한다. 사물을 보는 관점은 독창적이고 논리적인 것을 좋아하기 때문에 이치를 따지는 경향이 있다. 논리적으로 생각하고 판단하는 경향이 강하고 침착성이 뛰어나지만 사람에 대해서 엄격하고 차가운 인상을 주는 경우가 많다. 환경에 대해 작용하는 편이고 계획을 세우고 착실하게 실행하는 것을 좋아한다.

⑬ 외향 – 감각 – 감정 – 지각(TYPE M) : 관심이 외향으로 향하고 밝고 활동적이고 교제범위가 넓다. 사물을 보는 관점은 상식적이고 종래대로 있는 것을 좋아한다. 보수적인 경향이 있고 좋아함과 싫어함으로 판단하는 경향이 강하며 타인에게는 친절한 반면, 우유부단한 경우가 많다. 환경에 대해 순응적이고, 융통성이 있고 임기응변으로 대응할 가능성이 높다.

⑭ 외향 – 감각 – 감정 – 판단(TYPE N) : 관심이 외향으로 향하고 개방적이며 누구와도 쉽게 대면할 수 있다. 사물을 보는 관점은 상식적이고 논리적으로 생각하기보다는 경험을 중시하는 편이다. 좋아함과 싫어함으로 판단하는 경향이 강하고 감정이 풍부하며 따뜻한 느낌이 있는 반면에 합리성이 부족한 경우가 많다. 환경에 대해서 작용하는 편이고, 한 번 결정한 것은 끈질기게 실행하려고 한다.

⑮ 외향 – 감각 – 사고 – 지각(TYPE O) : 관심이 외향으로 향하고 시원한 태도이며 활동적이다. 사물을 보는 관점이 상식적이며 동시에 실천적이고 명백한 형식을 좋아하는 경향이 있다. 논리적으로 생각하고 판단하는 경향이 강하고, 객관적이지만 상대 마음에 대해 배려가 부족한 경향이 있다.

⑯ 외향 – 감각 – 사고 – 판단(TYPE P) : 관심이 외향으로 향하고 밝고 명랑하며 사교적인 것을 좋아한다. 사물을 보는 관점은 상식적이고 경험하지 못한 새로운 것에 대응을 잘 하지 못한다. 논리적으로 생각하고 판단하는 경향이 강하고 이성적이지만 사람의 감정에 무심한 경향이 있다. 환경에 대해서는 작용하는 편이고, 자기 페이스대로 꾸준히 성취하는 것을 잘한다.

4 **인성검사의 대책**

(1) 미리 알아두어야 할 점

① **출제문항수** … 인성검사의 출제문항수는 특별히 정해진 것이 아니며 농협은 각 지역농협별로 달라질 수 있다. 보통 160문항 이상에서 350문항까지 출제된다고 예상하면 된다.

② **출제형식**

㉠ '예' 아니면 '아니오'의 형식

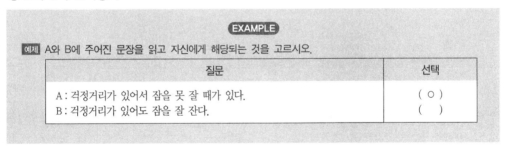

EXAMPLE

예제 다음 문항을 읽고 자신이 해당될 경우 '예', 해당되지 않을 경우 '아니오'에 ○표를 하시오.

질문	예	아니오
1. 자신의 생각이나 의견은 좀처럼 변하지 않는다.	○	
2. 구입한 후 끝까지 읽지 않은 책이 많다.		○

예제 다음 문항에 대해서 평소에 자신이 생각하고 있는 것이나 행동하고 있는 것에 ○표를 하시오.

질문	그렇다	약간 그렇다	그저 그렇다	별로 그렇지 않다	그렇지 않다
1. 시간에 쫓기는 것이 싫다.		○			
2. 여행가기 전에 계획을 세운다.			○		

㉡ A와 B의 선택형식

EXAMPLE

예제 A와 B에 주어진 문장을 읽고 자신에게 해당되는 것을 고르시오.

질문	선택
A : 걱정거리가 있어서 잠을 못 잘 때가 있다.	(○)
B : 걱정거리가 있어도 잠을 잘 잔다.	( )

(2) 임하는 자세

① **솔직하게 있는 그대로 표현한다** … 인성검사는 평범한 일상생활 내용들을 다룬 짧은 문장과 어떤 대상이나 일에 대한 선로를 선택하는 문장으로 구성되었으므로 평소에 자신이 생각한 바를 너무 골똘히 생각하지 말고 문제를 보는 순간 떠오른 것을 표현한다.

② **모든 문제를 신속하게 대답한다** … 인성검사는 시간 제한이 없는 것이 원칙이지만 기업체들은 일정한 시간 제한을 두고 있다. 인성검사는 개인의 성격과 자질을 알아보기 위한 검사이기 때문에 정답이 없다. 다만, 기업체에서 바람직하게 생각하거나 기대되는 결과가 있을 뿐이다. 따라서 시간에 쫓겨서 대충 대답을 하는 것은 바람직하지 못하다.

02 인성검사 예시

|1~10| 다음 질문에 대해서 평소 자신이 생각하고 있는 것이나 행동하고 있는 것에 대해 박스에 주어진 응답요령에 따라 답하시오.

응답요령

• 응답 Ⅰ : 제시된 문항들을 읽은 다음 각각의 문항에 대해 자신이 동의하는 정도를 ①(전혀 그렇지 않다)~⑤(매우 그렇다)으로 표시하면 된다.

• 응답 Ⅱ : 제시된 문항들을 비교하여 상대적으로 자신의 성격과 가장 가까운 문항 하나와 가장 거리가 먼 문항 하나를 선택하여야 한다(응답 Ⅱ의 응답은 가깝다 1개, 멀다 1개, 무응답 2개이어야 한다).

1

문항예시	응답 Ⅰ					응답 Ⅱ	
	①	②	③	④	⑤	멀다	가깝다
A. 몸을 움직이는 것을 좋아하지 않는다.							
B. 쉽게 질리는 편이다.							
C. 경솔한 편이라고 생각한다.							
D. 인생의 목표는 손이 닿을 정도면 된다.							

2

문항예시	응답 Ⅰ					응답 Ⅱ	
	①	②	③	④	⑤	멀다	가깝다
A. 무슨 일도 좀처럼 시작하지 못한다.							
B. 초면인 사람과도 바로 친해질 수 있다.							
C. 행동하고 나서 생각하는 편이다.							
D. 쉬는 날은 집에 있는 경우가 많다.							

3

문항예시	응답 I					응답 II	
	①	②	③	④	⑤	멀다	가깝다
A. 조금이라도 나쁜 소식은 절망의 시작이라고 생각해 버린다.							
B. 언제나 실패가 걱정이 되어 어쩔 줄 모른다.							
C. 다수결의 의견에 따르는 편이다.							
D. 혼자서 음식점에 들어가는 것은 전혀 두려운 일이 아니다.							

4

문항예시	응답 I					응답 II	
	①	②	③	④	⑤	멀다	가깝다
A. 승부근성이 강하다.							
B. 자주 흥분해서 침착하지 못하다.							
C. 지금까지 살면서 타인에게 폐를 끼친 적이 없다.							
D. 소곤소곤 이야기하는 것을 보면 자기에 대해 험담하고 있는 것으로 생각된다.							

5

문항예시	응답 I					응답 II	
	①	②	③	④	⑤	멀다	가깝다
A. 무엇이든지 자기가 나쁘다고 생각하는 편이다.							
B. 자신을 변덕스러운 사람이라고 생각한다.							
C. 고독을 즐기는 편이다.							
D. 자존심이 강하다고 생각한다.							

6

문항예시	응답 I					응답 II	
	①	②	③	④	⑤	멀다	가깝다
A. 금방 흥분하는 성격이다.							
B. 거짓말을 한 적이 없다.							
C. 신경질적인 편이다.							
D. 끙끙대며 고민하는 타입이다.							

7

문항예시	응답 I					응답 II	
	①	②	③	④	⑤	멀다	가깝다
A. 감정적인 사람이라고 생각한다.							
B. 자신만의 신념을 가지고 있다.							
C. 다른 사람을 바보 같다고 생각한 적이 있다.							
D. 금방 말해버리는 편이다.							

8

문항예시	응답 I					응답 II	
	①	②	③	④	⑤	멀다	가깝다
A. 충동적인 편이다.							
B. 계절에 영향을 많이 받는다.							
C. 특별히 좋아하는 시간대가 있다.							
D. 건강관리에 신경을 쓴다.							

9

문항예시	응답 I					응답 II	
	①	②	③	④	⑤	멀다	가깝다
A. 물욕이 강하다.							
B. 식물을 키우는 것을 좋아한다.							
C. 스포츠는 하는 것보다 보는 것을 즐긴다.							
D. 드라마보다 뉴스를 선호한다.							

10

문항예시	응답 I					응답 II	
	①	②	③	④	⑤	멀다	가깝다
A. 집권여당이 바뀌는 것이 내 삶에 큰 영향을 미친다고 생각한다.							
B. 청소를 잘하는 편이다.							
C. 주말을 기다린다.							
D. 아침에 일어나는 것이 행복하다.							

▮1~13▮ 다음 각 문제에서 제시된 4개의 질문 중 자신의 생각과 일치하거나 자신을 가장 잘 나타내는 질문과 가장 거리가 먼 질문을 각각 하나씩 고르시오.

	질문	가깝다	멀다
1	계획적으로 일을 하는 것을 좋아한다.		
	꼼꼼하게 일을 마무리 하는 편이다.		
	새로운 방법으로 문제를 해결하는 것을 좋아한다.		
	빠르고 신속하게 일을 처리해야 마음이 편하다.		
2	문제를 해결하기 위해 여러 사람과 상의한다.		
	어떠한 결정을 내릴 때 신중한 편이다.		
	시작한 일은 반드시 완성시킨다.		
	문제를 현실적이고 객관적으로 해결한다.		
3	글보다 말로 표현하는 것이 편하다.		
	논리적인 원칙에 따라 사실을 조직하는 것이 좋다.		
	집중력이 강하고 매사에 철저하다.		
	자기능력을 뽐내지 않고 겸손하다.		
4	융통성 있게 업무를 처리한다.		
	질문을 받으면 충분히 생각하고 나서 대답한다.		
	긍정적이고 낙천적인 사고방식을 갖고 있다.		
	매사에 적극적인 편이다.		
5	기발한 아이디어를 많이 낸다.		
	새로운 일 하는 것을 좋아한다.		
	타인의 견해를 잘 고려한다.		
	사람들을 잘 설득시킨다.		
6	나는 종종 화가 날 때가 있다.		
	나는 화를 잘 참지 못한다.		
	나는 단호하고 통솔력이 있다.		
	나는 집단을 이끌어가는 능력이 있다.		
7	나는 조용하고 성실하다.		
	나는 책임감이 강하다.		
	나는 독창적이며 창의적이다.		
	나는 복잡한 문제도 간단하게 해결한다.		

질문	가깝다	멀다
8 나는 관심 있는 분야에 몰두하는 것이 즐겁다.		
나는 목표를 달성하는 것을 중요하게 생각한다.		
나는 상황에 따라 일정을 조율하는 융통성이 있다.		
나는 의사결정에 신속함이 있다.		
9 나는 정리 정돈과 계획에 능하다.		
나는 사람들의 관심을 받는 것이 기분 좋다.		
나는 때로는 고집스러울 때도 있다.		
나는 원리원칙을 중시하는 편이다.		
10 나는 맡은 일에 헌신적이다.		
나는 타인의 감정에 민감하다.		
나는 목적과 방향은 변화할 수 있다고 생각한다.		
나는 다른 사람과 의견의 충돌은 피하고 싶다.		
11 나는 구체적인 사실을 잘 기억하는 편이다.		
나는 새로운 일을 시도하는 것이 즐겁다.		
나는 겸손하다.		
나는 다른 사람과 별다른 마찰이 없다.		
12 나는 나이에 비해 성숙한 편이다.		
나는 유머감각이 있다.		
나는 다른 사람의 생각이나 의견을 중요시 생각한다.		
나는 솔직하고 단호한 편이다.		
11 나는 구체적인 사실을 잘 기억하는 편이다.		
나는 새로운 일을 시도하는 것이 즐겁다.		
나는 겸손하다.		
나는 다른 사람과 별다른 마찰이 없다.		
12 나는 나이에 비해 성숙한 편이다.		
나는 유머감각이 있다.		
나는 다른 사람의 생각이나 의견을 중요시 생각한다.		
나는 솔직하고 단호한 편이다.		
13 나는 낙천적이고 긍정적이다.		
나는 집단을 이끌어가는 능력이 있다.		
나는 사람들에게 인기가 많다.		
나는 활동을 조직하고 주도해나가는데 능하다.		

▌1~50▐ 다음 (   ) 안에 당신에게 해당사항이 있으면 'YES', 그렇지 않다면 'NO'를 선택하시오.

	YES	NO
1. 조금이라도 나쁜 소식은 절망의 시작이라고 생각해버린다. ……………………… (	) (	)
2. 언제나 실패가 걱정이 되어 어쩔 줄 모른다. ……………………………………… (	) (	)
3. 다수결의 의견에 따르는 편이다. ………………………………………………… (	) (	)
4. 혼자서 커피숍에 들어가는 것은 전혀 두려운 일이 아니다. ………………… (	) (	)
5. 승부근성이 강하다. ………………………………………………………………… (	) (	)
6. 자주 흥분해서 침착하지 못하다. ………………………………………………… (	) (	)
7. 지금까지 살면서 타인에게 폐를 끼친 적이 없다. ……………………………… (	) (	)
8. 소곤소곤 이야기하는 것을 보면 자기에 대해 험담하고 있는 것으로 생각된다. …… (	) (	)
9. 무엇이든지 자기가 나쁘다고 생각하는 편이다. ………………………………… (	) (	)
10. 자신을 변덕스러운 사람이라고 생각한다. ……………………………………… (	) (	)
11. 고독을 즐기는 편이다. …………………………………………………………… (	) (	)
12. 자존심이 강하다고 생각한다. …………………………………………………… (	) (	)
13. 금방 흥분하는 성격이다. ………………………………………………………… (	) (	)
14. 거짓말을 한 적이 없다. …………………………………………………………… (	) (	)
15. 신경질적인 편이다. ………………………………………………………………… (	) (	)
16. 끙끙대며 고민하는 타입이다. …………………………………………………… (	) (	)
17. 감정적인 사람이라고 생각한다. ………………………………………………… (	) (	)
18. 자신만의 신념을 가지고 있다. …………………………………………………… (	) (	)
19. 다른 사람을 바보 같다고 생각한 적이 있다. …………………………………… (	) (	)
20. 금방 말해버리는 편이다. ………………………………………………………… (	) (	)
21. 싫어하는 사람이 없다. …………………………………………………………… (	) (	)
22. 대재앙이 오지 않을까 항상 걱정을 한다. ……………………………………… (	) (	)
23. 쓸데없는 고생을 하는 일이 많다. ……………………………………………… (	) (	)
24. 자주 생각이 바뀌는 편이다. ……………………………………………………(	) (	)
25. 문제점을 해결하기 위해 여러 사람과 상의한다. ……………………………… (	) (	)
26. 내 방식대로 일을 한다. …………………………………………………………… (	) (	)
27. 영화를 보고 운 적이 많다. ……………………………………………………… (	) (	)
28. 어떤 것에 대해서도 화낸 적이 없다. …………………………………………… (	) (	)
29. 사소한 충고에도 걱정을 한다. ………………………………………………… (	) (	)

YES　NO

30. 자신은 도움이 안 되는 사람이라고 생각한다. ·························· (　)(　)

31. 금방 싫증을 내는 편이다. ······································· (　)(　)

32. 개성적인 사람이라고 생각한다. ······························· (　)(　)

33. 자기주장이 강한 편이다. ······································· (　)(　)

34. 뒤숭숭하다는 말을 들은 적이 있다. ·························· (　)(　)

35. 학교를 쉬고 싶다고 생각한 적이 한 번도 없다. ·············· (　)(　)

36. 사람들과 관계 맺는 것을 잘하지 못한다. ···················· (　)(　)

37. 사려 깊은 편이다. ··· (　)(　)

38. 몸을 움직이는 것을 좋아한다. ······························· (　)(　)

39. 끈기가 있는 편이다. ··· (　)(　)

40. 신중한 편이라고 생각한다. ··································· (　)(　)

41. 인생의 목표는 큰 것이 좋다. ································· (　)(　)

42. 어떤 일이라도 바로 시작하는 타입이다. ···················· (　)(　)

43. 낯가림을 하는 편이다. ·· (　)(　)

44. 생각하고 나서 행동하는 편이다. ···························· (　)(　)

45. 쉬는 날은 밖으로 나가는 경우가 많다. ····················· (　)(　)

46. 시작한 일은 반드시 완성시킨다. ···························· (　)(　)

47. 면밀한 계획을 세운 여행을 좋아한다. ······················ (　)(　)

48. 야망이 있는 편이라고 생각한다. ···························· (　)(　)

49. 활동력이 있는 편이다. ·· (　)(　)

50. 많은 사람들과 왁자지껄하게 식사하는 것을 좋아하지 않는다. ······ (　)(　)

▌1~10▐ 다음 주어진 보기 중에서 자신과 가장 가깝다고 생각하는 것은 'ㄱ'에 표시하고, 자신과 가장 멀다고 생각하는 것은 'ㅁ'에 표시하시오.

1　① 모임에서 리더에 어울리지 않는다고 생각한다.
　② 착실한 노력으로 성공한 이야기를 좋아한다.
　③ 어떠한 일에도 의욕이 없이 임하는 편이다.
　④ 학급에서는 존재가 두드러졌다.

ㄱ	① ② ③ ④
ㅁ	① ② ③ ④

2　① 아무것도 생각하지 않을 때가 많다.
　② 스포츠는 하는 것보다는 보는 게 좋다.
　③ 성격이 급한 편이다.
　④ 비가 오지 않으면 우산을 가지고 가지 않는다.

ㄱ	① ② ③ ④
ㅁ	① ② ③ ④

3　① 1인자보다는 조력자의 역할을 좋아한다.
　② 의리를 지키는 타입이다.
　③ 리드를 하는 편이다.
　④ 남의 이야기를 잘 들어준다.

ㄱ	① ② ③ ④
ㅁ	① ② ③ ④

4　① 여유 있게 대비하는 타입이다.
　② 업무가 진행 중이라도 야근을 하지 않는다.
　③ 즉흥적으로 약속을 잡는다.
　④ 노력하는 과정이 결과보다 중요하다.

ㄱ	① ② ③ ④
ㅁ	① ② ③ ④

5　① 무리해서 행동할 필요는 없다.
　② 유행에 민감하다고 생각한다.
　③ 정해진 대로 움직이는 편이 안심된다.
　④ 현실을 직시하는 편이다.

ㄱ	① ② ③ ④
ㅁ	① ② ③ ④

6
① 자유보다 질서를 중요시하는 편이다.
② 사람들과 이야기하는 것을 좋아한다.
③ 경험에 비추어 판단하는 편이다.
④ 영화나 드라마는 각본의 완성도나 화면구성에 주목한다.

ㄱ	① ② ③ ④	
ㅁ	① ② ③ ④	

7
① 혼자 자유롭게 생활하는 것이 편하다.
② 다른 사람의 소문에 관심이 많다.
③ 실무적인 편이다.
④ 비교적 냉정한 편이다.

ㄱ	① ② ③ ④	
ㅁ	① ② ③ ④	

8
① 협조성이 있다고 생각한다.
② 친한 친구의 휴대폰 번호는 대부분 외운다.
③ 정해진 순서에 따르는 것을 좋아한다.
④ 이성적인 사람으로 남고 싶다.

ㄱ	① ② ③ ④	
ㅁ	① ② ③ ④	

9
① 단체 생활을 잘 한다.
② 세상의 일에 관심이 많다.
③ 안정을 추구하는 편이다.
④ 도전하는 것이 즐겁다.

ㄱ	① ② ③ ④	
ㅁ	① ② ③ ④	

10
① 되도록 환경은 변하지 않는 것이 좋다.
② 밝은 성격이다.
③ 지나간 일에 연연하지 않는다.
④ 활동범위가 좁은 편이다.

ㄱ	① ② ③ ④	
ㅁ	① ② ③ ④	

PART

IV

면접

01 면접의 기본

1 면접준비

(1) 면접의 기본 원칙

① **면접의 의미** … 면접이란 다양한 면접기법을 활용하여 지원한 직무에 필요한 능력을 지원자가 보유하고 있는지를 확인하는 절차라고 할 수 있다. 즉, 지원자의 입장에서는 채용 직무 수행에 필요한 요건들과 관련하여 자신의 환경, 경험, 관심사, 성취 등에 대해 기업에 직접 어필할 수 있는 기회를 제공받는 것이며, 기업의 입장에서는 서류전형만으로 알 수 없는 지원자에 대한 정보를 직접적으로 수집하고 평가하는 것이다.

② **면접의 특징** … 면접은 기업의 입장에서 서류전형이나 필기전형에서 드러나지 않는 지원자의 능력이나 성향을 볼 수 있는 기회로, 면대면으로 이루어지며 즉흥적인 질문들이 포함될 수 있기 때문에 지원자가 완벽하게 준비하기 어려운 부분이 있다. 하지만 지원자 입장에서도 서류전형이나 필기전형에서 모두 보여주지 못한 자신의 능력 등을 기업의 인사담당자에게 어필할 수 있는 추가적인 기회가 될 수도 있다.

[서류 · 필기전형과 차별화되는 면접의 특징]

- 직무수행과 관련된 다양한 지원자 행동에 대한 관찰이 가능하다.
- 면접관이 알고자 하는 정보를 심층적으로 파악할 수 있다.
- 서류상의 미비한 사항과 의심스러운 부분을 확인할 수 있다.
- 커뮤니케이션 능력, 대인관계 능력 등 행동 · 언어적 정보도 얻을 수 있다.

③ 면접의 유형

　㉠ **구조화 면접**: 구조화 면접은 사전에 계획을 세워 질문의 내용과 방법, 지원자의 답변 유형에 따른 추가 질문과 그에 대한 평가 역량이 정해져 있는 면접 방식으로 표준화 면접이라고도 한다.

　　• 표준화된 질문이나 평가요소가 면접 전 확정되며, 지원자는 편성된 조나 면접관에 영향을 받지 않고 동일한 질문과 시간을 부여받을 수 있다.

- 조직 또는 직무별로 주요하게 도출된 역량을 기반으로 평가요소가 구성되어, 조직 또는 직무에서 필요한 역량을 가진 지원자를 선발할 수 있다.
- 표준화된 형식을 사용하는 특성 때문에 비구조화 면접에 비해 신뢰성과 타당성, 객관성이 높다.

ⓒ 비구조화 면접 : 비구조화 면접은 면접 계획을 세울 때 면접 목적만을 명시하고 내용이나 방법은 면접관에게 전적으로 일임하는 방식으로 비표준화 면접이라고도 한다.
- 표준화된 질문이나 평가요소 없이 면접이 진행되며, 편성된 조나 면접관에 따라 지원자에게 주어지는 질문이나 시간이 다르다.
- 면접관의 주관적인 판단에 따라 평가가 이루어져 평가 오류가 빈번히 일어난다.
- 상황 대처나 언변이 뛰어난 지원자에게 유리한 면접이 될 수 있다.

④ 경쟁력 있는 면접 요령

㉠ 면접 전에 준비하고 유념할 사항
- 예상 질문과 답변을 미리 작성한다.
- 작성한 내용을 문장으로 외우지 않고 키워드로 기억한다.
- 지원한 회사의 최근 기사를 검색하여 기억한다.
- 지원한 회사가 속한 산업군의 최근 기사를 검색하여 기억한다.
- 면접 전 1주일간 이슈가 되는 뉴스를 기억하고 자신의 생각을 반영하여 정리한다.
- 찬반토론에 대비한 주제를 목록으로 정리하여 자신의 논리를 내세운 예상답변을 작성한다.

㉡ 면접장에서 유념할 사항
- 질문의 의도 파악 : 답변을 할 때에는 질문 의도를 파악하고 그에 충실한 답변이 될 수 있도록 질문사항을 유념해야 한다. 많은 지원자가 하는 실수 중 하나로 답변을 하는 도중 자기 말에 심취되어 질문의 의도와 다른 답변을 하거나 자신이 알고 있는 지식만을 나열하는 경우가 있는데, 이럴 경우 의사소통능력이 부족한 사람으로 인식될 수 있으므로 주의하도록 한다.
- 답변은 두괄식 : 답변을 할 때에는 두괄식으로 결론을 먼저 말하고 그 이유를 설명하는 것이 좋다. 미괄식으로 답변을 할 경우 용두사미의 답변이 될 가능성이 높으며, 결론을 이끌어 내는 과정에서 논리성이 결여될 우려가 있다. 또한 면접관이 결론을 듣기 전에 말을 끊고 다른 질문을 추가하는 예상치 못한 상황이 발생될 수 있으므로 답변은 자신이 전달하고자 하는 바를 먼저 밝히고 그에 대한 설명을 하는 것이 좋다.

- 지원한 회사의 기업정신과 인재상을 기억 : 답변을 할 때에는 회사가 원하는 인재라는 인상을 심어주기 위해 지원한 회사의 기업정신과 인재상 등을 염두에 두고 답변을 하는 것이 좋다. 모든 회사에 해당되는 두루뭉술한 답변보다는 지원한 회사에 맞는 맞춤형 답변을 하는 것이 좋다.
- 나보다는 회사와 사회적 관점에서 답변 : 답변을 할 때에는 자기중심적인 관점을 피하고 좀 더 넓은 시각으로 회사와 국가, 사회적 입장까지 고려하는 인재임을 어필하는 것이 좋다. 자기중심적 시각을 바탕으로 자신의 출세만을 위해 회사에 입사하려는 인상을 심어줄 경우 면접에서 불이익을 받을 가능성이 높다.
- 난처한 질문은 정직한 답변 : 난처한 질문에 답변을 해야 할 때에는 피하기보다는 정면 돌파로 정직하고 솔직하게 답변하는 것이 좋다. 난처한 부분을 감추고 드러내지 않으려 회피하려는 지원자의 모습은 인사담당자에게 입사 후에도 비슷한 상황에 처했을 때 회피할 수도 있다는 우려를 심어줄 수 있다. 따라서 직장생활에 있어 중요한 덕목 중 하나인 정직을 바탕으로 솔직하게 답변을 하도록 한다.

(2) 면접의 종류 및 준비 전략

① 인성면접

ㄱ 면접 방식 및 판단기준
- 면접 방식 : 인성면접은 면접관이 가지고 있는 개인적 면접 노하우나 관심사에 의해 질문을 실시한다. 주로 입사지원서나 자기소개서의 내용을 토대로 지원동기, 과거의 경험, 미래 포부 등을 이야기하도록 하는 방식이다.
- 판단기준 : 면접관의 개인적 가치관과 경험, 해당 역량의 수준, 경험의 구체성·진실성 등

ㄴ 특징 : 인성면접은 그 방식으로 인해 역량과 무관한 질문들이 많고 지원자에게 주어지는 면접질문, 시간 등이 다를 수 있다. 또한 입사지원서나 자기소개서의 내용을 토대로 하기 때문에 지원자별 질문이 달라질 수 있다.

ⓒ 예시 문항 및 준비전략

• 예시 문항

> • 3분 동안 자기소개를 해 보십시오.
> • 자신의 장점과 단점을 말해 보십시오.
> • 학점이 좋지 않은데 그 이유가 무엇입니까?
> • 최근에 인상 깊게 읽은 책은 무엇입니까?
> • 회사를 선택할 때 중요시하는 것은 무엇입니까?
> • 일과 개인생활 중 어느 쪽을 중시합니까?
> • 10년 후 자신은 어떤 모습일 것이라고 생각합니까?
> • 휴학 기간 동안에는 무엇을 했습니까?

• 준비전략 : 인성면접은 입사지원서나 자기소개서의 내용을 바탕으로 하는 경우가 많으므로 자신이 작성한 입사지원서와 자기소개서의 내용을 충분히 숙지하도록 한다. 또한 최근 사회적으로 이슈가 되고 있는 뉴스에 대한 견해를 묻거나 시사상식 등에 대한 질문을 받을 수 있으므로 이에 대한 대비도 필요하다. 자칫 부담스러워 보이지 않는 질문으로 가볍게 대답하지 않도록 주의하고 모든 질문에 입사 의지를 담아 성실하게 답변하는 것이 중요하다.

② 발표면접

㉠ 면접 방식 및 판단기준

• 면접 방식 : 지원자가 특정 주제와 관련된 자료를 검토하고 그에 대한 자신의 생각을 면접관 앞에서 주어진 시간 동안 발표하고 추가 질의를 받는 방식으로 진행된다.
• 판단기준 : 지원자의 사고력, 논리력, 문제해결력 등

㉡ 특징 : 발표면접은 지원자에게 과제를 부여한 후, 과제를 수행하는 과정과 결과를 관찰·평가한다. 따라서 과제수행 결과뿐 아니라 수행과정에서의 행동을 모두 평가할 수 있다.

© 예시 문항 및 준비전략

• 예시 문항

[신입사원 조기 이직 문제]

※ 지원자는 아래에 제시된 자료를 검토한 뒤, 신입사원 조기 이직의 원인을 크게 3가지로 정리하고 이에 대한 구체적인 개선안을 도출하여 발표해 주시기 바랍니다.

※ 본 과제에 정해진 정답은 없으나 논리적 근거를 들어 개선안을 작성해 주십시오.

- A기업은 동종업계 유사기업들과 비교해 볼 때, 비교적 높은 재무안정성을 유지하고 있으며 업무강도가 그리 높지 않은 것으로 외부에 알려져 있음.
- 최근 조사결과, 동종업계 유사기업들과 연봉을 비교해 보았을 때 연봉 수준도 그리 나쁘지 않은 편이라는 것이 확인되었음.
- 그러나 지난 3년간 1~2년차 직원들의 이직률이 계속해서 증가하고 있는 추세이며, 경영진 회의에서 최우선 해결과제 중 하나로 거론되었음.
- 이에 따라 인사팀에서 현재 1~2년차 사원들을 대상으로 개선되어야 하는 A기업의 조직문화에 대한 설문조사를 실시한 결과, '상명하복식의 의사소통'이 36.7%로 1위를 차지했음.
- 이러한 설문조사와 함께, 신입사원 조기 이직에 대한 원인을 분석한 결과 파랑새 증후군, 셀프홀릭 증후군, 피터팬 증후군 등 3가지로 분류할 수 있었음.

〈동종업계 유사기업들과의 연봉 비교〉   〈우리 회사 조직문화 중 개선되었으면 하는 것〉

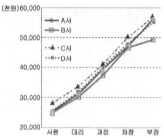

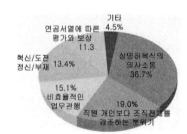

〈신입사원 조기 이직의 원인〉

• 파랑새 증후군

-현재의 직장보다 더 좋은 직장이 있을 것이라는 막연한 기대감으로 끊임없이 새로운 직장을 탐색함.

-학력 수준과 맞지 않는 '하향지원', 전공과 적성을 고려하지 않고 일단 취업하고 보자는 '묻지마 지원'이 파랑새 증후군을 초래함.

• 셀프홀릭 증후군

-본인의 역량에 비해 가치가 낮은 일을 주로 하면서 갈등을 느낌.

• 피터팬 증후군

-기성세대의 문화를 무조건 수용하기보다는 자유로움과 변화를 추구함.

-상명하복, 엄격한 규율 등 기성세대가 당연시하는 관행에 거부감을 가지며 직장에 답답함을 느낌.

- 준비전략 : 발표면접의 시작은 과제 안내문과 과제 상황, 과제 자료 등을 정확하게 이해하는 것에서 출발한다. 과제 안내문을 침착하게 읽고 제시된 주제 및 문제와 관련된 상황의 맥락을 파악한 후 과제를 검토한다. 제시된 기사나 그래프 등을 충분히 활용하여 주어진 문제를 해결할 수 있는 해결책이나 대안을 제시하며, 발표를 할 때에는 명확하고 자신 있는 태도로 전달할 수 있도록 한다.

③ 토론면접

　㉠ 면접 방식 및 판단기준

　　- 면접 방식 : 상호갈등적 요소를 가진 과제 또는 공통의 과제를 해결하는 내용의 토론 과제를 제시하고, 그 과정에서 개인 간의 상호작용 행동을 관찰하는 방식으로 면접이 진행된다.

　　- 판단기준 : 팀워크, 적극성, 갈등 조정, 의사소통능력, 문제해결능력 등

　㉡ 특징 : 토론을 통해 도출해 낸 최종안의 타당성도 중요하지만, 결론을 도출해 내는 과정에서의 의사소통능력이나 갈등상황에서 의견을 조정하는 능력 등이 중요하게 평가되는 특징이 있다.

　㉢ 예시 문항 및 준비전략

　　- 예시 문항

> - 군 가산점제 부활에 대한 찬반토론
> - 담뱃값 인상에 대한 찬반토론
> - 비정규직 철폐에 대한 찬반토론
> - 대학의 영어 강의 확대 찬반토론
> - 워크숍 장소 선정을 위한 토론

　　- 준비전략 : 토론면접은 무엇보다 팀워크와 적극성이 강조된다. 따라서 토론과정에 적극적으로 참여하며 자신의 의사를 분명하게 전달하며, 갈등상황에서 자신의 의견만 내세울 것이 아니라 다른 지원자의 의견을 경청하고 배려하는 모습도 중요하다. 갈등상황을 일목요연하게 정리하여 조정하는 등의 의사소통능력을 발휘하는 것도 좋은 전략이 될 수 있다.

④ 상황면접

　㉠ 면접 방식 및 판단기준

　　- 면접 방식 : 상황면접은 직무 수행 시 접할 수 있는 상황들을 제시하고, 그러한 상황에서 어떻게 행동할 것인지를 이야기하는 방식으로 진행된다.

　　- 판단기준 : 해당 상황에 적절한 역량의 구현과 구체적 행동지표

ⓛ 특징 : 실제 직무 수행 시 접할 수 있는 상황들을 제시하므로 입사 이후 지원자의 업무 수행능력을 평가하는 데 적절한 면접 방식이다. 또한 지원자의 가치관, 태도, 사고방식 등의 요소를 통합적으로 평가하는 데 용이하다.

ⓒ 예시 문항 및 준비전략

• 예시 문항

> 당신은 생산관리팀의 팀원으로, 생산팀이 기한에 맞춰 효율적으로 제품을 생산할 수 있도록 관리하는 역할을 맡고 있습니다. 3개월 뒤에 제품A를 정상적으로 출시하기 위해 생산팀의 생산 계획을 수립한 상황입니다. 그러나 원가가 곧 실적으로 이어지는 구매팀에서는 최대한 원가를 줄여 전반적 단가를 낮추려고 원가절감을 위한 제안을 하였으나, 연구개발팀에서는 구매팀이 제안한 방식으로 제품을 생산할 경우 대부분이 구매팀의 실적으로 산정될 것이므로 제대로 확인도 해보지 않은 채 적합하지 않은 방식이라고 판단하고 있습니다. 당신은 어떻게 하겠습니까?

• 준비전략 : 상황면접은 먼저 주어진 상황에서 핵심이 되는 문제가 무엇인지를 파악하는 것에서 시작한다. 주질문과 세부질문을 통하여 질문의 의도를 파악하였다면, 그에 대한 구체적인 행동이나 생각 등에 대해 응답할수록 높은 점수를 얻을 수 있다.

⑤ 역할면접

㉠ 면접 방식 및 판단기준

• 면접 방식 : 역할면접 또는 역할연기 면접은 기업 내 발생 가능한 상황에서 부딪히게 되는 문제와 역할을 가상적으로 설정하여 특정 역할을 맡은 사람과 상호작용하고 문제를 해결해 나가도록 하는 방식으로 진행된다. 역할연기 면접에서는 면접관이 직접 역할연기를 하면서 지원자를 관찰하기도 하지만, 역할연기 수행만 전문적으로 하는 사람을 투입할 수도 있다.

• 판단기준 : 대처능력, 대인관계능력, 의사소통능력 등

ⓛ 특징 : 역할면접은 실제 상황과 유사한 가상 상황에서의 행동을 관찰함으로서 지원자의 성격이나 대처 행동 등을 관찰할 수 있다.

ⓒ 예시 문항 및 준비전략

• 예시 문항

> [금융권 역할면접의 예]
> 당신은 ○○은행의 신입 텔러이다. 사람이 많은 월말 오전 한 할아버지(면접관 또는 역할담당자)께서 ○○은행을 사칭한 보이스피싱으로 500만 원을 피해 보았다며 소란을 일으키고 있다. 실제 업무상황이라고 생각하고 상황에 대처해 보시오.

• 준비전략 : 역할연기 면접에서 측정하는 역량은 주로 갈등의 원인이 되는 문제를 해결하고 제시된 해결방안을 상대방에게 설득하는 것이다. 따라서 갈등해결, 문제해결, 조정·통합, 설득력과 같은 역량이 중요시된다. 또한 갈등을 해결하기 위해서 상대방에 대한 이해도 필수적인 요소이므로 고객 지향을 염두에 두고 상황에 맞게 대처해야 한다. 역할면접에서는 변별력을 높이기 위해 면접관이 압박적인 분위기를 조성하는 경우가 많기 때문에 스트레스 상황에서 불안해하지 않고 유연하게 대처할 수 있도록 시간과 노력을 들여 충분히 연습하는 것이 좋다.

2 면접 이미지 메이킹

(1) 성공적인 이미지 메이킹 포인트

① 복장 및 스타일

   ㉠ 남성

> • 양복 : 양복은 단색으로 하며 넥타이나 셔츠로 포인트를 주는 것이 효과적이다. 짙은 회색이나 감청색이 가장 단정하고 품위 있는 인상을 준다.
> • 셔츠 : 흰색이 가장 선호되나 자신의 피부색에 맞추는 것이 좋다. 푸른색이나 베이지색은 산뜻한 느낌을 줄 수 있다. 양복과의 배색도 고려하도록 한다.
> • 넥타이 : 의상에 포인트를 줄 수 있는 아이템이지만 너무 화려한 것은 피한다. 지원자의 피부색은 물론, 정장과 셔츠의 색을 고려하며, 체격에 따라 넥타이 폭을 조절하는 것이 좋다.
> • 구두 & 양말 : 구두는 검정색이나 짙은 갈색이 어느 양복에나 무난하게 어울리며 깔끔하게 닦아 준비한다. 양말은 정장과 동일한 색상이나 검정색을 착용한다.
> • 헤어스타일 : 머리스타일은 단정한 느낌을 주는 짧은 헤어스타일이 좋으며 앞머리가 있다면 이마나 눈썹을 가리지 않는 선에서 정리하는 것이 좋다.

ⓛ 여성

- 의상 : 단정한 스커트 투피스 정장이나 슬랙스 슈트가 무난하다. 블랙이나 그레이, 네이비, 브라운 등 차분해 보이는 색상을 선택하는 것이 좋다.
- 소품 : 구두, 핸드백 등은 같은 계열로 코디하는 것이 좋으며 구두는 너무 화려한 디자인이나 굽이 높은 것을 피한다. 스타킹은 의상과 구두에 맞춰 단정한 것으로 선택한다.
- 액세서리 : 액세서리는 너무 크거나 화려한 것은 좋지 않으며 과하게 많이 하는 것도 좋은 인상을 주지 못한다. 착용하지 않거나 작고 깔끔한 디자인으로 포인트를 주는 정도가 적당하다.
- 메이크업 : 화장은 자연스럽고 밝은 이미지를 표현하는 것이 좋으며 진한 색조는 인상이 강해 보일 수 있으므로 피한다.
- 헤어스타일 : 커트나 단발처럼 짧은 머리는 활동적이면서도 단정한 이미지를 줄 수 있도록 정리한다. 긴 머리의 경우 하나로 묶거나 단정한 머리망으로 정리하는 것이 좋으며, 짙은 염색이나 화려한 웨이브는 피한다.

② 인사

ⓐ 인사의 의미 : 인사는 예의범절의 기본이며 상대방의 마음을 여는 기본적인 행동이라고 할 수 있다. 인사는 처음 만나는 면접관에게 호감을 살 수 있는 가장 쉬운 방법이 될 수 있기도 하지만 제대로 예의를 지키지 않으면 지원자의 인성 전반에 대한 평가로 이어질 수 있으므로 각별히 주의해야 한다.

ⓑ 인사의 핵심 포인트

- 인사말 : 인사말을 할 때에는 밝고 친근감 있는 목소리로 하며, 자신의 이름과 수험번호 등을 간략하게 소개한다.
- 시선 : 인사는 상대방의 눈을 보며 하는 것이 중요하며 너무 빤히 쳐다본다는 느낌이 들지 않도록 주의한다.
- 표정 : 인사는 마음에서 우러나오는 존경이나 반가움을 표현하고 예의를 차리는 것이므로 살짝 미소를 지으며 하는 것이 좋다.
- 자세 : 인사를 할 때에는 가볍게 목만 숙인다거나 흐트러진 상태에서 인사를 하지 않도록 주의하며 절도 있고 확실하게 하는 것이 좋다.

③ 시선처리와 표정, 목소리

  ㉠ **시선처리와 표정** : 표정은 면접에서 지원자의 첫인상을 결정하는 중요한 요소이다. 얼굴 표정은 사람의 감정을 가장 잘 표현할 수 있는 의사소통 도구로 표정 하나로 상대방에게 호감을 주거나, 비호감을 사기도 한다. 호감이 가는 인상의 특징은 부드러운 눈썹, 자연스러운 미간, 적당히 볼록한 광대, 올라간 입 꼬리 등으로 가볍게 미소를 지을 때의 표정과 일치한다. 따라서 면접 중에는 밝은 표정으로 미소를 지어 호감을 형성할 수 있도록 한다. 시선은 면접관과 고르게 맞추되 생기 있는 눈빛을 띄도록 하며, 너무 빤히 쳐다본다는 인상을 주지 않도록 한다.

  ㉡ **목소리** : 면접은 주로 면접관과 지원자의 대화로 이루어지므로 목소리가 미치는 영향이 상당하다. 답변을 할 때에는 부드러우면서도 활기차고 생동감 있는 목소리로 하는 것이 면접관에게 호감을 줄 수 있으며 적당한 제스처가 더해진다면 상승효과를 얻을 수 있다. 그러나 적절한 답변을 하였음에도 불구하고 콧소리나 날카로운 목소리, 자신감 없는 작은 목소리는 답변의 신뢰성을 떨어뜨릴 수 있으므로 주의하도록 한다.

④ **자세**

  ㉠ **걷는 자세**
   • 면접장에 입실할 때에는 상체를 곧게 유지하고 발끝은 평행이 되게 하며 무릎을 스치듯 11자로 걷는다.
   • 시선은 정면을 향하고 턱은 가볍게 당기며 어깨나 엉덩이가 흔들리지 않도록 주의한다.
   • 발바닥 전체가 닿는 느낌으로 안정감 있게 걸으며 발소리가 나지 않도록 주의한다.
   • 보폭은 어깨넓이만큼이 적당하지만, 스커트를 착용했을 경우 보폭을 줄인다.
   • 걸을 때도 미소를 유지한다.

  ㉡ **서있는 자세**
   • 몸 전체를 곧게 펴고 가슴을 자연스럽게 내민 후 등과 어깨에 힘을 주지 않는다.
   • 정면을 바라본 상태에서 턱을 약간 당기고 아랫배에 힘을 주어 당기며 바르게 선다.
   • 양 무릎과 발뒤꿈치는 붙이고 발끝은 11자 또는 V형을 취한다.
   • 남성의 경우 팔을 자연스럽게 내리고 양손을 가볍게 쥐어 바지 옆선에 붙이고, 여성의 경우 공수자세를 유지한다.

ⓒ 앉은 자세

• 남성

> • 의자 깊숙이 앉고 등받이와 등 사이에 주먹 1개 정도의 간격을 두며 기대듯 앉지 않도록 주의한다. (남녀 공통 사항)
> • 무릎 사이에 주먹 2개 정도의 간격을 유지하고 발끝은 11자를 취한다.
> • 시선은 정면을 바라보며 턱은 가볍게 당기고 미소를 짓는다. (남녀 공통 사항)
> • 양손은 가볍게 주먹을 쥐고 무릎 위에 올려놓는다.
> • 앉고 일어날 때에는 자세가 흐트러지지 않도록 주의한다. (남녀 공통 사항)

• 여성

> • 스커트를 입었을 경우 왼손으로 뒤쪽 스커트 자락을 누르고 오른손으로 앞쪽 자락을 누르며 의자에 앉는다.
> • 무릎은 붙이고 발끝을 가지런히 하며, 다리를 왼쪽으로 비스듬히 기울이면 여성스러워 보이는 효과가 있다.
> • 양손을 모아 무릎 위에 모아 놓으며 스커트를 입었을 경우 스커트 위를 가볍게 누르듯이 올려놓는다.

(2) 면접 예절

① 행동 관련 예절

ⓐ 지각은 절대금물 : 시간을 지키는 것은 예절의 기본이다. 지각을 할 경우 면접에 응시할 수 없거나, 면접 기회가 주어지더라도 불이익을 받을 가능성이 높아진다. 따라서 면접 장소가 결정되면 교통편과 소요시간을 확인하고 가능하다면 사전에 미리 방문해 보는 것도 좋다. 면접 당일에는 서둘러 출발하여 면접 시간 20~30분 전에 도착하여 회사를 둘러보고 환경에 익숙해지는 것도 성공적인 면접을 위한 요령이 될 수 있다.

ⓑ 면접 대기 시간 : 지원자들은 대부분 면접장에서의 행동과 답변 등으로만 평가를 받는다고 생각하지만 그렇지 않다. 면접관이 아닌 면접진행자 역시 대부분 인사실무자이며 면접관이 면접 후 지원자에 대한 평가에 있어 확신을 위해 면접진행자의 의견을 구한다면 면접진행자의 의견이 당락에 영향을 줄 수 있다. 따라서 면접 대기 시간에도 행동과 말을 조심해야 하며, 면접을 마치고 돌아가는 순간까지도 긴장을 늦춰서는 안 된다. 면접 중 압박적인 질문에 답변을 잘 했지만, 면접장을 나와 흐트러진 모습을 보이거나 욕설을 한다면 면접 탈락의 요인이 될 수 있으므로 주의해야 한다.

ⓒ **입실 후 태도** : 본인의 차례가 되어 호명되면 또렷하게 대답하고 들어간다. 만약 면접장 문이 닫혀 있다면 상대에게 소리가 들릴 수 있을 정도로 노크를 두세 번 한 후 대답을 듣고 나서 들어가야 한다. 문을 여닫을 때에는 소리가 나지 않게 조용히 하며 공손한 자세로 인사한 후 성명과 수험번호를 말하고 면접관의 지시에 따라 자리에 앉는다. 이 경우 착석하라는 말이 없는데 먼저 의자에 앉으면 무례한 사람으로 보일 수 있으므로 주의한다. 의자에 앉을 때에는 끝에 앉지 말고 무릎 위에 양손을 가지런히 얹는 것이 예절이라고 할 수 있다.

ⓔ **옷매무새를 자주 고치지 마라.** : 일부 지원자의 경우 옷매무새 또는 헤어스타일을 자주 고치거나 확인하기도 하는데 이러한 모습은 과도하게 긴장한 것 같아 보이거나 면접에 집중하지 못하는 것으로 보일 수 있다. 남성 지원자의 경우 넥타이를 자꾸 고쳐 맨다거나 정장 상의 끝을 너무 자주 만지작거리지 않는다. 여성 지원자는 머리를 계속 쓸어 올리지 않고, 특히 짧은 치마를 입고서 신경이 쓰여 치마를 끌어 내리는 행동은 좋지 않다.

ⓜ **다리를 떨거나 산만한 시선은 면접 탈락의 지름길** : 자신도 모르게 다리를 떨거나 손가락을 만지는 등의 행동을 하는 지원자가 있는데, 이는 면접관의 주의를 끌 뿐만 아니라 불안하고 산만한 사람이라는 느낌을 주게 된다. 따라서 가능한 한 바른 자세로 앉아 있는 것이 좋다. 또한 면접관과 시선을 맞추지 못하고 여기저기 둘러보는 듯한 산만한 시선은 지원자가 거짓말을 하고 있다고 여겨지거나 신뢰할 수 없는 사람이라고 생각될 수 있다.

② 답변 관련 예절

ⓐ **면접관이나 다른 지원자와 가치 논쟁을 하지 않는다.** : 질문을 받고 답변하는 과정에서 면접관 또는 다른 지원자의 의견과 다른 의견이 있을 수 있다. 특히 평소 지원자가 관심이 많은 문제이거나 잘 알고 있는 문제인 경우 자신과 다른 의견에 대해 이의가 있을 수 있다. 하지만 주의할 것은 면접에서 면접관이나 다른 지원자와 가치 논쟁을 할 필요는 없다는 것이며 오히려 불이익을 당할 수도 있다. 정답이 정해져 있지 않은 경우에는 가치관이나 성장배경에 따라 문제를 받아들이는 태도에서 답변까지 충분히 차이가 있을 수 있으므로 굳이 면접관이나 다른 지원자의 가치관을 지적하고 고치려 드는 것은 좋지 않다.

ⓛ 답변은 항상 정직해야 한다. : 면접이라는 것이 아무리 지원자의 장점을 부각시키고 단점을 축소시키는 것이라고 해도 절대로 거짓말을 해서는 안 된다. 거짓말을 하게 되면 지원자는 불안하거나 꺼림칙한 마음이 들게 되어 면접에 집중을 하지 못하게 되고 수많은 지원자를 상대하는 면접관은 그것을 놓치지 않는다. 거짓말은 그 지원자에 대한 신뢰성을 떨어뜨리며 이로 인해 다른 스펙이 아무리 훌륭하다고 해도 채용에서 탈락하게 될 수 있음을 명심하도록 한다.

ⓒ 경력직을 경우 전 직장에 대해 험담하지 않는다. : 지원자가 전 직장에서 무슨 업무를 담당했고 어떤 성과를 올렸는지는 면접관이 관심을 둘 사항일 수 있지만, 이전 직장의 기업문화나 상사들이 어땠는지는 그다지 궁금해 하는 사항이 아니다. 전 직장에 대해 험담을 늘어놓는다든가, 동료와 상사에 대한 악담을 하게 된다면 오히려 지원자에 대한 부정적인 이미지만 심어줄 수 있다. 만약 전 직장에 대한 말을 해야 할 경우가 생긴다면 가능한 한 객관적으로 이야기하는 것이 좋다.

ⓔ 자기 자신이나 배경에 대해 자랑하지 않는다. : 자신의 성취나 부모 형제 등 집안사람들이 사회·경제적으로 어떠한 위치에 있는지에 대한 자랑은 면접관으로 하여금 지원자에 대해 오만한 사람이거나 배경에 의존하려는 나약한 사람이라는 이미지를 갖게 할 수 있다. 따라서 자기 자신이나 배경에 대해 자랑하지 않도록 하고, 자신이 한 일에 대해서 너무 자세하게 얘기하지 않도록 주의해야 한다.

3 면접 질문 및 답변 포인트

(1) 가족 및 대인관계에 관한 질문

① 당신의 가정은 어떤 가정입니까?

면접관들은 지원자의 가정환경과 성장과정을 통해 지원자의 성향을 알고 싶어 이와 같은 질문을 한다. 비록 가정 일과 사회의 일이 완전히 일치하는 것은 아니지만 '가화만사성'이라는 말이 있듯이 가정이 화목해야 사회에서도 화목하게 지낼 수 있기 때문이다. 그러므로 답변 시에는 가족사항을 정확하게 설명하고 집안의 분위기와 특징에 대해 이야기하는 것이 좋다.

② 아버지의 직업은 무엇입니까?

아주 기본적인 질문이지만 지원자는 아버지의 직업과 내가 무슨 관련성이 있을까 생각하기 쉬워 포괄적인 답변을 하는 경우가 많다. 그러나 이는 바람직하지 않은 것으로 단답형으로 답변하면 세부적인 직종 및 근무연한 등을 물을 수 있으므로 모든 걸 한 번에 대답하는 것이 좋다.

③ 친구 관계에 대해 말해 보십시오.

지원자의 인간성을 판단하는 질문으로 교우관계를 통해 답변자의 성격과 대인관계능력을 파악할 수 있다. 새로운 환경에 적응을 잘하여 새로운 친구들이 많은 것도 좋지만, 깊고 오래 지속되어온 인간관계를 말하는 것이 더욱 바람직하다.

(2) 성격 및 가치관에 관한 질문

① 당신의 PR포인트를 말해 주십시오.

PR포인트를 말할 때에는 지나치게 겸손한 태도는 좋지 않으며 적극적으로 자기를 주장하는 것이 좋다. 앞으로 입사 후 하게 될 업무와 관련된 자기의 특성을 구체적인 일화를 더하여 이야기하도록 한다.

② 당신의 장·단점을 말해 보십시오.

지원자의 구체적인 장·단점을 알고자 하기 보다는 지원자가 자기 자신에 대해 얼마나 알고 있으며 어느 정도의 객관적인 분석을 하고 있나, 그리고 개선의 노력 등을 시도하는지를 파악하고자 하는 것이다. 따라서 장점을 말할 때는 업무와 관련된 장점을 뒷받침할 수 있는 근거와 함께 제시하며, 단점을 이야기할 때에는 극복을 위한 노력을 반드시 포함해야 한다.

③ 가장 존경하는 사람은 누구입니까?

존경하는 사람을 말하기 위해서는 우선 그 인물에 대해 알아야 한다. 잘 모르는 인물에 대해 존경한다고 말하는 것은 면접관에게 바로 지적당할 수 있으므로, 추상적이라도 좋으니 평소에 존경스럽다고 생각했던 사람에 대해 그 사람의 어떤 점이 좋고 존경스러운지 대답하도록 한다. 또한 자신에게 어떤 영향을 미쳤는지도 언급하면 좋다.

(3) 학교생활에 관한 질문

① 지금까지의 학교생활 중 가장 기억에 남는 일은 무엇입니까?

가급적 직장생활에 도움이 되는 경험을 이야기하는 것이 좋다. 또한 경험만을 간단하게 말하지 말고 그 경험을 통해서 얻을 수 있었던 교훈 등을 예시와 함께 이야기하는 것이 좋으나 너무 상투적인 답변이 되지 않도록 주의해야 한다.

② 성적은 좋은 편이었습니까?

면접관은 이미 서류심사를 통해 지원자의 성적을 알고 있다. 그럼에도 불구하고 이 질문을 하는 것은 지원자가 성적에 대해서 어떻게 인식하느냐를 알고자 하는 것이다. 성적이 나빴던 이유에 대해서 변명하려 하지 말고 담백하게 받아드리고 그것에 대한 개선노력을 했음을 밝히는 것이 적절하다.

③ 학창시절에 시위나 집회 등에 참여한 경험이 있습니까?

기업에서는 노사분규를 기업의 사활이 걸린 중대한 문제로 인식하고 거시적인 차원에서 접근한다. 이러한 기업문화를 제대로 인식하지 못하여 학창시절의 시위나 집회 참여 경험을 자랑스럽게 답변할 경우 감점요인이 되거나 심지어는 탈락할 수 있다는 사실에 주의한다. 시위나 집회에 참가한 경험을 말할 때에는 타당성과 정도에 유의하여 답변해야 한다.

(4) 지원동기 및 직업의식에 관한 질문

① 왜 우리 회사를 지원했습니까?

이 질문은 어느 회사나 가장 먼저 물어보고 싶은 것으로 지원자들은 기업의 이념, 대표의 경영능력, 재무구조, 복리후생 등 외적인 부분을 설명하는 경우가 많다. 이러한 답변도 적절하지만 지원 회사의 주력 상품에 관한 소비자의 인지도, 경쟁사 제품과의 시장점유율을 비교하면서 입사동기를 설명한다면 상당히 주목 받을 수 있을 것이다.

② 만약 이번 채용에 불합격하면 어떻게 하겠습니까?

불합격할 것을 가정하고 회사에 응시하는 지원자는 거의 없을 것이다. 이는 지원자를 궁지로 몰아넣고 어떻게 대응하는지를 살펴보며 입사 의지를 알아보려고 하는 것이다. 이 질문은 너무 깊이 들어가지 말고 침착하게 답변하는 것이 좋다.

③ 당신이 생각하는 바람직한 사원상은 무엇입니까?

직장인으로서 또는 조직의 일원으로서의 자세를 묻는 질문으로 지원하는 회사에서 어떤 인재상을 요구하는 가를 알아두는 것이 좋으며, 평소에 자신의 생각을 미리 정리해 두어 당황하지 않도록 한다.

④ 직무상의 적성과 보수의 많음 중 어느 것을 택하겠습니까?

이런 질문에서 회사 측에서 원하는 답변은 당연히 직무상의 적성에 비중을 둔다는 것이다. 그러나 적성만을 너무 강조하다 보면 오히려 솔직하지 못하다는 인상을 줄 수 있으므로 어느 한 쪽을 너무 강조하거나 경시하는 태도는 바람직하지 못하다.

⑤ 상사와 의견이 다를 때 어떻게 하겠습니까?

과거와 다르게 최근에는 상사의 명령에 무조건 따르겠다는 수동적인 자세는 바람직하지 않다. 회사에서는 때에 따라 자신이 판단하고 행동할 수 있는 직원을 원하기 때문이다. 그러나 지나치게 자신의 의견만을 고집한다면 이는 팀원 간의 불화를 야기할 수 있으며 팀 체제에 악영향을 미칠 수 있으므로 선호하지 않는다는 것에 유념하여 답해야 한다.

⑥ 근무지가 지방인데 근무가 가능합니까?

근무지가 지방 중에서도 특정 지역은 되고 다른 지역은 안 된다는 답변은 바람직하지 않다. 직장에서는 순환 근무라는 것이 있으므로 처음에 지방에서 근무를 시작했다고 해서 계속 지방에만 있는 것은 아님을 유의하고 답변하도록 한다.

(5) 여가 활용에 관한 질문

① 취미가 무엇입니까?

기초적인 질문이지만 특별한 취미가 없는 지원자의 경우 대답이 애매할 수밖에 없다. 그래서 가장 많이 대답하게 되는 것이 독서, 영화감상, 혹은 음악감상 등과 같은 흔한 취미를 말하게 되는데 이런 취미는 면접관의 주의를 끌기 어려우며 설사 정말 위와 같은 취미를 가지고 있다하더라도 제대로 답변하기는 힘든 것이 사실이다. 가능하면 독특한 취미를 말하는 것이 좋으며 이제 막 시작한 것이라도 열의를 가지고 있음을 설명할 수 있으면 그것을 취미로 답변하는 것도 좋다.

② 술자리를 좋아합니까?

이 질문은 정말로 술자리를 좋아하는 정도를 묻는 것이 아니다. 우리나라에서는 대부분 술자리가 친교의 자리로 인식되기 때문에 그것에 얼마나 적극적으로 참여할 수 있는 가를 우회적으로 묻는 것이다. 술자리를 싫어한다고 대답하게 되면 원만한 대인관계에 문제가 있을 수 있다고 평가될 수 있으므로 술을 잘 마시지 못하더라도 술자리의 분위기는 즐긴다고 답변하는 것이 좋으며 주량에 대해서는 정확하게 말하는 것이 좋다.

(6) 여성 지원자들을 겨냥한 질문

① 결혼은 언제 할 생각입니까?

지원자가 결혼예정자일 경우 기업은 채용을 꺼리게 되는 경향이 있다. 업무를 어느 정도 인식하고 수행할 정도가 되면 퇴사하는 일이 흔하기 때문이다. 가능하면 향후 몇 년간은 결혼 계획이 없다고 답변하는 것이 현실적인 대처 요령이며, 덧붙여 결혼 후에도 일하고자 하는 의지를 강하게 내보인다면 더욱 도움이 된다.

② 만약 결혼 후 남편이나 시댁에서 직장생활을 그만두라고 강요한다면 어떻게 하겠습니까?

결혼적령기의 여성 지원자들에게 빈번하게 묻는 질문으로 의견 대립이 생겼을 때 상대방을 설득하고 타협하는 능력을 알아보고자 하는 것이다. 따라서 남편이나 시댁과 충분한 대화를 통해 설득하고 계속 근무하겠다는 의지를 밝히는 것이 좋다.

③ 여성의 취업을 어떻게 생각합니까?

여성 지원자들의 일에 대한 열의와 포부를 알고자 하는 질문이다. 많은 기업들이 여성들의 섬세하고 꼼꼼한 업무능력과 감각을 높이 평가하고 있으며, 사회 전반적인 분위기 역시 맞벌이를 이해하고 있으므로 자신의 의지를 당당하고 자신감 있게 밝히는 것이 좋다.

④ 커피나 복사 같은 잔심부름이 주어진다면 어떻게 하겠습니까?

여성 지원자들에게 가장 난감하고 자존심상하는 질문일 수 있다. 이 질문은 여성 지원자에게 잔심부름을 시키겠다는 요구가 아니라 직장생활 중에서의 협동심이나 봉사정신, 직업관을 알아보고자 하는 것이다. 또한 이 과정에서 압박기법을 사용해 비꼬는 투로 말하는 수 있는데 이는 자존심이 상하거나 불쾌해질 때의 행동을 알아보려는 것이다. 이럴 경우 흥분하여 과격하게 답변하면 탈락하게 되며, 무조건 열심히 하겠다는 대답도 신뢰성이 없는 답변이다. 직장생활을 위해 필요한 일이면 할 수 있다는 정도의 긍정적인 답변을 하되, 한 사람의 사원으로서 당당함을 유지하는 것이 좋다.

(7) 지원자를 당황하게 하는 질문

① 성적이 좋지 않은데 이 정도의 성적으로 우리 회사에 입사할 수 있다고 생각합니까?

비록 자신의 성적이 좋지 않더라도 이미 서류심사에 통과하여 면접에 참여하였다면 기업에서는 지원자의 성적보다 성적 이외의 요소, 즉 성격·열정 등을 높이 평가했다는 것이라고 할 수 있다. 그러나 이런 질문을 받게 되면 지원자는 당황할 수 있으나 주눅 들지 말고 침착하게 대처하는 면모를 보인다면 더 좋은 인상을 남길 수 있다.

② 우리 회사 회장님 함자를 알고 있습니까?

회장이나 사장의 이름을 조사하는 것은 면접일을 통고받았을 때 이미 사전 조사되었어야 하는 사항이다. 단답형으로 이름만 말하기보다는 그 기업에 입사를 희망하는 지원자의 입장에서 답변하는 것이 좋다.

③ 당신은 이 회사에 적합하지 않은 것 같군요.

이 질문은 지원자의 입장에서 상당히 곤혹스러울 수밖에 없다. 질문을 듣는 순간 그렇다면 면접은 왜 참가시킨 것인가 하는 생각이 들 수도 있다. 하지만 당황하거나 흥분하지 말고 침착하게 자신의 어떤 면이 회사에 적당하지 않는지 겸손하게 물어보고 지적당한 부분에 대해서 고치겠다는 의지를 보인다면 오히려 자신의 능력을 어필할 수 있는 기회로 사용할 수도 있다.

④ 다시 공부할 계획이 있습니까?

이 질문은 지원자가 합격하여 직장을 다니다가 공부를 더 하기 위해 회사를 그만 두거나 학습에 더 관심을 두어 일에 대한 능률이 저하될 것을 우려하여 묻는 것이다. 이때에는 당연히 학습보다는 일을 강조해야 하며, 업무 수행에 필요한 학습이라면 업무에 지장이 없는 범위에서 야간학교를 다니거나 회사에서 제공하는 연수 프로그램 등을 활용하겠다고 답변하는 것이 적당하다.

⑤ 지원한 분야가 전공한 분야와 다른데 여기 일을 할 수 있겠습니까?

수험생의 입장에서 본다면 지원한 분야와 전공이 다르지만 서류전형과 필기전형에 합격하여 면접을 보게 된 경우라고 할 수 있다. 이는 결국 해당 회사의 채용 방침상 전공에 크게 영향을 받지 않는다는 것이므로 무엇보다 자신이 전공하지는 않았지만 어떤 업무도 적극적으로 임할 수 있다는 자신감과 능동적인 자세를 보여주도록 노력하는 것이 좋다.

02 면접기출

1 개별면접

① 자기PR을 해보시오.

② 인생의 좌우명은 무엇인가?

③ 지원동기는 무엇인가?

④ 공기업의 역할에 대해 말해보시오.

⑤ 한전KPS에서 중요한 가치로 꼽을 수 있는 것은 무엇인가?

⑥ 가장 기억에 남는 일은 무엇인지 말해보시오.

⑦ 자신의 직업관에 대해 말해보시오.

⑧ 취미는 무엇인지 말해보시오.

⑨ 회사에 대해 아는 대로 말해보시오.

⑩ 자신의 단점은 무엇이며, 입사 이후 어떻게 보완할 것인지 말해보시오.

⑪ 자신의 친구가 갑인 회사에 입사하고 나는 을인 회사에 입사했을 때 심정은 어떻겠는가?

⑫ 최근에 읽은 책은?

⑬ 발전소에 가본 적이 있는가?

⑭ 스트레스 해소방법은 무엇인가?

⑮ 이제껏 해봤던 아르바이트의 경험담이 있나?

⑯ 최근에 영화를 보았거나 책을 읽은 것이 있나?

⑰ 10년 후 자신의 모습을 말해보시오.

⑱ 봉사활동 경험이 있는가?

⑲ 가정의 행복을 위해서 중요한 것은 무엇인지 말해보시오.

⑳ 노사관계에 대한 자신의 의견을 말해보시오.

㉑ 발전회사에 대한 자신의 견해를 말해보시오.

㉒ 시간과 같은 제한된 자원을 활용했던 경험과 그 결과를 말해보시오.

㉓ 일반적인 관리자가 되고 싶은가, 아니면 엔지니어가 되고 싶은가?

㉔ 한전KPS에 들어오기 위해 한 노력은?

㉕ 여가시간에는 무엇을 하는가?

㉖ 하나의 목표를 위해서 장기적인 계획을 세운 적이 있는가?

㉗ 리더로 활동했던 경험이 있으면 말해보시오.

㉘ 지원한 직무에 대해 본인이 가지고 있는 강점은 무엇이라 생각하는가?

㉙ 입사하면 회사에 어떻게 기여할 것인가?

㉚ 해외 근무를 하게 될 때, 적응하기 위해 어떤 노력을 기울이겠는가?

㉛ 지원자에게 스카웃 제의가 들어온다면 어떻게 하겠는가?

㉜ 당사의 지점(영업점)이 몇 개인지 알고 있는가?

㉝ 회사목표와 개인목표가 다른 경우 어떻게 하겠는가?

㉞ 우리나라 향후 유망사업은?

㉟ 아끼는 부하가 사고를 냈다면 어떻게 하겠는가?

㊱ 친절을 실천한 경험을 말해보시오.

2 토론면접

① 고객감동 경영이란?

② 고유가시대의 해결책은 무엇인지 말해보시오.

③ 공기업 경영혁신에 대한 자신의 생각을 말해보시오.

④ 공기업의 민영화에 대한 자신의 생각을 말해보시오.

⑤ 노동조합의 경영참여에 대한 자신의 생각을 말해보시오.

서원각과 함께

꿈의 날개를 펴라

기업체 시리즈

한국도로공사

국민연금공단

공무원연금공단

국민건강보험공단